一千個日子與一杯茶

一個臨床心理學家克服悲傷的故事

ONE THOUSAND DAYS & ONE CUP OF TEA:
A Clinical Psychologist's Experience of Grief

凡妮莎・摩爾 Vanessa Moore 著

盧相如　譯

Vanessa R. Moore

各方媒體推薦

不管我們蒐集了如何完整的「失落」研究，又或者我們就是輔導當事人走過失落的實務工作者，親自體驗失落所帶來的生活衝擊，還是有巨大的不同。失落，讓我們的心有了一個難以填補的缺口，有時我們對世界的認識從此崩塌，並且難以生活。與其說，我們要找回失落前的自我；不如說，這個失落成為自我的一部分，我們得試著涵容，成為一個新的我。生活中總有大大小小的失落，祝福各位朋友，一如書中主角，藉著不斷成長，在接納生命中的各種可能之後，能獲得自由。

——洪仲清／臨床心理師

「悲傷的療癒之路並不好走，但有些方法對多數人來說都有幫助，好比閱讀這本書。看看他人如何走過悲傷，正是其中一個。」

——蘇益賢／臨床心理師

「摩爾博士一千多天的旅程令人低迴……，為我們提供專家評論和極具個人魅力的敘述。」

——彼得・福納吉OBE／當代精神分析教授和心理學和語言科學系主任，英國倫敦大學學院（UCL）

「一本能吸引不同讀者群的書！它將幫助那些失去親人並需要安慰的人，因為他們知道自己在痛苦中並不孤單。」

——露易莎・史托帕（Luisa Stopa）／南安普敦大學臨床心理學教授

推薦序

那些對助人者來說，並不遙遠的真實個案故事

陳志恆（諮商心理師）

我是個親子教養講師，常到各處去分享，也傾聽眾多家長苗述，他們在養兒育女上的煩惱。我常感到很慶幸，自己雖然也遭遇教養上的困境，但問題相對輕微多了！我也是個心理助人者，同樣的事情也發生在心理會談中。當傾聽個案訴說的故事後，常會覺得自己很幸運；我實在很難想像，如果那些悲慘際遇，發生在自己身上，該怎麼辦？

然而，身為一位心理諮商或治療的專業助人者，就會對人生中的痛苦免疫了嗎？特別是那些因為喪親、挫敗、打擊、情感斷裂或身體病痛而帶來的焦慮、憂鬱、恐慌、無力與失落，在人生的某一階段，突然來敲門，我們被迫親身經歷這些痛苦時，又該如何自處？

許多人以為，從事心理諮商或輔導的助人工作者，一定擁有健全的心理狀態，面對人生的壓力與困擾，也總能夠見招拆招，迎刃而解。事實不然！許多所謂婚姻或愛情領域的專家，自己的情感狀態也不若外界想像的如此美滿；許多所謂的教養專家，自己與孩子互動時，也是問題重重，包括我在內。

過去，我曾在中學裡擔任過多年輔導教師，後來離職成了自由工作者，除了到處演講授課外，還嘗試寫作、出版、與錄製線上課程，有時候會出現在各大媒體或網路平台中。有一次，我曾被問到：「志恆老師，你這麼忙碌，是怎麼做好時間管理，讓自己時時刻刻保持從容，看起來總是狀態良好？」

這肯定是天大的誤會！我哪裡從容了？我哪裡狀態良好了？我的時間管理也是一團亂，也常在慌亂中試圖找到平衡，就好像馬戲團雜耍表演轉盤子一樣。

而我也曾因為焦慮深受失眠所苦，調整一陣子之後，又因為發現缺少進修，而總有「不夠專業」的念頭冒出，我知道這是「冒牌者症候群」。而當初會離開教職，不是因為我有多勇敢，除了有些夢想之外，更多的是我想逃離那個逐漸令我感到窒息的位置。所以，我不僅不夠勇敢，還抗壓力不足。因此當我聽到案主傾訴的悲慘故事，又看到他們能夠撐到現在，我內心是由衷的佩服的。許多人的生命，比我們想像得還具有韌性。

簡單而言，身為一個心理助人者，個案教會我們的，比我們能帶給個案的，還要多更多。

《一千個日子和一杯茶》的作者凡妮莎，是一位訓練有素且經驗豐富心理治療師，在一個平凡的不得了的清晨，悲慘際遇找上了門——她的配偶在游泳後，猝死在更衣間中。她目睹親密愛人被急救、送醫，最後宣告死亡。接下來，是一段沉痛的哀傷期。為此，她也接受心理治療，選擇向一位陌生的助人者，傾吐那段不想再回憶起的意外經歷，訴說著內心的糾結與痛苦。她知道，她必須這麼做。就好像，有許多來找她接受心理治療的個案，也很需要把曾發生在自己身上的痛苦際遇，好好地訴說出來一樣。

隨著突如其來的喪偶之痛，凡妮莎陷入悲傷與失落之中，她時常感到孤獨，也對這一切感到很不真實。隨之而來，她也遇上了與孩子相處上的困難，以及因自我價值感重挫，而無法展開新的親密關係。突然間，那些教科書上提到的理論與案例，如此寫實地發生在自己身上。人生的巨變逼得我們得改變，但這些改變往往不在計畫中。凡妮莎卻發現，帶她走過這趟困境，並在糟透了的時刻獲得養分，進而踏上自我改變旅程的，竟是那些她曾經幫助與陪伴過的個案。於是她像她的個案一樣，開始去尋求心理治療的協助；她也將用在病患身上的治療技巧，用來幫助自己度過悲傷。她更把這段過程，訴諸文字；我相信，在寫作分享的過程中，又是一次療癒的旅程。

哀傷與失落也許永遠都在，但日子仍然可以過得下去。消逝的人不會再回來，但我們卻能在無止境的思念中，繼續邁開步伐踏向未知。

《一千個日子和一杯茶》是一本心理治療專業人員在經歷喪偶，深度自我揭露與自我省思的文字紀錄，寫的雖然是她自己的故事，卻能為許多有相同經歷的讀者帶來支持與力量，至少，能陪伴你走過不只一千個日子。

陳志恆，諮商心理師、暢銷作家，為長期與青少年孩子工作的心理助人者。曾任中學輔導教師、輔導主任，目前為臺灣NLP學會副理事長。著有心理勵志及親子教養等暢銷書共八本，為2018～2021年博客來百大暢銷書作家。

作者的話

致台灣讀者

我最近讀了一個關於魔法門的故事。穿過這道門，往左邊方向去，你會看到二十年前的自己。往右邊去，你可以看到二十年後的自己。

如果我現在向左轉，我會看見自己是一個忙碌的職業婦女，生活在一個大家庭中——三個孩子還在念書、一個我崇拜的丈夫、三隻貓、一隻活潑好動的狗、一棟大房子、一份具有挑戰性、工作辛苦但回報豐厚的工作，身邊有很多朋友，父母仍在世，住在靠海邊一個恬靜的地方。

如果那個忙碌的職業婦女穿越大門後往右轉，她就會找到我現在的樣子——退休了，獨自住在一個格局小一點的房子，丈夫、父母、貓和狗早已離開人世，孩子們長大後也離開了家。生活在短時間內發生了巨大的變化，失去了很多。

然而，這並不全然是壞事。我搬到了一個有很多景點的大城市；我的孩子們住在附近，我很快就要當祖母了；我救了兩隻貓，牠們一直是帶給我安慰和歡笑的源泉；我的身體健康，每天散步和游泳；我也參與志工工作，其中一些是幫助失親者。

儘管擁有悲傷和失落的創傷，但生活中似乎還有很多東西可以提供。我的經歷絕不是獨一無二的：每個人都會在他們的生活中經歷悲傷，並且隨著近來世界上發生的許多動盪事件，很多人遭逢生命中巨大的創傷和意料之外的喪慟。這些破壞我們生活的衝擊往往令人難以承受，但作為一個親身經歷過喪慟並存活下來的人，我可以提供一些幫助康復的想法：

在遭逢失親之後伴隨而來的巨大痛苦是創傷性的，且讓人難以忍受。許多發現自己處於這種情況下的人都會覺得自己快要發瘋。雖然事發當時你不會相信，但你要知道這些極度的痛苦都會過去，隨著一段時間之後，你將會感覺到平靜。

你無法改變已經發生的事，但你思考它的方式可以改變一切。就我而言，我是想在餘生中為自己和我失去的一切感到難過，還是我願意接納機會讓我的生活朝著不同的方向發展？這是我的選擇。

悲傷的過程往往伴隨著情緒的上下起伏。起初，糟糕的時光似乎永無止境，但隨著時間的流逝，你會發現悲傷終會過去，也確實會過去。所以當你感覺情緒低落的時候，要知道它不會永遠持續下去。

朋友和家人就是一切。花時間和那些願意傾聽你的人在一起，而不是讓他們告訴你該怎麼做或如何感受，他們會在最初的悲傷過去後一直陪伴著你。留心那些真正支持你的人或許不是你預期中的人。

到戶外鍛鍊身體，跟上工作的步調，培養業餘的愛好。如果你沒有太多興趣，嘗試一些新的東西，直到你找到樂在其中的事物。這一切一開始很困難，但都是值得的，因為之後它會帶你找到人生的目標。

這本書講述了我自己遭遇的巨大悲傷和喪慟的故事。我希望藉由透過閱讀發生在我身上的事情，以及我長期以來面臨的掙扎，能夠幫助你做好面對生命中任何突如其來悲傷的準備。

凡妮莎・摩爾，寫於二〇二二年八月

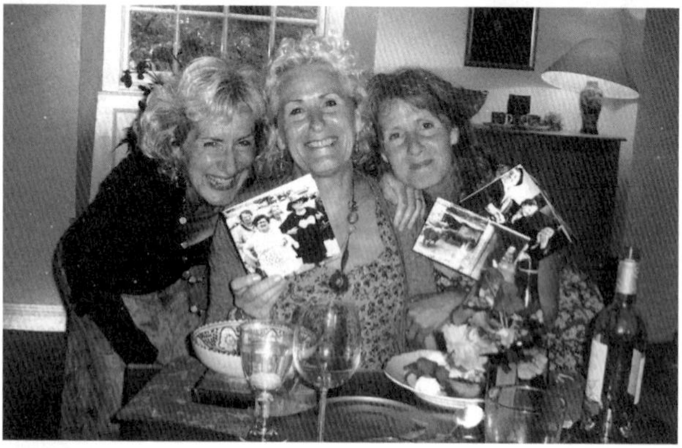

① 1950 年的我與姐妹們。
② 走過歲月的我與姐妹們。
③ 當年準備要結婚的保羅與我。

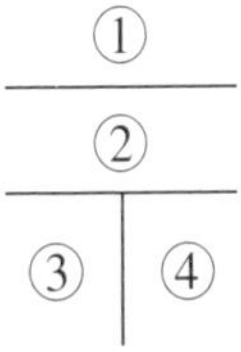

①工作照，作為心理學家的我。
②我與我的孩子們。
③我現在擁有的兩隻貓。
④游泳的我。

謹以此書獻給深愛的艾蜜莉、威廉和西蒙

「在心理治療中，我經常思索這樣一個問題：心理治療該是一個使我們對自己是誰感覺更加自在，還是一個攸關自我改變的過程？」

「那麼，你是怎麼看待的？」

「我認為，最終，它是關於接受。」

——摘自瓦萊里・哈扎諾夫（Valery Hazanov），

《無所作為的恐懼》（*The Fear of Doing Nothing*）

目錄

Contents

前言

這本書講述了在我生命中一段喪慟的時期，這段時期徹底改變了我。我是一名合格的治療師，卻發現自己需要接受心理治療。同時，我也是一名訓練有素的研究者，當我試圖瞭解發生在我身上的事情時，我成了自己的研究對象。我還是一名身經百戰的管理者，現在卻在努力控管發生在我自己生活中的突發事件。然而，在這些生命中所遭遇到的動盪裡，我的個案仍在事件的背後提醒著我，我有許多不同的方式來處理我的喪慟和創傷，並尋找出一條前進的道路。

這些個案當中的許多人，像我一樣，皆面臨他們生命中預料之外的突發事件——有的人得面對孩子一出生便罹患殘疾，或是自身罹患不久於人世的疾病、突然喪親、離婚，或者人生遭遇重大的挫折——這讓他們和我一樣感到不知所措、疲於應付。有時，他們甚至眼看著隨時就要喪失理智。這本書說的正是關於這些共同的經歷，這些常見的「心理健康問題」，而這些問題通常被視為是暫時的，但感覺起來卻和身體罹患疾病一樣糟糕或者更糟。

這個故事是關於我如何試圖擺脫焦慮和憂鬱的深沉恐懼，並重新站起來，以及我如何開始看到在我的職業生涯和個人生活中的許多經歷和人們所能帶給我的力量，並替我指出一條坦途。

為了保護隱私，書中的姓名皆使用化名，其他細節也都做過刪改。

1 Part 海嘯

大腦創造了一個敘事，
一個符合我們所見事實的故事。
它一旦創生，就很難收回，
而這個故事對我們的情緒和感受有著驚人且
強大的影響力。

——馬克．威廉姆斯（Mark Williams）等人合著，《是情緒糟，不是你很糟：穿透憂鬱的內觀力量》（*The Mindful Way Through Depression*）

照例是個尋常忙碌的一週。保羅大部分時間都忙著出差，簡直累翻了。作為一家大型兒童臨床心理機構的負責人，我待在家裡的時間如同往常一樣忙著救火、購物採買、做飯、遛狗和負責開車接送等差事。

我們能找到時間健身的唯一辦法就是放棄週末賴床的時間。所以，週日早上，像往常一樣，鬧鐘準時在早上六點三十五分響起後，我們很快地擁抱了一下，喝了杯茶，不到一個小時之後，保羅和我已經在游泳池裡上下顛簸地游者。我和其他蛙泳者一起在泳池內緩慢自在地游泳，他則和體力較佳的游泳者一起在快速水道游。近二十年來，我每週日都會去游泳。起初是為了照顧我那患有腸絞痛的女兒，想偷空喘口氣時，後來是為了瘦身（或者說是保持瘦身，這點取決於我在那個週日是否覺得自己有瘦下來）。保羅後來才加入我的週日晨泳運動，十一年前自從我倆結縭後，我們便一直保持相偕游泳的習慣。我知道他也想要多睡一會兒，不過他以前在學校是個運動健將，也認為在經常久坐的生活中，有必要定期從事一項運動。

游泳池的玻璃鋁合金屋頂已經透出了陽光，這是春天即將到來的一個可喜跡象。雪花已經造訪過我們的花園，水仙花再過不久將會綻放。游泳池裡照例有一群常客。保羅和我會替他們取些綽號，回想起來覺得很有趣，因為如此一來，往往可以打發在泳道裡計數距離與來回游泳的單調感。葛雷夫婦顯然是一對退休的老夫妻，他們總是待在泳池裡，吃力地游上整整十趟來回，拖慢我們的速度；「大塊頭」十分吸睛，他的肩膀肌肉結實，有著深棕色的眼睛，當我們游過彼此身邊時，偶爾會吸引我的目光。「抬頭蛙」似乎更關心如何保持頭髮乾燥，而不在乎提升自己的泳技，她總是頑強地豎起脖子游泳，眼睛直視前方；當我注意到她準備跟我同一個泳道游泳時，我的心裡總是忍不住犯嘀咕。保羅曾經告訴過我，在快速水道有一條「殺人鯨」，他在水裡順著泳道使勁奮力地游著，絲毫不理會對向迎面而來的游泳者，向四面八方濺出巨大的水花。我把戴著護目鏡的眼睛朝右邊方向移去，瞥見保羅穿著他那條寬鬆的舊泳褲，兩條結實的腿奮力地朝向泳池的盡頭游去，並未看見任何殺人鯨出現的跡象，也許他還睡眼惺忪。

事發那天早上，我感覺特別意興闌珊。在我游完二十趟來回後，很高興可以前去公共浴室沖澡。我排在一位年輕母親和她的兒子們的身後。我和其他人一起等待著，也同樣與周遭人一樣，要在兩個小男孩面前脫下泳衣而感到有些羞赧。我隱約意識到自己飢腸轆轆，保羅照舊會等候我清洗沐浴，如此展開一天真是令人折騰。

故事開始似乎有些乏善可陳：一個週日早晨的例行公事，全因我們替泳客們起了綽號而變得生趣盎然。接下來這個部分的發生則是經過不斷講述和重述，一而再、再而三重複了不下千百次。故事快轉到四個月之後，我準備把它講給一個與我素未謀面的女人聽。她住在四十分鐘車程以外的地方：如果我有心情欣賞沿途風景，這是一個景色優美的地方，行經開闊的鄉間。事實上，我根本無心留意周遭，心中早已被二月份那個週日早晨的回憶所吞噬。我沒有必要排練我要對那個女人說的話；儘管我很想將回憶推開，但它卻不斷清晰地印在我的腦海。我想起了一些曾經接受過我的治療的自閉症兒童，他們對於令他們著迷的事物會像錄影帶片段，在腦袋中一遍又一遍播放。正如同他們那樣：我自己的錄影帶片段也在我的腦海一遍遍重複播著，即使我什麼都沒做，不管我願不願意，它都自動播個不停。

錄影帶內容帶從我延遲離開游泳池更衣室進入停車場開始。當我到達保羅放停車場的車子旁時，以為他會因為我花了這麼長時間才穿好衣服而有點生氣，但他人不在車上。我很驚訝，通常他會比我先換好衣服，但有時也會刮個鬍子，這肯定是他還沒到的原因。早晨的陽光很冷，我回到運動休閒中心的門廳等候。稍後會有鐵人三項活動，此時我的身旁聚集了一群身穿萊卡運動服的選手，他們一邊聊天一邊喝著能量運動飲料。又過了五分鐘，當保羅還沒出現時，我感到一陣焦慮，後來我意識到我實際上並沒有看到他從水裡出來，所以他可能還在游泳。我走往泳池上方的觀眾席。泳道即將清場，水中只剩下幾個人，但保羅不在其中。現在我開始擔心起來。這很不尋常，但也許他在刮鬍子，或者洗了很長時間的澡——或是在淋浴時出了什麼問題？我打算走進更衣室查看。穿過女性隔間進入家庭區，然後走到男性隔間，但我猶豫了一會兒，走進這個全是男性的區域令我感到難為情。幾個男人和男孩在隔間和淋浴間來回走動，一切看起來都很正常，也放心不少。返回門廳後，我請求櫃檯派一名男性工作人員前去查看，以確保安全。我告訴櫃檯人員，我的丈夫比起平日多花了很長時間更衣，這與平日的他不同，我只想確保一切沒事。她欣然答應我的要求，正準備透過擴音設備呼叫工作人員，此時有個女人衝了過來，差點從樓梯上摔下來。她個子很高，留著一頭長捲髮，她對著櫃檯人員大喊：

「快叫一一九，派救護車來。有人在更衣室裡昏倒了。」

噢，不。**不會是保羅？**我的心開始瘋狂地跳動，幾乎失去控制。櫃檯人員在電話面前慌了手腳。這位櫃檯人員年紀很輕，以前可能也從來沒有碰過這樣的狀況。

捲髮女人十分激動，用更大的聲音重複著她的指示：「快打一一九，請他們派救護車來！」

我走到她身邊。「是一名男子倒下嗎？」

她顯得有些防備。「是啊，妳怎麼知道？」

「因為我認為這個人很可能是我丈夫。」

她的態度更加防禦，甚至略帶指責。「妳怎麼知道是妳先生？」

「因為我一直沒看見他，他待在更衣室裡很長一段時間。」

「他穿什麼樣的衣服？」她問。

我突然想到這是一個愚蠢的問題。「泳褲吧。」

「我去看看能找到什麼。」

「我跟妳一起去，」我說完，正準備跟著她前去。

「不，妳留在這裡。我會回來找妳。」

此刻，我感到恐懼不已。我仍然抱有一絲希望，期盼這個人不是他，但我的心撲通撲通跳個不停，肯定是保羅不會錯。我突然出現一種奇怪的感覺，我的思想開始與周圍發生的一切分離。

捲髮女人提著一個盥洗用品袋很快趕過來，我一看到這個盥洗袋就認出是保羅的東西，袋子上頭印有棕色和藍色的圖案。我拉開袋子拉鍊，裡面是他的刮鬍刀、老式刮鬍刷、一個放置刮鬍皂的圓形塑膠碗、一小瓶洗髮精和一瓶沐浴露，這些都是我們之前入住旅館時帶走的物品。是他不會錯。

我聽到自己帶著與現實脫節的聲音問道：「他死了嗎？」

「沒有，他們正在對他進行急救。但我必須告訴妳，情況不太樂觀。」

「妳是醫生嗎？」我問。

「不是，我是護士。」

「我能見他嗎？」

「我想，妳最好在這裡等著。」

接待區擠滿了鐵人三項的參賽者，很多人都知道發生了什麼事。我感覺到人們在盯著我看，濕漉漉的頭髮和眼鏡令我感到十分不自在：星期天，吹乾的頭髮、隱形眼鏡和化妝，都是在吃過保羅的水波蛋作為早餐之後進行。

一位中年婦女走到我面前，輕觸我的手臂。「要不要我陪妳一塊坐著等？」她提議道。

「趁著等待的時候，我可以替我們倒杯茶。」

我感到十分茫然。我一定處於某種震驚之中，因為我完全感受不到周圍所有的噪音和活動。然而，我很感激這位女士：我需要一個定心丸、某件物品或是某個可以讓我依靠的人。我們並排坐在接待處。人們在四周走動，她前去咖啡廳買杯茶。很多穿著鮮紅色短褲和黃色polo衫的工作人員在一旁來回行走，其中一人向我們走來；他只是個十幾歲的孩子，但他似乎很擔心，問我們是否想要一點隱私空間。之後回想起來，我在想是不是因為我的臉上掛著兩行淚，雖然我不記得我是不是哭了。他帶我們前去運動中心保健室旁邊樓梯底下的一個小房間。這裡停了自行車，並掛著大衣，還有一張長椅，如果門敞開著，我們可以清楚地看到通往更衣室的樓梯。

過了一會兒，捲髮女人下來，宣布救護車到了。「醫護人員正在對他進行急救。等他穩定下來之後，便會送他去急診室。」

我心裡不禁懷抱一絲希望：如果他們要送他去急診室，那就表示他還有救。

她離開後，過了一會兒，一個身穿紅黃相間顏色的工作人員前來知會我們最新進展。他的年紀不超過十六歲，當我又問了一遍：「他死了嗎？」他的神情看似有些不自然。

「哦，不，他很好！他很快就會被送去急診室。」

這一次我一個字都不相信，果然捲髮女人緊隨其後又走了過來。看見她那張飽受折磨的臉，我大概猜出一二。

「很遺憾告訴妳，」她說。「他死了。他現在不會被送去急診室，而是被送去太平間。救護車將帶走他。妳可以去太平間看他。」

噢，不，請不要這樣對我。這不可能發生在我身上。不會的，不會這樣。

身旁這位善心的女士摟著我，問我是否想打電話給任何人。我不知道，我的腦袋無法思考。她把她的電話交給我，我撥打腦海中出現的兩支電話號碼，第一通是打給我的妹妹布蘭妮。

「妳絕對不會相信，保羅剛剛死了。」

我聽見一聲窒息的尖叫。「不，不會的，這不可能是真的。」她努力遏止自己哭泣。「妳人在哪？我們立刻趕過去。」

第二通是打給我的前夫。必須有人告訴孩子們，以免他們會納悶我們到底去了哪裡。他自己是一名訓練有素的治療師，我很感激他的聲音中帶著的冷靜和體貼。

「他們是開救護車把保羅送到太平間嗎？」他問道。

「對。」

「妳想送他最後一程嗎？」

我沒有考慮到這個問題，但他一提到這點，我立刻意識到我想要送他最後一程。「我想去，但他們沒有說我可以。」

「告訴他們妳想一道前往太平間。如果妳不這樣做，妳以後會後悔。」

他說的沒錯。此刻，我仍然不相信這事會發生在我身上，我比世界上任何人都更想要見到保羅。醫護人員已經出現在樓梯下方的衣帽間，兩個身穿綠色醫護制服，體格健壯的年輕人，就像在《急診室》那齣劇中一樣。我上救護車完全沒有問題。他們會把保羅從後門送出來（**當然，他已經死了，不可能再從入口處走出來……**），接著他們會將救護車開往前面的停車場。

我身旁的善心女士將她的電話號碼寫在一張紙上。「有空的話，撥個電話給我，親愛的，我只想知道妳是不是沒事。」她緊緊地擁抱我之後，便離開了。

當我穿過門廳時，我能聽到救護車的警笛聲響起，許多人從樓梯上川流而下。我問一位工作人員發生了什麼事。

「我們關閉了游泳池，以示對妳丈夫的尊重。」他說。

然而，保羅永遠不會知道游泳池會為了他而關閉。

救護車就在停車場，停在保羅的黑色寶馬後面（那是一輛公司車，雖然我還不知道，但他的雇主第二天早上肯定會從我身邊帶走這輛車），醫護人員在台階旁等候。他們似乎感到躊躇和焦慮：也許他們認為當我看到我死去的丈夫時，他們會看見一個歇斯底里的女人。當我坐上救護車，我的心仍持續撲通跳動著，我只想要時間停止，不要前進任何一步。我從沒見過死去的人，我知道只要我看到他，他的死就會成為既定的事實；從此再沒有回頭路，我的生活將永遠改變。

他就躺在那裡。我輕輕倒抽一口氣，沒有歇斯底里。保羅仰躺在擔架上，看上去和清晨一模一樣，睡得很安詳。我輕摸著他那張再熟悉不過的臉頰，輕輕地在他的額頭上親吻一下。他的身體仍然是暖的，雖然比起原有的體溫稍低。他的頭髮仍濕漉漉的且蓬亂不堪，用毛巾擦過的。我總喜歡他的頭髮這樣，比為工作而梳理得光滑的時候性感得多。他穿著褪色的舊牛仔褲和灰色V領套頭衫，裡面套著我買給他的Cotton Traders的淺綠色襯衫。（所以，他死時身上已穿著衣服——還是有人替他穿上衣服？我感到十分難受。）他旁邊的地板上放著他的深綠色游泳包，裡面塞著盥洗袋，還有他從寄宿學校開始就使用的一條舊條紋毛巾，還有他濕漉漉的泳褲。醫護人員看似鬆了一口氣，或許是因為我沒有因此失去理智。這是真的——即使我死去的丈夫就在我面前，我卻一反常態地意識到，我需要表現得像個正常人一般才合乎禮節。他們解釋說，我們必須等警察來做完筆錄才能去醫院，因為這是意外死亡。我們在等待的時候真的不知道該說什麼，所以彼此閒聊了一些：

「妳和妳丈夫經常來游泳嗎？」

「你們有孩子嗎？」

「你們是否經常與死神擦身而過？」

這一切看起來都非常超現實，保羅的屍體就橫躺在我們之間。幸運的是，派來製作筆錄的警察很快就出現了，她長得很漂亮又嬌小，留著一頭黑髮，看起來和我女兒差不多大，不過還是個孩子。她看來富有同情心和善良，她輕觸我的手臂，她不過只是得詢問我一些個人訊息；猝死，想當然耳，必須進行驗屍這道程序。當她說這句話時，我能感覺到我的眼淚開始湧出（**我不要——這個我所熟知和摯愛的身體必須被開腸破肚**），但是我沒有時間去思考，對方已經在向我道別，而我們正準備動身前往醫院。

過去我有過搭乘救護車的經驗：三年前，我當時十歲的小兒子西蒙不得不在半夜，從一家醫院轉診到另一家相隔兩百英里遠的醫院要進行緊急腎臟手術。當時救護車閃著藍光，但這次沒有必要；急救告一個段落，司機正緩慢而小心地行駛。即便如此，當救護車開出運動中心停車場的拐角時，保羅的頭偏到了一邊。我在這一刻才明白他是真的死了。令我驚訝的是，發生在創傷受害者身上的經歷正在我身上發生：我像是「看到」我們一起度過的時光一切彷彿歷歷在目……比如我們的婚禮、我們的里約之旅、和西蒙一起溜直排輪，我們跟法國鄰居一起喝茴香酒、星期天在新森林國家公園和狗一起散步，每當我晚上出門時，保羅都會為自己和孩子們料理「滿滿一大盤」油炸食物、我們一起在隆冬走在諾曼地空無一人的海灘、我的頭靠在他的腿上看電視——種種畫面、聲音和氣味混亂地交織在一起。就這樣，這些事情再也不會發生了。

我的眼睛沒有離開他的臉。**保羅，拜託你睜開你的眼睛，一切都不會有事，請你睜開眼睛**，但他不再睜開雙眼。我不斷在尋找他一息尚存的徵兆，但他的胸部在他身上那件灰色羊毛套頭衫下一動也不動。前去醫院的路上，我把他的頭擁在懷中，這樣他的頭不會左右擺動，帶著尊嚴地進行他人生的最後旅程。我仔細端詳他的每一寸臉龐：金色的睫毛、美麗的唇形、下巴上的灰色鬍渣（**這麼說來他根本沒有刮鬍子**）、尖尖的耳朵：如果化裝舞會上需要一個妖精或是惡魔，這對耳朵絕對是最佳裝扮。我試著把這一切都牢記在心，因為我知道我很快再也見不到他身上這些特徵。

當我們到達醫院時，悲劇變成了一齣鬧劇。由於當天是星期天，太平間被鎖上了，找不到任何工作人員。醫護人員既尷尬又感到抱歉：他們已經打了電話通知，但可能需要一段時間。布蘭妮和我的妹夫相偕前來，然後是我的前夫。他們很震驚，我可以看出他們很擔心我。我們全都站在救護車上，低頭看著保羅的屍體，在這種場合之下沒有劇本，話語似乎顯得毫無意義且多餘，我們不外乎說些：

「他看起來很平靜，可不是？」

「他什麼時候死的？」

「妳拿到他的游泳用具了嗎？」

「有人告訴孩子們這個消息了嗎？」

禮儀師到達時，她一臉羞赧，真誠地向我們致歉，我們不得不在這種困難的情況下等待了這麼長時間。她身材高挑，留著一頭金色的長髮，穿著一件時髦的深色西裝。儘管她看起來很年輕，但舉止卻完全合乎專業。她緩和地控制住局面，並建議我們去醫院食堂喝杯咖啡，同時間她可以「把保羅安頓好」。她承諾一旦完成這件事就會來找我們，這樣我們稍後就可以再看看他。

食堂位於斜坡的頂端，可以欣賞到漢普郡鄉村的美景。我還記得當年我在拐角處的產房產下西蒙時，見到的正是這片景致。那時的我內心充滿了喜悅；但這一次，我彷彿是透過一個巨大的玻璃泡泡看著眼前的風景。

食堂裡有一、兩個住院醫生在吃早餐或喝咖啡看報，除此之外，昏暗的食堂空無一人。咖啡機沖泡的咖啡裝在塑膠杯裡，苦不堪言，難以下嚥。其他人開始談論實際話題：

必須有誰從運動中心開走保羅的汽車。妹夫二話不說地提到要負責這件差事，問我身上是否有他的車鑰匙？沒有，鑰匙肯定還在保羅的游泳包裡。

我的前夫還沒有告訴我們的孩子，因為他之前去我家時，他們都還在睡夢中。他說他現在就去告訴他們這個消息，這樣他們就可以在我回家之前做好一點準備。然後是我們的女兒，她正在上大學，還有保羅的四個孩子。必須有人告訴他們這件事。我說這件事由我來做，我稍後會打電話給他們，還有我的父母、保羅的姐姐，還有……名單還沒結束。我僅存的那個遙遠、尚具有能力的意識知道我必須這樣做，但其餘部分一點都不像我。

禮儀師回來了，她說保羅已經「安頓好了」，我們可以去看看他。當我們跟著她沿著醫院後面的小路走時，我想，**我敢打賭，沒有多少人知道這家醫院的太平間在哪裡，但我知道，當我再回到這裡時，我會知道在那扇磨砂玻璃門後面藏著什麼。**

太平間外面有一個等候室。當我進去太平間的時候，布蘭妮和妹夫就留在等候室裡。太平間裡很黑，裡面陳設簡陋，保羅躺在中間的一張床上，他的頭髮已經梳理好，身上蓋著一條深紫色毯子直到下巴。我不喜歡他這副模樣，他現在看起來已經死了，這次在我親吻他的額頭時，他的皮膚感覺冰冷多了。我沒有待太久，我的淚水隨時會潰堤不止，悲傷令我難以承受，我只是告訴他我愛他，我永遠不會忘記他，然後就離開了。布蘭妮不想進去。她說她想記住他生前的模樣，神采奕奕且充滿活力。但妹夫進去見了他最後一面，他與保羅向來談得來，他在裡面待了很長一段時間。當他出來時，他的眼睛紅通通的，我看到他強忍住悲傷，還幫我處理其他後續問題，替我取回保羅的車，讓大家能安心回家。

禮儀師帶著保羅的游泳用品和一個棕色紙袋出現，裡面裝著他的「私人物品」：他的手錶、一些零錢、運動中心的收據和鑰匙圈，鑰匙圈上面有一張我多年前在巴塞隆那大教堂台階上拍攝的照片。（我還清楚記得那天，一個漂亮的年輕吉普賽女孩送給保羅一朵玫瑰花而使他分心，她的同夥因此伺機偷走他的錢包，裡面裝著我們度假期間的所有花費。現在想起，我心裡有些納悶，這是否是某種預警。）

禮儀師問我想讓保羅的結婚戒指留在他手上，還是讓我留做紀念。這個問題讓我陷入了恐慌，我一點頭緒都沒有。打從我們結婚那天起，這只戒指就沒有離開過他的手，所以它應該留在那裡嗎？或者我應該把戒指戴在我的婚戒旁？我的情緒有些激動，但殯儀館的人冷靜而理智。

「妳不必現在就決定，」她說。「接下來幾天如果妳決定要的話，可以打通電話給我，我會把戒指留下來給妳。」

我聽到她在向我的妹夫解釋驗屍和解剖事宜。她給了他幾個相關的電話號碼，我想她大概是認為跟他提這些事，比跟我要合適。

在這之後，我們便可以自由離開。

我們開車到運動中心停車場，讓妹夫開走保羅的車。當我看到保羅的車仍停在那裡，等待它的主人，車子卻空無一人時，一種徹底的孤寂感籠罩著我。妹夫上車把車子開走，妹妹負責載我回家，我的感覺簡直糟透了。

當我打開廚房的門時，我被從貓門投入的《星期日泰晤士報》絆倒。我注意到水波蛋器仍擺放在爐子上：肯定是保羅把它留在那裡，好等我們返家時準備當早餐。呃，今天沒有水波蛋可吃——我們的計劃全毀了，剩下的時間我該怎麼辦？我該怎麼度過我的餘生？

後來，我只記得悲劇發生當天的模糊片段：西蒙震驚和淚流滿面的臉龐、在結霜的草地上漫無目的地行走、任何擺放在我面前的食物都無法引起我的食慾、我的心臟撲通撲通地跳個不停。

到了傍晚，我很清楚我必須留下那枚戒指。即使我們不能在一起生活，至少我們兩人的戒指可以靠在一起——讓戒指和保羅一起火化一點意義也沒有？由於過度專注於這個想法，我整晚輾轉反側。要是這枚戒指被扔掉？或是弄丟？還是被偷？畢竟它是一枚金子打造的。第二天早上九點我致電給太平間。

接待人員語氣開朗、平靜。「好的，當然，那很好，」她說。「無論如何，保羅今天早上會送去殯儀館，」（送去殯儀館這個描述真令人不自在），「妳可以到殯儀館取走戒指。」

取走戒指後，我直接把它帶到珠寶店，請他們把戒圍改小，這樣它就可以戴在我的手指上。我告訴珠寶商，因為保羅剛去世，戒指對我來說太大了。他似乎嚇壞了，一時間不知道該說些什麼。保羅喜歡買珠寶給我，我們去過這家店很多次，店家承諾這枚戒指將在傍晚時候可以領取。當我回到店裡取戒指，店家分文未收。

＊

接下來的幾天，我在一片朦朧模糊之中度過。我的周圍有很多人，令我幾乎忙不過來：我得一一致電給保羅手機裡的聯絡人、挑選棺木、安排他的葬禮。妹妹後來告訴我，我有條不紊地安排喪禮的一切事宜，她對我能做到這一點感到相當驚訝。然而我幾乎不記得做過這件事，人們告訴我，是我打電話給他們，葬禮已經在籌備，所以我想我肯定是打了電話給他們。我用保羅的電話打給他的所有聯絡人，所以每個接到電話的人起初都以為是他打的，開頭第一句不免是：「嗨，爸爸，」或是「早安，保羅」，而我不得不糾正他們，讓他們每個人感到失望，說出我打這通電話的原因。

星期一我到辦公室告訴他們我暫時不會回來。我們在其中一間辦公室喝茶，我的周圍圍繞著關懷我的同事，他們擁抱著我，止不住哭泣。我前往森寶利連鎖超市購物，為孩子們做飯，帶他們去上音樂課，當我感到懶於料理時，我們買了炸魚和薯條吃。我致電驗屍官，他告訴我保羅死於心臟衰竭，他的動脈全都堵塞。對方的口氣不帶任何感情；口氣宛如在描述電影放映的時間或是舊物回收的日期。我能想像向亡者家屬宣布保羅這一類的死亡消息，對他來說肯定司空見慣。下次到城裡去時，我便可以去領取死亡證明。我必須前去戶政事務所領取死亡證明書；上一次前去那裡是保羅和我結婚那一天。辦事人員寫下我成為遺孀的字眼，我真恨透這件事。在她的筆下我的頭銜改變了：我現在是寡婦，不再是誰的妻子。她告訴我，我需要申請多份死亡證明，因為許多組織單位都需要提出死亡「證明」。

回到家，人們不斷給我擁抱，問我好不好。我不知道如何回應，所以只簡單說了聲：「謝謝，我很好。」在某種程度上，至少在白天我的表現尚可，因為我必須處理很多事情，面對很多人。我像個不帶感情的機器人面對著一切，但是夜裡就難熬了。我無法忍受在床的另一邊沒有溫暖的身體可以擁抱。保羅曾經告訴我，即使我睡得很熟，我也會在夜裡伸出腳趾或手去碰觸他。他喜歡他的存在給了我這樣一種安全感。沒有了他，我的情緒波動得很厲害。我睡不著覺，當我睡著時，我做了可怕的夢，醒來發現我的胳膊或腿在冰冷、空蕩蕩的床邊摸索著尋找他的身影。一旦我醒來並想起他已經死了的那一刻，我開始忍不住哭泣：我從未想過會遭遇如此的孤獨和痛苦。我用拳頭敲打枕頭，把臉埋在濕透的枕頭裡，把羽絨被拉到頭上，以抵禦這種折磨。我的醫生給了我強效鎮靜劑和安眠藥，讓我昏昏欲睡，但我討厭這種藉由藥物幫助入睡的方法，這讓我在醒來後幾個小時都感到昏昏沉沉和筋疲力盡。

隨著葬禮臨近，我開始執著於想見到保羅最後一面、向他道別的想法。從他離世到現在已經十天了。我最小的妹妹安妮也已經趕來陪我，她和布蘭妮都堅決反對這個念頭。於是，我偷偷給殯儀館人員打電話，預約時間「瞻仰遺容」。我告訴大夥我要去購物。出去的時候，我在前面花園摘了一堆雪花蓮。殯儀館的親切年輕女子一如既往表現出熱情友好。她說她替保羅換上幾天前我帶去給她的衣服，她非常小心地做這件事，他穿著這身衣物看起來很帥氣。我該讓她陪我一起去看保羅嗎？

「不用了，謝謝，我不會有事。」這將是保羅和我最後一次單獨在一起相處。

「那麼他就在裡面。」她指著接待區外的一扇門。

我推開門走了進去。遺體停放處的房間十分寬敞，門邊的桌子上放著一個插滿塑膠花的花瓶。除了中間的工作臺，我不記得有任何其他家具。桌子上放置著我幾天前挑選的棺木，它還打開著，裡面……我驚恐地倒吸一口涼氣，一時以為他們放錯了人。我害怕地向棺木的方向靠近。我躡手躡腳地穿過房間，待我走近時，我認出了我在德本漢姆百貨買給他那件作為聖誕禮物的深藍色襯衫，我可以看出這確實是保羅，或者至少是他的其中一個版本。他的膚色完全改變。儘管臉色看起來紅潤，但膚色蠟黃，當我親吻他的額頭時，他的皮膚冰冷。我想把雪花蓮放在他的手心，但他的手指僵硬，動彈不得。我完全嚇壞了。失去了生氣的肉體，看起來令人毛骨悚然、怪誕，宛如恐怖電影中的場景：屠夫砧板上的屍體。我試著讓自己振作起來，冷靜、理性地思考。*他一定是被冰存在冰櫃裡。*這可以解釋他的外表為何變得冰冷和產生其他變化，我鼓起勇氣親吻他最後一次。*再見了，親愛的；我永遠愛你。*離開後，我一路直奔向停車場，眼淚潰堤。我知道我的保羅不在那個身體裡；他早已離開了。

*

原本在字裡行間翻騰的思緒頓時戛然而止。我待在一間寬敞明亮的房間裡，這裡放置著印花棉布扶手椅和一張覆蓋著深綠色薄毯的矮沙發。地板上鋪有帶圖案的地毯，牆上掛著現代畫作。我坐在壁爐旁一張舒適的扶手椅上，旁邊是一張矮桌，上面放著一盒紙巾。這裡很安靜，雖然是夏天，但窗簾拉了下來，室內十分涼爽。坐在我斜對面的那個女人告訴我她的名字是珍妮佛。她的年紀跟我不相上下，留著一頭金髮，一臉嚴肅。她的話不多；但是當她開口說話時，她的聲音溫暖而友善，帶有某種我說不上來的口音。她一直在專心聽我的故事，沒有打斷或提問，現在她問我的感覺如何。我對她說，能夠從頭到尾把這件事講出來，真是一種解脫。我意識到我需要把一切都說出來，把它攤在陽光下，把我自己赤裸裸地暴露出來，向能夠幫助我處理這件破壞我生活的可怕事情的人說出來。但為什麼我要這麼做？為什麼我強烈覺得需要卸下自己的負擔？再次經歷講述自身故事的痛苦？為什麼在世界上我可以選擇的所有人之中，我選擇她這個完全陌生的人？然後，突然間，我的腦海中閃現出我在培訓開始時，對其中一位個案的回憶：這位個案教會了我在職業生涯中最重要的一課。這堂課解釋了為什麼此刻的我坐在珍妮佛的諮詢室裡。

＊

凱芮是我的第一個個案，她有體重過重的問題。她掙扎著走進門診，有些遲到與心慌。她的眼鏡充滿了霧氣，當她把自己挪到我桌子旁邊的椅子上時，很明顯她並不想出現在這裡。我知道有人推薦她前來進行體重管理：她的醫生在推薦信中寫道，她嘗試過各種飲食方式，但都失敗了，需要更多的支持來解決她的肥胖問題。知道她比我小一歲，我感到有些驚訝：她看上去跟一個中年婦女沒有兩樣。在為這次諮詢預做準備時，我的主管告訴我要記錄下凱芮的飲食行為，詳細了解她的飲食習慣——她什麼時候吃得過多、吃了多少、誘因是什麼等等。這是評估和處理問題的「行為」方法論，也是我受訓使用的第一個方法。我向凱芮介紹了自己，並告訴她我打算怎麼做。

她的反應帶著些敵意。「呃，那根本是浪費時間。我嘗試了很多節食方法，但沒有任何效果，我完全看不出到這裡來有什麼意義。」

「沒關係，」我說。「沒有人說要節食。我現在想做的就是，試著了解是什麼原因讓妳吃得太多。妳認為我們可以一起找出問題的癥結嗎？」

她的姿態稍微放鬆了些，嘴裡喃喃說著什麼，我想她大概是不情願地答應。

「那好。那麼讓我們從妳的一天開始。告訴我妳都怎麼做，從妳早上一醒來開始。」

凱芮的回答總是有一搭沒一搭的。一開始，她對任何「試探性」的問題都很排斥，不過她倒是每週都來參加我們的課程，一段時間後，我們建立了一張她在每天下班回家的路上，花費在薯片和巧克力上的巨額資金的統計表，以及她孤獨的生活。她暴飲暴食的主要原因之一是孤獨，以及她認為沒有人願意與她共度時光所致。她擔任祕書的工作，獨自一個人生活，從不與辦公室的同事社交，儘管他們確實對她提出邀約。她曾經交過一個男朋友，但這段感情最後沒有成功，因為對方結識其他對象而拋棄了她。她告訴我她想要再談另外一段戀情，但她認為沒有人願意和一個胖子出去。在我們進行諮商期間，我的主管敦促我開始替凱芮進行節食。我已經收集了足夠多的背景資料，是時候制定一個治療計劃並繼續進行下去。我有一種強烈的感覺，一切必須等到凱芮準備好邁出這一步，這很重要。對我來說幸運的是，她最終採取主動的態度。一天，她像往常一樣走進諮商室，坐在椅子上宣布：「我決定要減肥，我受夠了現在這副模樣。我們現在可以開始節食了嗎？」

接下來的步驟容易多了。我們一起商定了控制卡路里的飲食和獎勵制度：凱芮每減輕一磅體重就會獲得一個積分，當她獲得十個積分時，她可以用它們換取她選擇的禮物或是獎勵——除了食物以外的任何東西。每週替她量體重時，發現她的體重開始急速下降。諮商的氣氛完全改變，她總是準時到場——實際上，她還提早前來，而且精力充沛，熱衷於利用諮商時間的每分每秒。然而，我開始意識到我的實習即將結束，準備進入一個截然不同的臨床領域。我不願意在凱芮進行得如此順利的時候停止與她的諮商，但我知道她還有很長的路要走。我和我的上司談過是否可以讓我繼續和她見面，他是個好人，也同意我可以這麼做，畢竟我仍然在同一家醫院工作，他仍是我的指導者。

所以我跟凱芮繼續進行諮商的療程。凱芮對於我跟上司之間的交談一無所知；她仍繼續節食減肥，並且更進一步向我敞開她的生活。我們花了很多時間探索她的孤獨，以及她認為其他人不值得花時間跟她交往的想法。我鼓勵她記下她對自己的任何負面想法，然後我們可以在諮商時一起討論和改善。我還建議她應該嘗試接受辦公室女孩們的邀約，出去玩一個晚上。她接受我的提議，而且令她驚訝的是她發現自己玩得很開心。隨著體重持續下降，凱芮買了新的、更時尚的衣服，並把眼鏡換成了隱形眼鏡。她去了馬約卡島度假，給我帶回了一份禮物：一面鏡子，我到現在還保留著，上面刻有她入住的度假村圖案。看著她的容貌和舉止逐漸變化，越來越散發魅力，成為越來越充滿自信的年輕女子，每週準時出現在診療室，的確令人感到欣慰。她的改變似乎不止我一個人注意到，當她向我坦承夏季的某一天，辦公室裡的一個年輕人向她要了電話號碼時，她忍不住向我分享這些喜悅，並咯咯地笑了起來，儘管表情有些尷尬，但顯然她的心裡感到十分喜悅。

不過與此同時，我的主管又開始找我約談。我的第一年培訓即將結束，第二年我將駐紮在數英里外的不同地點。我的主管對凱芮取得的進步感到很滿意。我向他展示她的體重數字曲線急劇向下的成果，他向我談論撰寫個案案例以供發表的機會。但他也清楚表示，我將不得不在學期結束前停止與她見面。在我離開後，他會與凱芮進行幾次「維持」會談，我可以祝賀自己完成了一項非常成功的臨床工作。

但我的心裡卻沒有任何恭賀自己成功的喜悅心情。我越來越喜歡凱芮，雖然對她的進步感到高興，但也發現她對我產生了依附，我似乎難以開口跟她道別。我從來沒有想過這會有多難。等到下一次諮商時，她表現得比起過去幾次更加熱情，急切地告訴我她的辦公室戀情的最新進展，那是在我們見面前一天晚上才剛發生的事。

我聽了她聊了一會兒，然後乘機找機會插話。「凱芮，有件事我們需要談談。」

她看起來有點驚訝，但停下了她的故事，聽我要說什麼。

「我們之間諮商已經幾乎一年了，妳做得非常好，但妳知道我是一名實習生，我在這家醫院的實習很快就要告一個段落，下學期我將在其他地方工作，那地方離這裡有一段距離。」

「但我們還是可以見面，對吧？」她說。

「不，恐怕我們不會再見面。我還能夠跟妳見面幾個星期，但在那之後我不會再到這裡了。我的主管S醫師會接手，並跟妳再晤談幾次，只是我們已經達到了在治療開始時設定的目標，所以妳應該沒有必要每週都來。」

凱芮盯著我看，一言不發。我可以看出她有多麼驚恐，但我不想要去猜測她心裡怎麼想，所以我喋喋不休地談論她的驚人進步，以及我多麼喜歡和她一起工作。然後我問：「那麼，妳對我剛剛告訴妳的事情感覺如何？關於結束我們這段諮商會談？」

此時，她已經重新調整了她臉上的表情，立刻做出回答。「沒關係，我不會有事。不過，我不確定是否想跟S醫師晤談。他是什麼樣的人？」

我告訴她，我的主管是一個善良、敏感的人，但她並不真正對此感興趣，這麼做對她來說並不好過。從那一刻起，在後續幾次諮商期間，她的體重又開始上揚。在我們最後一次的諮商會談之後，我從繪製的曲線圖明顯看出：在我告訴她我要離開的事之後，原本直線下降的體重曲線，改變了方向，並持續向上攀升。我把這點告訴主管，並試探性地詢問我的主管，他是否認為，凱芮的行為變化可能與她對我離開的事感到失望有關，我確實害怕這點使她更加確認，或使她打心底認為其他人不值得花時間跟她在一起這個根深柢固的想法，但是我的主管並未對我的想法表示意見。他要我針對治療計劃的細節——凱芮現在所吃的食物所含的熱量、我們選擇的獎勵方式，以及它們是否仍然具有激勵作用做檢視，並根據需要做出調整以維持控制她的體重。只是這麼做並不能夠改變什麼。我離開後，凱芮又復胖了，就是這樣。

我與凱芮的這段經歷無論是在當時還是在隨後的幾年裡，經常令我反覆思索，是否那些採取與S主管不同方法的同事，對個案來說才是最好的做法。我看出凱芮內在渴望的是需要而不是出於貪婪，我確信她對我的依附以及她對取悅我的強烈欲望，是她在治療初期體重大幅下降的關鍵，同時我也覺得我宣布與她之間療程的結束並未處理得當，因為一切發生得太過突然，她並未做好心理準備。當時我不知道該如何補救，而我的主管認為這並不重要，只是我留下了一個非常強烈的感覺，即個案與治療師的關係對於幫助個案來說，至關重要。

＊

蜷縮在珍妮佛的扶手椅上的我，回想起與凱芮的早期經歷，我敏銳地意識到現在形勢已經轉變，我成為那個需要幫助的人。對凱芮來說重要且對她產生幫助的，是我們之間的關係帶給她的力量。我知道我也渴望擁有跟諮商師之間的緊密關係。我不想服用讓我立刻昏睡、令我感到昏昏沉沉和迷失方向的藥物。事實上，我不想要任何快速復原的方式——因為我身陷過度沮喪的處境，這麼做並不會對我產生任何作用。我想要與某個人之間產生一個有意義的連結，這個人會給我時間和空間來思考發生在我身上的事情，並且在我需要的時候，能夠陪在我的身邊：這就是我現在坐在這裡的原因。

珍妮佛是一名心理治療師。在我悲慘的故事中，她並未對我做出任何判斷，而且與我的許多朋友不同，她沒有提供我任何建議，沒有哄騙或規勸我要「感到好過些」；也沒有承諾我會很快「克服悲傷」。她對我表現出關心，聽我訴苦，真心聽進我說的話。很多人完全避開談論保羅，只要一提到他這個角色就改變話題。我覺得和珍妮佛談話很舒服；我覺得我們彼此建立了某種連結，她告訴我她會長期陪伴在我的身邊。當她問我是否願意再回來看她時，我毫不猶豫地說我願意，所以，在第一次會談之後，我每週在同一時間開車去她家，坐在椅子上，哭著告訴她我多麼想要自我了斷。

2
Part
災難過後

對丈夫死亡消息的直接反應各不相同〔……〕大多數人感到驚愕，並在不同程度上無法接受。〔……〕有一段時間，喪偶者可能仍如常繼續她原本的生活；然而，她很可能會感到緊張和憂慮；這種不情願的平靜可能隨時會被強烈的情緒爆發所打破。有些人描述像是遭遇壓倒性的恐慌發作。

——約翰．鮑比（John Bowlby），《依附與喪親卷三：喪親》（*Attachmentand Loss Volume 3: Loss*）

關於保羅的葬禮，我記得不多了。我站在擁擠的教堂前面的講壇上，拿著不到三週前我送給他的那張蹩腳的情人節卡片。當你按下前面的按鈕時，一個大紅色心臟的圖片會跳動著，閃現著：「你是我生命中的光。」我告訴在場的人，這道光已經完全熄滅，四周變得漆黑一片。我不知道我是如何在這群人面前把這番話說完。只有震驚、腎上腺素或其他什麼，帶著我經歷告別式、火葬、茶會和無盡的哀悼。現在回想起來，我幾乎不記得來參加喪禮的有誰，彷彿我的另一部分已經完全脫離了正在發生的一切。

葬禮結束了，除了布蘭妮之外，所有來訪者都離開了。一個巨大的黑色虛空開啟，自從保羅死後，我所感受到的強烈焦慮變成了一種麻痺的恐懼。我不知道沒有了保羅我該如何是好，我該怎麼辦？我現在該怎麼生活？未來該往哪裡去？在妻子去世後，C．S．路易斯（C.S.Lewis）寫道：「從來沒有人告訴我，悲傷與恐懼如此相似。」我內心的感受的確如此。我的心怦怦直跳，沒有什麼能讓它平靜下來。我試著看報紙；我給自己泡了一杯茶；我打開收音機，但沒有任何效果。我無法坐下來，我來回踱步、哭泣，又繼續來回踱步。我不知道我將如何照顧孩子或是返回工作崗位，這些想法更加令我的心跳加速。我開始痴迷於想知道保羅是怎麼死的：事發當天我不在他的身邊，所以我怎麼能確定他已經死了？他有沒有感覺到痛？他知道自己快死了嗎？他在死前一刻有沒有想到我？他有沒有說什麼？我需要回到運動中心找出答案。布蘭妮不希望我這麼做，但還是陪伴我一同前往。

我們在接待處遇到了一位年輕的值班經理，他帶我們到他樓上的辦公室。他說話輕聲細語，態度嚴謹，但我感覺得到他十分不自在；我在想他應該沒有碰過類似這樣的狀況。他拿出一個文件，在他面前的辦公桌上打開。從桌子的另一邊倒過來看，我看到上面寫著「事故報告」，上面印著一個男性的身體輪廓，上頭畫了一些標示，還有用藍色墨水的手寫字跡附註文字。他沒有主動向我展示報告。

「妳的丈夫是被旁邊隔間裡的人發現，對方聽到他倒下的聲音，」他告訴我們。「他從隔間門縫看到他倒臥在地板上。他必須破壞門鎖才能把他拉出來。」

「他被發現時還活著嗎？」我問。

「我不確定，但我想是的，因為發現他的人在他們等待救護車的時候對他做了心肺復甦術。」

「那麼那個人是醫生嗎？」

「我想他是牙醫。」

「我可以和他談談嗎？」

「這點我很抱歉，我們不能透露對方的個人隱私。」

我意識到一扇門在我面前關上了。這個不在場的緊張的年輕人無法回答我的問題，也不允許我接觸能夠回答這些問題的人。

「我相信妳的丈夫沒有受苦，」他說，但這不過是安慰我的話。他怎麼可能知道？

我嘗試了另一種方法，「我能看看他倒臥的地點嗎？」如果我能確定他倒下的地方，至少我可以對事發經過有一個確切的細節。

「當然，」他說，雖然我能感覺到他的猶豫，但他還是把我們帶到了更衣室。我們立即看到了事發現場，因為隔間的門上貼著黃黑色相間的膠帶條，還有一個應該是門鎖的洞。我們不能往裡看，因為門被膠帶封住了。就是這樣：這個我深愛的男人是在這裡結束了他的生命，在老舊的運動中心裡一個不顯眼的更衣室裡。我無法向他道別，他也沒有和我說再見——或者他有？我永遠不會知道，而這些沒有答案的問題將在未來幾年裡困擾著我。就在這一刻，一種惆悵的感覺壓倒了我。我開始哭泣，我的妹妹匆忙地向經理說了聲謝謝和再見，然後帶著抽泣的我離開運動中心到停車場。

回到家後，我的心情在強烈的痛苦和瘋狂的恐慌之間搖擺不定。房子裡充滿了弔唁的鮮花，不斷送進家中。人們的本意是好的，但我恨透了每朵甜美的花朵，令人作嘔的氣味和繽紛的色彩，它使房間看起來不自然：不斷提醒著我這一切跟現實之間的格格不入。我早就用完了花瓶，只好從花園棚子裡拿出上面覆蓋著蜘蛛網的果醬罐和各種醜陋的容器，我不喜歡這樣；我希望一切都回到從前的模樣。郵遞員拿著一個大紙板箱來到後門——這次送來更多的花，淡黃色的蘭花。

我尖叫著把盒子扔往廚房另一邊的牆上。「我不想要再看見這些該死的花——我要保羅！」

我的兒子威爾，在那之前一直安靜地坐著，在廚房的桌子上吃著一碗穀片，驚恐地抬起頭來。布蘭妮在葬禮結束後仍待在我家，替我收拾一切，她只是盯著我瞧，她的反應十分冷靜而自制。

「妳當然想要妳的保羅，」她說。「我們喝杯咖啡吧。」她把水壺放在上面，從狗碗旁邊取出蘭花，把它們放在工作台上的一盆小蒼蘭和一盆冬紫羅蘭之間。盒子裡有一張卡片，她遞給我，是我認識很久的十歲女孩阿米拉的看護捎來的卡片。

✳

當一個孩子同時被兩個兒科醫生轉診時，轉診這件事肯定會引發她內心很大的焦慮。我在培訓一結束後便開始從事兒童和家庭方面的諮商，在當地一家大型醫院的兒童發展中心工作。阿米拉兩歲時就引起了兒科醫生的注意，因為她出現餵食困難的問題。儘管餵食困難本身並不是太大的問題，但她在幼年時期曾遭遇極大的創傷。當她還是個嬰兒的時候，她的母親因為幻聽，聽到有人說她的孩子是惡魔之後，曾試圖用菜刀刺向阿米拉的腹部，阿米拉經過緊急手術急救後倖存下來。她的母親被關押在精神病院，現在她的父親試圖獨自撫養她長大。醫生找不到阿米拉飲食不佳的生理原因，所以讓她來接受我的診斷，請我查明真相。我知道她會和她的父親以及一名旁遮普語翻譯者一起過來。

我們見面的房間十分寬敞，這裡通常是培訓課程或是大型會議的場所，儘管它同時也是一些醫生的臨床室。另外一個選擇是一間悶熱的辦公室，裡面有三張超大的扶手椅，也沒有桌子，這選項會更糟。我試著讓這個大空間盡可能地有溫馨感，從角落裡的檢查沙發上取下一卷藍紙，把血壓儀塞進一個抽屜裡，並拿出一些玩具給阿米拉玩。當他們走進房間時，阿米拉嬌小的身軀令我吃驚不已。她就像一個小娃娃，留著一頭烏黑的長髮，棕色的大眼睛，她握著女翻譯的手。我跟阿米拉打招呼，指著桌子上的玩具，她只表現出一閃而過的興趣，然後選擇坐在翻譯的腿上，抓著她帶來的繪本。整個會談的大部分時間裡，她都保持這種狀態。對於一個兩歲的孩子來說，她看起來十分焦慮，而且異常安靜。她的父親肯定二十多歲而已，體重過重，頭上戴著棒球帽，腳下穿著亮白色的運動鞋。他只透過翻譯瑪麗亞姆跟我說話，毫無感情地講述了發生在阿米拉身上的事，以及她目前遇到的困難。他看起來十分疲憊，漫不經心。

我問起阿米拉的飲食。「你能告訴我阿米拉都吃些什麼，是一般的食物嗎？」

「她沒吃什麼。」

我知道阿米拉的體重雖然很輕，但還算是在正常的範圍內，所以不可能沒吃東西。「她肯定吃了東西，否則她早就餓死了。」我說。

「嗯，也許吃了幾口米飯。」

「還有別的嗎？蔬菜？肉？」他清楚明白我說的這句話，用力搖了搖頭，用自己的母語喃喃說了幾句。

「他說她不喜歡肉或蔬菜。」瑪麗亞姆替我翻譯。我決定嘗試以不同的角度問他。

「兩餐之間呢？她有吃任何零食嗎？」

「像是洋芋片，坐在她的汽車座椅上時。」

「還有別的嗎？糖果？」他似乎很不願意回答這個問題。一陣沉默後，瑪麗亞姆主動告訴我。「他愛吃甜食，他吃了很多巧克力，也給阿米拉吃巧克力。」

我的眼前立刻出現一個畫面，孩子的三餐不正常，從不健康的零食中獲取大部分卡路里。當我向阿米拉的父親詢問更多關於用餐時間的安排時，這一點得到了證實。「你和阿米拉一起吃飯嗎？」

「沒有，我先餵她，然後自己再吃。」

「她坐在餐桌旁吃飯嗎？」

「是的，但她想下來。把她留在餐桌旁不容易。」

「她吃飯的時候有沒有其他讓她分心的事情？例如，你有沒有打開電視？」

「有啊，她喜歡看卡通片。」

「除了餐桌上的食物，你還給她餵過什麼食物？」

「沒有。」

「你有，你明知道你有！」瑪麗亞姆一聽見他的回答，立刻搶著說，阿米拉的父親則盯著他的腳，瑪麗亞姆用英語繼續說：「我看到他在公寓裡跑來跑去追著她，試圖讓她吃飯。當她在床上時，他試圖用勺子把米飯舀進她的嘴裡——即使她在洗澡時也是如此。」

接續的討論顯示阿米拉的父親根本沒有照顧幼兒的經驗，並且在沒有妻子的情況下疲於應付。我請他在瑪麗亞姆的幫助下，記下阿米拉在接下來的幾週裡吃了什麼、在哪裡吃、什麼時候吃東西的飲食日誌。在這之後，減少零食並在進餐時間養成三餐正常應該相對容易，另外將分心的因素降到最低，並逐漸食用更廣泛的食物。這個方法很有效，阿米拉的父親顯得有信心多了，幾週後，阿米拉的餵食困難得到了解決。

故事的結局原本應該在這裡打住，然而一年後，瑪麗亞姆再度預約看診，這點並不令我感到驚訝。阿米拉幼年的境遇悲慘，似乎不太可能藉由改善她的飲食解決所有問題。這一次，只有瑪麗亞姆和阿米拉前來診間，兩人都打扮得一塵不染，穿著熨燙過的夏裝。我們再次在超大的診間約談，如今已經三歲的阿米拉一樣堅定地坐在瑪麗亞姆的腿上，對我的玩具表現出興趣缺缺。瑪麗亞姆立刻告訴我，她和她的丈夫決定收養阿米拉，在這一點上，我對瑪麗亞姆的背景所知甚少，也不知道她是否有自己的孩子。我當然想知道為什麼一對五十多歲的夫婦會決定收養一個三歲的孩子，這樣的舉動勢必得花費相當大的心力。瑪麗亞姆告訴我，她和她的丈夫育有一個女兒，如今已經長大成人，定居在澳大利亞。

「那麼，在妳現在這個人生階段撫養一個三歲的孩子肯定是一個重大決定？」

瑪麗亞姆似乎很緊張，也許不確定她應該在阿米拉面前透露多少。

「的確，我丈夫和我都五十多歲了。但我們不能讓她跟著她的父親一起生活。」她壓低了聲音。「我知道他有時會在她睡著的時候，把她一個人留在公寓裡。我看到他開著他的車離開，他真正感興趣的是跟其他女人生活。我們一帶走阿米拉，他就直接回巴基斯坦找對象結婚。」

在阿米拉面前談論這些似乎不合適，儘管在隨後與瑪麗亞姆單獨會面時，我確實發現了更多關於阿米拉被收養的原因。當時的我專注於嘗試吸引阿米拉的注意，並且想知道瑪麗亞姆帶她回來看診的原因。阿米拉現在會說話了，但她會說的話很少，而且對我試圖和她一塊玩遊戲表現出充滿戒心的態度。我試圖讓阿米拉對泰迪熊和拼圖產生興趣，但沒有成功，接著我拿出一袋塑膠製的農場動物。

「哦，看，牠是一隻羊，」我說，把羊的塑膠模型遞給阿米拉。

「羊。」她重複道，從我手裡接過牠。

我又拿出第二隻羊。「這是另一隻羊，」我說。「牠想和妳的羊打個招呼。」

「羊。」她又重複了一遍，從我手中接過第二隻羊，但沒有嘗試向羊打招呼，此刻，她的目光牢牢地盯著裝滿動物的袋子。

「這裡還有很多其他動物，」我說。「牠們全都住在農場裡，看看我們能不能一起建造農場？」

我把袋子裡的動物全倒在桌子上。當我撿起牠們時，阿米拉能夠說出幾隻動物的名字，但她似乎無心參與跟我一塊建造農場的遊戲。

「哦，瞧，有隻狗在追雞！我們要把雞藏起來嗎？」

沒有回應。

「哦，天哪，我想那匹馬傷到了腿，我們要不要給牠鋪張床讓牠躺下？」

她凝視著我，並沒有嘗試加入。相反地，她拿起一個塑膠圍欄，試圖將它連接到另一塊。我幫助她完成了這個，然後她開始構建一個精心製作的「農場」，將各種動物分門別類——其中一群是牛，另一群是羊，等等。她小心翼翼地把黑羊和白羊分開，把雞和鴨分開，她沉浸在這個活動很長時間，在這期間，瑪麗亞姆告訴我她目前遭遇的困難。

阿米拉開始去上當地的托兒所，但她沒有加入其他孩子。她通常只有一個人在玩，她似乎被其他人的爭吵和吵鬧聲嚇壞，經常把手摀在耳朵上哭。在家裡時，她表現得十分順從，但她很少玩她的玩具，而更喜歡跟著瑪麗亞姆在屋子裡到處轉。很多時候，她看起來很焦慮和神經質，而且內心懷著強烈的恐懼，在瑪麗亞姆看來，十分不合理：例如，她很害怕壁爐架上的一組瓷盤和廚房角落裡的一台舊收音機。

很明顯地，阿米拉遭遇了重大問題：我們得花上多年時間努力解決。這次約談意味著我、阿米拉和她的收養家庭之間將面臨的長期挑戰。阿米拉表現出許多自閉症的早期跡象，但她是自閉症嗎？她是否因為早期的創傷史而患有依附障礙？她是否因為母親的精神病史而使她遭受嚴重的心理健康問題？或者是其他複雜的成因？不管這些問題的答案是什麼，瑪麗亞姆的主要問題是她得在晚年照顧一個年幼的孩子——這本身就是一個重大的犧牲——現在她還發現自己撫養的孩子與她想像中的「正常」孩子截然不同。我們將會花上很多時間思考阿米拉帶來的挑戰，並試圖了解阿米拉遭遇到的困難根源是什麼。瑪麗亞姆會像凱芮一樣需要我在情感上對她們加以支持，如同我反過來也同樣需要珍妮佛的支持。

然而此時此刻，回到家中的廚房，我從丟棄的蘭花上取下瑪麗亞姆親手寫的卡片，這束花是在我下班後轉交給我的慰問花束，上面寫著：「為什麼最壞的事情會發生在最善良的人身上？」我很感動，也為自己沉浸於自我悲傷的行為感到羞愧。當瑪麗亞姆如此平靜地擁抱她的困難時，我怎麼能夠為我的歇斯底里找任何藉口？

＊

最終，妹妹回歸她的日常生活，男孩們也分別回到了學校。我仍不時淚水潰堤。每每總在從服用安眠藥入睡醒來後的幾分鐘哭了起來，想及保羅離開了我，整天沉浸在這樣的氛圍中。悲傷有它自己的節奏：有時是陷入時而安靜、單調的嗚咽，然後我會不假思索地打開衣櫃，看看他的衣服，或者是他加在咖啡裡的糖罐子，然後整個人陷入不可自拔的抽泣之中。

一天早上，我下樓時發現家裡的電話壞了：線路完全中斷。這令我陷入了恐慌，我拿起手機打給人在德文郡的父親，並對他歇斯底里地尖叫。父親是一個沉穩而謹慎的人，很少會在別人身上表現出情緒或對其做出反應，但他會注意到我發出的警報，並立即提出要開車前來幫助我解決問題的提議。這讓我稍微平靜下來，但我仍然需要等待幾個小時才會見到他。在這段時間裡，我咬著指甲，像籠中的動物一樣在廚房裡來回踱步。他一抵達，我們就直接去電器零售商店買了一組新電話，回家插上電源，問題就解決了。這件事如此輕而易舉。為什麼我做不到？當時，我只是單純感謝父親幫助我度過此次難關；事後看來，我大概是對電話斷線象徵對外通訊突然遭到切斷感到不知所措。

不久之後，等父親回到德文郡時，我正在廚房裡吃午飯，這時水開始從天花板上傾瀉而下，順著連接煙囪的壁爐流了下來。我們住在一棟需要大量維護的老房子裡，但在保羅的巧手DIY技能下，這點從來都不是問題。面對新的緊急情況，我的恐慌再次湧現，我站在原地，盯著天花板上的水噴出的地方，並對它尖叫。

孩子們跑來問我。「媽，怎麼回事？」

我只能指著天花板，繼續尖叫。至少他們還懂得一些常識，會拿水桶和洗碗碟用的淺桶來接水，然後撥打電話給他們的父親，也就是我的前夫趕來幫忙，五分鐘後他抵達我們的家，打電話給水管工人。

我究竟是怎麼回事？

我知道男孩們明白我之所以失序的原因，但我從他們的眼神中看出其中透露出的驚恐和恐懼，一個原本在他們的認知中能力強悍和內斂的母親經歷了如此的劇變。我決心只在我一個人獨處的時候哭泣。通常多半是在我獨自開車時才有獨處的機會，儘管我很快發現在高度情緒化的狀態下開車，會產生完全沒有注意到行人或是路上遭遇的危險。我在斑馬線上差點撞倒一個女人後，便放棄了開車，轉而沉迷於步行。我需要遠離這棟房子帶給我的痛苦聯想，而在我們家門口有一條通向開闊鄉村的小徑，打開門便能夠走出去。七年前保羅送給我一隻邊境牧羊犬潔西，牠經常伴我同行。我經常在路上大聲跟保羅交談，彷彿他仍在世一樣。

「你在哪裡，保羅？」

「你能看得見我們嗎？」

「拜託，請給我一個徵兆，讓我知道你沒事。」

我伸出兩隻手。「拜託你握住我的手，哪怕只是短暫的一下子，讓我知道你人在這裡。」

但什麼也沒發生，我感覺不到他的存在。

轉眼間，春天來了。人行道邊緣開滿了盛開的水仙花。雖然天氣很暖和，但天空卻是烏雲密布，晨霧繚繞。潔西和我正沿著我們的道路前進，走在健行步道上，迎向鄉間的開闊景致。我再次心煩意亂，淚水順著我的臉流下來。

「你在哪裡，保羅？」

「你為什麼死？」

「拜託，請給我一個徵兆。」

我抬頭往上看，雖然視線被淚水扭曲，卻瞥見了一根白色的羽毛，輕飄飄的，在我的面前緩緩飄落。它從一邊盤旋到另一邊，靜靜地落在我的腳上，我感到有些吃驚。

「真的是你嗎，保羅？」

我撿起那根羽毛放在口袋裡。潔西和我走進樹林，我一隻手放在口袋裡，撫弄著羽毛，但很快地，疑慮開始浮現腦海。

「如果真的是你，保羅，再給我一根羽毛，讓我更加確定。」

不久，我發現了另一根白色的羽毛，依偎在我前面小路上的松針之間。在那之後，我和潔西一起散步時經常發現白色的羽毛。有時它們需要一段時間才會出現，但在步行結束時它們總是會出現。

幾天後，保羅的四個孩子在週日前來一起吃午餐。我在廚房等菜餚烹煮之際，和保羅的一個兒子說話。天很冷，所有的門窗都關上了，我們靠在廚房的中島上，談論著保羅。

「你有沒有感覺到他和你在一起？」我問。

「沒有，從來沒有過。」

「我也沒有，但我一直看到這些白色的羽毛，當我想起他或與他交談時，它們就會出現。」

「真是奇怪。」他說。

「是啊，我知道。不知這是不是他給我的某種徵兆，某種交流？」

就在這時，天花板上不知從哪裡冒出一根細小的白色羽毛，輕輕地飄落，落在我們之間的廚房桌子表面。保羅的兒子倒抽一口氣，踉蹌向後一躍，碰倒了一張凳子。我也被眼前的景象嚇著，但同時我注意到這根羽毛讓我稍微平靜下來。保羅不知何故知道我們都在這裡一起吃午飯？他能感覺到我們的痛苦嗎？他是在安慰我嗎？

我曾經讀過，配偶的死亡事件在日常生活中占了最大的壓力指數：根據量表來看，它在事件中占據了相當比例的影響。雖然白色羽毛意外帶給我安慰，但僅憑它們還不足以支撐我的精神，況且很多時候我真正想做的就是跟隨保羅一塊——赴死。我彷彿抓著手裡的最後一根稻草。安妮為此帶我去見她的通靈朋友琳達。她住在一座現代平房裡，留著一頭捲曲的金髮，身穿一襲粉紅色的長袍，留著長長的指甲，她坐在沙發上，周圍環繞著水晶……室內觸目所及布滿了水晶碗、水晶球；天花板和每扇窗戶懸掛著球形和心形水晶。整個房間看起來像是用玻璃製成的阿拉丁洞穴，這讓我陰鬱的心情感到十分不舒服。但琳達溫暖而善良，在問了我一些初步問題後，她邀請我躺在她的沙發上進行「引導圖像」對話。我在心裡嗤之以鼻，但我現在人在這裡，也付了錢，所以仍繼續進行。我閉上眼睛，不久在我的眼前那個留著捲曲頭髮的粉紅色身影消失了。

沙發溫暖舒適；琳達的聲音柔和而平靜。她嘴裡念念有詞說著即將帶我穿過一座從這個世界連接到另一個世界的橋樑。我將想像出我能看到、聞到、觸摸到、感覺到的一切，但我發現自己在抗拒——這似乎毫無意義——而同時間我也在努力，努力去聽她說的話。

然後，突然間我似乎被引導進入一個地方。保羅的父母並排坐在花園裡一個深色的木椅上，我正走過一座鍍金的人行天橋，走向他們。燈光是金色的，他們周圍環繞著色彩繽紛的熱帶花朵和充滿異國情調的藤蔓。他們看起來過得很好，很開心，對著我微笑。保羅站在他們身後，伸出雙臂扶著他們坐著的椅背，他穿著棺材裡那件深藍色襯衫，看起來非常痛苦。我想擁抱他，但眼前的畫面旋即出現，下一秒又突然間消失無蹤，我重新返回充滿水晶的世界。那時我既興高采烈，又感到落寞。這究竟是我思想的投射還是跟保羅之間的真實交流？這一切經歷令我感到不安，沒過多久我又回到了自殺的念頭。這是我所能想到與保羅再次聯繫的唯一方法，再加上我現在看到他極需要我。

一位認識很久的朋友和同事打電話來了解我的情況。我沒有告訴她我一直在發抖，但她確實察覺到我的聲音出現顫抖，因此邀請我過去她的住處喝杯咖啡。我開了十英里車程到她家，當我到達時，天空正下起了雨。她住在一個公有地旁的大房子裡。這一次到她家，我注意到我們坐在她的書房裡，這裡與房子其他部分打掃得一塵不染相比，書房的凌亂程度令人驚訝。我納悶為什麼我們不像往常一樣坐在寬敞的廚房裡，但後來意識到她的丈夫可能正在家中。我不認為她是那種把丈夫藏起來不跟最近喪偶的女人接觸的人，但後來我想起她是一名醫生，所以也許這更像是一次諮詢而不是一般的社交活動。她語氣溫和地問我感覺如何，就是這樣：我的淚水又開始潰堤。我不斷哭泣，根本停不下來，我很難過，以至於我失去了所有的控制力。幾乎要發狂似的，我成了一隻狂暴的動物，歇斯底里，胡亂抓取，內心感到絕望。她態度冷靜地告訴我，她說我需要幫助。她泡了濃咖啡，我們坐下來喝，最後洪流終於平息。她說我不能一個人開車回家；外面還在下大雨，況且天也已經黑了。我堅持說我不會有事，但她的態度堅決，堅持坐在副駕駛座位，當我沿著高速公路折返回家時，她的丈夫開著車緊跟在我們的車後面，等我安全返家，兩人再一起開車回家。

我的前夫也很震驚，並安排我去看心理醫生。我開車前往一處私人診所，這地方位於被荒地包圍的一個荒涼住宅區內，這個郊區荒涼杳無人跡。精神科醫生的態度和藹可親，他的頭頂毛髮稀疏、臉色蒼白，但非常有吸引力。他用老式鋼筆寫字。他問我關於我的性史，我納悶這點有何關聯。他問我此刻最焦慮的是什麼，當我告訴他少了保羅，我無法獨自完成屋內的一切修繕工作，他告訴我他是修繕的箇中好手，並主動提出願意幫忙。接著，他又立刻撤回這項提議，令人遺憾——畢竟我是他的個案。我開始覺得整個過程很不舒服，而且就在剛剛我第一次嚐到了身為一個中年寡婦的滋味。他診斷出我罹患中度憂鬱症，開了抗憂鬱藥，並說些他認為接受一些治療可能會對我有所幫助的話。他寫信給我的醫生，我服了藥，但持續不斷的哭泣和顫抖並沒有因此減少。我對於自己脫離了慣有的理智、無法自我控制得宜感到驚訝，我擔心自己會發瘋。也許精神科醫生說得有道理，找個人談談我的悲慘處境或許會有所幫助。我聽從這個想法並遵循它，這就是我找上珍妮佛的原因，她總是陪在我身邊，每週同一時間。

*

在我與珍妮佛的早期會面中，剛開始在療程內的五十分鐘裡我幾乎從頭哭到尾，並且很少說話，但她總是在我身旁傾聽並始終對我多加關心。她詢問我跟保羅認識的經過，我一點一點從恐慌的陰霾中釐清思緒。

——回想與保羅的第一次見面很有意思，因為我從來沒有想過我們最終會在一起。我記得對他的兩件事感到震驚：一個是他的個子不高——嗯，可以說有點矮——而且體重超重，他看起來肯定不像我期望的伴侶那樣。我認識他的妻子：她是一個有魅力的女人，我認為她會嫁給一個同樣有魅力的男人。我注意到保羅的另一件事是他十分體貼。我們受邀參加他家的晚宴，當時三個月大的西蒙還在哺乳，我需要給他餵奶，讓他安頓下來睡覺。保羅帶著我上樓，給我找了張舒適的椅子坐下，並在床中間為嬰兒做了一個小窩，兩邊都有枕頭，以確保他不會滾下床。

——所以，妳注意到了他的體貼。他知道妳以及寶寶的需要？

——那是當然，我真的很感動。那天晚上，我覺得我們之間有某種連結。晚宴上的另外一個人在衛生單位坐擁高位，這個人在現場狂妄自大，喋喋不休說著他在政府機關裡有多少人脈，是個愛現的傢伙。保羅拿來一本相簿，裡面有他在法國住處的照片，每個人皆匆匆看了一眼，但似乎只有我真正感興趣，而保羅顯得很高興。我記得他過來跟我坐在同一邊的桌旁，我們從頭到尾瀏覽了相冊。

——這麼說，妳也同樣感受到對他來說重要的事情？

——是啊。我是真的沒有這樣想過，但的確是如此。我認為關於這種情感的連結、敏感性或其他任何東西，肯定給人留下了持久的印象。無論如何，五年後，我們都與以前的配偶離了婚，便一起共組家庭。

當我告訴她這件事時，舊有的內疚感浮現。珍妮佛什麼也沒說。我期待著她能像許多人一樣做出判斷，但她沒有。

幾個星期過去，我告訴她很多關於我和保羅的生活，以及失去他以後我感受到的孤單和焦慮。說話的人幾乎是我，她的話並不多，當她說話時，總是很精簡——在去蕪存菁的情況下，只留下對我來說最重要的精華；對於我無法承受的恐懼，給我一記當頭棒喝。

——妳想念有人可以分享妳經歷的一切，有人可以依賴。

——保羅讓妳在危機中感到安全。如果出現問題，妳可以依靠他。妳現在處於另一場危機之中，所以妳想知道如何才能感到安全，妳可以依靠誰？

這是一個很好的問題，但答案並不明確，不過我知道和她交談後感覺好多了。她說了這些小事，我感到被傾聽和理解。我止不住哭泣，她從來都是心平氣和地陪伴我。她給了我她的電子郵件地址，並徵求我的同意寫信給我的醫生，告訴他我的狀況很糟糕。我感到被她的溫暖和關懷包圍與包容。在我的生活遭遇狂風暴雨的襲擊中，她成了安定我的力量。即使是在她樓下的衣帽間，裡面的薰衣草香皂和柔軟的白色手巾也都成了寧靜的避風港。我喜歡和她談論保羅。她並不像其他許多完全避開這個話題的人那樣，對這個話題保持警惕，以避免這個話題令我感到沮喪，或者因為他們不知道該對我說什麼。他們沒有意識到這就是我日日夜夜所思所想：我想談論的一切。

*

羽毛同樣成為在背景中安定我心神的平靜力量。有時，我會在路上看到一根羽毛停在樹籬的葉子之中；或者有時見到羽毛緊貼在我車頂的天線上，或是停留在擋風玻璃的雨刷；或是瞥見幾天前我放在手提包裡的羽毛。我無法解釋為什麼我會被它們所吸引，我只是隱約覺得羽毛使我與保羅之間仍維持著某種聯繫。

在他去世前四個月，保羅和我買了一輛露營車：一輛左駕、體積龐大、六舖位的野獸。我們把它取名為里奧，靈感來自他的車牌號碼，我們計畫駕駛它去歐洲度假，並在我們退休後進行一次遠大的旅行。保羅愛極了里奧。他可以花上幾個小時安裝一個高音質音響，我經常在深夜發現他還待在前院花園裡，愉快地聽著他的CD，修補佈線，或者為我們預計在復活節前往西班牙旅行而整理櫥櫃裡的東西。保羅去世前，我們一共駕駛這輛露營車進行過三次旅遊：兩次前去新森林國家公園，另一次則是前往多塞特郡。

在保羅過世後的幾週裡，每次我從廚房的窗戶往外看，便見到里奧矗立在我面前，我知道我必須賣掉它。我不認為我一個人可以駕馭如此龐大的露營車，而且不管怎麼說，沒有了保羅，我的旅遊興致早已煙消雲散。但是我該如何脫手這輛露營車？我一點想法也沒有，一想到這輛車，我的內心不免焦慮不安。上網瀏覽搜索並沒有得到什麼結果，因為我不確定里奧的規格，也不確定我應該以多少錢賣出。然後我記起我們是向一對夫婦購買這輛露營車的。我們只在寶馬M3車款的服務處見過他們一次，對方十分友善，我們還一塊分享了一瓶葡萄酒，和他們的小兒子擠在里奧的小桌子旁，為過去和未來的假期乾杯。我決定給他們發一封電子郵件徵求他們的意見，沒想到他們立即就寫了回信給我。他們在聽到保羅的遭遇之後感到十分震驚，不僅想幫我出售露營車，還要替我聯繫當初在我和保羅買下里奧時，一個也正好對它感興趣的威爾斯人，看看他是否還有意願購買。不久，我發現自己邀請了這對車商夫婦和一個來自阿伯加文尼的威爾斯人前來吃午飯。

當天選定的日子恰巧是西蒙的十四歲生日，但我們說好延遲舉辦慶生活動，直到談完這筆生意。結果，我除了做三明治和泡茶之外，什麼都不必插手。車商代表發動機罩並解釋里奧發動機的複雜性，而他的妻子則負責展示車內的儲物、睡眠和烹飪設備，這位威爾斯人對此留下了深刻的印象，不久他便陪著我沿著商業街，讓我把裝在棕色信封裡的幾千英鎊從他的銀行帳戶轉到我的銀行戶頭，這是在網路銀行出現之前最便捷的方式。當我目送著里奧的尾燈從我們的前院消失時，強烈的孤獨感籠罩我整個人：離我而去的不僅是保羅的愛車，還有我們一起構築的大片未來。那天天空飄著毛毛雨，前院留下了一片乾燥的礫石區塊，這是因為里奧在過去六個星期裡沒有發動過。當我低頭凝視這片乾燥的礫石時，突然瞥見兩塊石頭之間夾著一根白色的小羽毛。我撿拾起這片羽毛，撫摸著它，然後把羽毛放進我的口袋裡。這足以讓我止住眼淚，喚醒我得開始準備禮物和生日派對的一絲理智。

＊

我並未對珍妮佛透露這些跟羽毛有關的事，也許是因為不想讓幻想破滅。我不知道這些羽毛所代表的意義，但不希望它們就此打住或消失。雖然這看起來很瘋狂，但它們確實帶來了一種與保羅之間存在的奇異親密感，並使得我所感受到近乎持續的焦慮獲得了部分緩解。不過，有一天，我的確向珍妮佛透露與一件與蝴蝶有關的事。

——保羅去世前幾週，西蒙和他摯友的家人一起去葡萄牙度過了半學期。西蒙返家當天傍晚，因為我外出赴約，所以由保羅去接他回家。他發了一個俏皮的留言給我，這個留言我至今仍保存在我的舊諾基亞手機的某個地方；我清楚記得這封簡訊的內容：「一個疲憊的男孩安全返家。吃光一個巨大的鮪魚美乃滋三明治，現已蜷縮在床，睡著了。」西蒙從葡萄牙給我帶來了一份禮物，隔天他把這個包裹在包裝紙裡的禮物交給了我。那是三隻大小不一的陶瓷蝴蝶：其中一隻是陽光黃、一隻綠松石藍，還有一隻是深紅色。這些年來，我收到了很多孩子們送給我的禮物，這些都是他們在禮品店裡買給我的，如果不是出自他們的心意，下場可能是扔進垃圾桶裡，但這些瓷器蝴蝶的確十分精緻。保羅和我曾就應該把它們放在哪裡討論了幾次，最後我們決定把它們安置在廚房的法式門板上方的窄牆。在他去世的前一天，保羅帶著他的工具箱爬上了梯子，把每隻蝴蝶都掛在牆上。

當我想到那三隻蝴蝶還掛在那裡時，我開始哭泣，我告訴珍妮佛，一想到不得不把它們取下來，我就被焦慮所占據。

珍妮佛說：這三隻蝴蝶無非是在提醒妳和妳的三個孩子，保羅的存在，以及他在幫助妳照顧這個家庭所付出的一切。移除它們的想法的確令人難以忍受，就像把保羅從妳的生活中移除一樣令人難受。

＊

隔週，當我前去珍妮佛家赴約時，發現她家的門鈴壞了。門旁邊貼著一張紙條，要求來訪者繞到後門按鈴。當我繞過房子的一側時，我注意到花園裡放置了一張彈跳床。這麼說來她也有孩子！我以前從未想過這一點。我的內心突然感到一陣刺痛——怎麼會？我難道欽羨她的孩子擁有這樣一個溫暖體貼的母親？嫉妒她的生命中除了我以外，還有其他人令她在乎？但同時我對她有一種令人安心的認同感：現在我知道她也是一位母親，她甚至擁有和我們一樣的彈跳床。

我並未對珍妮佛提起任何關於彈跳床的事，但這觀察卻讓我覺得與她的連結更加緊密，也注意到自己開始期待每週能夠見到她。她從不對談論的話題提出任何建議，話題完全由我決定，但不管話題是什麼，她都設法找到一種對我產生幫助，並將此與我目前關注的焦點連結起來。例如，我告訴她我的一個住在西班牙巴塞隆納的朋友瑪莉，每年夏天都會前來英國住上一個月。她的丈夫老爹在保羅去世前十八個月，死於一場車禍。保羅和我，還有孩子們當時在西班牙和他們住在一起。這真是一個巨大的衝擊，但保羅以他慣有的冷靜控制住局勢，照顧瑪莉和我們其他人，並安慰每個陷入痛苦情緒中的人。

——保羅在那裡陪伴瑪莉，他真心關心她的感受。我們都是如此。

——現在是誰陪在妳的身邊，如今保羅死了，誰會關心妳？

——瑪莉不愧是我的摯友，她一聽說保羅的噩耗就立刻飛來英國。我們誰也沒想到，就在十八個月後，喪夫之痛也同樣發生在我身上。

——瑪莉陪著妳嗎？

——是的，她是，但現在她人在西班牙。

珍妮佛靜靜坐著，沒有再說什麼，但後來我意識到，當然她也同樣是為我而來——就在這裡，在我遭逢的危機之中。

不久之後，我做了一個夢，我把這個夢告訴珍妮佛。我和她一起在她的諮詢室裡，兩個年輕的女孩，我想她們是她的女兒，進來坐在地板上開始玩耍。她們很可愛，但即使我趴在地上和她們一起玩，內心仍然不平靜。珍妮佛納悶是否因為除了我之外還有其他人占用了她的時間而令我不高興：這些人也許是她的家人，或者其他進入她診療室的個案？的確——在我和她待在診療室時，能夠得到她的全部注意力的確是一種安慰，我不想和別人分享她。我意識到我對她越來越依賴。我在生活很多方面都依賴保羅，現在我依賴珍妮佛來幫助我處理發生的一切，並度過難關。在保羅冥誕的前幾天——這是他死後的第一個生日——我再一次驚魂未定，重回絕望的深淵。當你生命中的摯愛突然離去、消失、不復存在時，你如何繼續生活下去？當相信你的人不在你身旁支持你？如何承受喪親之痛？我知道我有家人、朋友和珍妮佛，但這是否足夠？這種擺盪在絕望和脆弱希望之間的情緒波動令人筋疲力盡。我告訴珍妮佛，二〇〇五年七月七日是保羅生前的最後一個生日，當天也是恐怖分子在倫敦發動炸彈攻擊的同一天。那天他在西區工作，也聽到了爆炸聲。雖然當時他人並沒有受傷，但這是否會是七個月後等待我的一場災難式的預警？

另一場災難緊接著來臨，儘管此時的我還被蒙在鼓裡。

3
Part

引爆手榴彈

手榴彈引爆。

生命一直在緩慢前行，

然後，

砰的一聲，

毫無預警的，

爆炸了。

——凱西・瑞森布克（Cathy Rentzenbrink），《心痛手冊》（*A Manual for Heartache*）

保羅去世前不久的一個週末，他和我去探望我那位剛成為大學新鮮人的女兒艾蜜莉。我們住在市中心的一家廉價旅館四樓的一個房間。半夜，火警響了，我心想所有人都要撤離，於是驚慌失措地從床上跳起來，把最上面一層床單裹在我身上。我還記得保羅笑著對我說，「瞧妳緊張兮兮的」，然後赤身裸體地躺在床上，沒有任何遮蓋物。幸好是虛驚一場，多年後回想起來感到納悶，這是否又是一個預警。除了火災這件意外插曲，我們和艾蜜莉及她的朋友們度過了一個愉快的週末，在古董店和舊貨店裡閒逛，在學生咖啡館吃飯，在公園裡散步。

在保羅去世幾週後，艾蜜莉和我又在其中一家咖啡館吃午飯，咖啡館擠滿了年輕人，窗戶上冒著蒸氣，滴著水珠。我滿腦子想著保羅上次和我們在一起用餐的情景，怎麼現在他人就不在了，以後也不會再陪著我們。我放棄在孩子們面前絕對不掉淚的決心，因為我止不住眼淚。當我們離開咖啡館，壓倒性的悲傷和失落感並沒有因此減少，我們走到路的盡頭，在返回艾蜜莉宿舍的路上又穿過公園。我們踩到草地上時，我低頭一看，見到草地上散落著——可以說鋪著——白色的羽毛。我感到十分吃驚。站在這個地方，我有某種預感，保羅是否以某個方式察覺到我的痛苦？他是在安慰我嗎？在他死後的最初幾週，目擊羽毛出現的時刻變得越來越頻繁：他是否在我最心煩意亂的時候，試圖與我建立聯繫？

距離保羅過世至今已經七個月，但這類預感很常出現。我坐在餐桌旁，和他的兩個兒子一起吃晚飯。現在正值十月初，夜幕降臨；我們在燭光下吃飯。場面有些嚴肅，因為他們特地來談論保羅的遺產——這個話題對繼親家庭來說向來敏感，所以氣氛顯得很緊張。

此時電話鈴響。

「嗨，是我。」原來是我的另外一個妹妹打電話給我，由於我的妹妹們的聲音聽起來很像，所以有時候得想一下，最後確定這是安妮的聲音，她從車上打電話給我。爸爸從醫院看診完之後開車送她和媽媽回家。

「媽現在在車上，」她說。「醫院已經針對她的咳嗽症狀進行了一些檢查。她有話跟妳說。」

我的心怦怦直跳，這十分不尋常。媽媽從來不會在車裡跟我講電話，她也討厭對著手機說話。

「嗨，凡妮莎。」她永遠喊的是我的名字，從來不是我的小名；她說話的語氣也總是略帶指責。

我試著強打起精神。

「醫生診斷我罹患了肺癌，」媽說。「而且是癌症末期。如果我接受治療，可以多活幾個星期，但我不想要任何治療。我要待在家中。」我的母親說話總是直截了當。她已經八十八歲，是一名醫生，向來不忌諱說出自己的想法——經常搞得周圍的人驚駭連連。她和我多年來的關係一直很緊繃，我不知道該如何反應。

我聽到自己說著，「呃，這真是糟糕。妳確定嗎？情況有多不好？」

她肯定是聽出了我聲音中的沮喪，因為她不希望他人替她操心：她已經活了一把年紀，一生過得順遂，不想承受癌症治療帶來的痛苦和屈辱。她毫不懷疑自己做出了正確的決定。

我說我週末會開車去看她。放下電話的那一刻，我淚流滿面。我對於我們母女之間的關係經常處於令人懊悔的狀態也感到震驚和遺憾，預期自己將再一次面臨喪親之慟。保羅的兒子們感到十分尷尬，不知道該如何自處，他們乘機找了藉口離開。我慶幸他們藉口先離開，如此一來我就可以肆無忌憚地放聲大哭，也慶幸先前討論關於遺產的尷尬談話因此喊停，至少目前不必再接續這個話題。

在接下來的八週裡，我和布蘭妮每個週末都要駕駛四個鐘頭車程，前往德文郡北部海岸的一個偏遠小村莊。在車上，我們談論著母親，說起她和爸爸二十多年前退休後選擇到英格蘭西南部生活的日子有多困難。多年來，母親經常提到要坐火車來探望我們，說她很想念我們，但她實際上很少兌現她的話——況且要是她當真來探望我們，通常也會顯得筋疲力竭、脾氣暴躁。她向來不怎麼關心她的孫子們，從未曾前去參加學校戲劇的演出、音樂會或是運動會，表達她對外孫的支持。儘管在七、八〇年代，在德文郡和環繞於倫敦城區周邊地區的旅行明顯困難許多，但布蘭妮和我經常因為母親的行徑而感到受傷，覺得她拋棄了我們。

然而，在她生病的最後階段，母親的人生出現了轉變，原本暴躁的情緒以及對父親的莫名指責已經不再出現。一開始，她還能夠坐在餐室的椅子上，但不久之後，她的大部分時間都只能夠臥床休息。當她靠著枕頭躺在床上時，臉上帶著微笑，甚至神情輕鬆，看著人們在她身邊來來去去；她總是喜歡成為他人關注的焦點。那時有如此多的人——來自德文郡的鄰居和朋友、從前工作的老同事，以及打從我們童年時代就認識的一些人——前來道別。家中飼養的狗不斷在她的身上跳來跳去。我們趴躺在她的床上，喝著酒，聽著四號廣播電台，計畫著她的葬禮。

當她的身體變得越來越虛弱時，我們替她洗頭，梳理她的頭髮，用冷水潤濕她的嘴唇。一天夜裡，當她試著自己走到浴室時摔倒了，我們都感到十分難受。我們當時聽到廚房裡傳來巨大的撞擊聲響，等我們奔去她的身邊時，發現她穿著睡衣，面部朝下趴倒在地面：眼見這個經常面帶怒容、具有權勢的女人此刻是多麼的渺小和脆弱，這一幕，令我感到十分心驚。她告訴我們，她不希望我們最後感到痛苦；我們必須確保她在臨終前不受到任何病痛的折磨。妹妹跟我都同意她的決定，等到時機一到，我們便去向地區護士要求嗎啡輸液泵。這是我們三個人之間非常親密的時刻，我們簇擁在廚房裡，彼此緊擁做出了這個決定。我們沒有人認為爸爸應該做這樣的決定。那天晚上，當我們離開時，布蘭妮跟我知道這次跟母親只怕要天人永隔了。

電話在三天後，早上六點三十分打來，爸爸說媽媽在凌晨去世了，他一直等到天亮後才打電話給我們。布蘭妮和我趕在早餐的時候抵達。臥室的門開著，母親仰躺在床上，狗仍然不停地在她身邊跳上跳下。我進房間撫摸她的臉龐，她的臉龐已經變得冰涼，她的五官顯得清癯、嚴肅。安妮在她的床邊點燃了一支蠟燭，母親就這樣躺在她的病榻上。地區護士前來替她清洗身體，然後裝殮屍體。安妮跟著一塊幫忙，但我無法面對這一切。一整天下來，當我們來往用餐和喝咖啡、帶狗散步時，她就躺在那裡，門敞開著讓所有人都可以看到。傍晚，天黑後，殯儀館人員來了，他們坐在一輛普通的輕型休旅車裡，帶著英國當地農民濃重的西南部口音。他們把母親裝進一個黑色的塑膠屍袋裡，拉上拉鍊，把她帶到等候的車上。這一幕令我感到十分驚駭，這就像是把垃圾放進垃圾袋裡一樣。我站在昏暗、老舊的廚房中央抽泣。過去幾週日子過得異常平靜，我們已經彼此道別過了。母親給了她的女兒們一個帶著尊嚴死亡的禮物，這肯定是值得令人嚮往的結果。但是這回我不見任何白色羽毛，我有很長一段時間沒有再為她的死而哭泣。

＊

母親在聖誕節前夕過世，同時這也是我第一個沒有保羅的聖誕節，在開診之前，我將會有三週的休息時間。我感覺得到珍妮佛十分替我擔心，她跟我就要分道揚鑣，她敦促我隨時寄發電子郵件給她，如果我想找人聊聊。我答應她會這麼做，只不過為了讓她放心。我感覺自己開始偶爾感到好過一些，更能夠控制自己一點，我將此部分歸因於我可以前去找某個人傾吐，對方將會毫無疑問地接受我正在經歷的一切駭人的悲傷和痛苦。她就像是一個可以盛裝我一切原始情緒的容器，這種情緒使得孩子們和我的友人對我退避三舍，可以理解的是，他們只是不知道該如何處理。這一切與她說了什麼無關，因為她說的不多，而是因為我每週都可以見得到她，不管我對她吐了什麼苦水，她也讓我可以隨心所欲地談論保羅。我仍然強烈需要這樣做，知道有人會傾聽，不覺得有必要在這個主題上謹言慎行，讓我鬆了一口氣。我對保羅的諸多感受，她會回饋給我知道，這個過程中有一些東西讓我感到踏實和平靜。

新年一開始並不順遂。西蒙和我受邀參加他在學校一個同學母親的邀請的聚會。我鼓起勇氣前去，儘管我知道聚會裡多數是我不認識的人。年輕人很快便消失在樓上，這個夜晚還算平靜，我也在陌生的廚房裡和陌生人交談。但是當午夜到來，我獨自一人，四周被每個彼此親吻或是擁抱的人所包圍，我感到一陣淒涼，也開始在這些我不認識的人面前哭泣。我沒辦法克制自己，我無法忍受，我只是看不出來沒有人可以擁抱的生活如何值得活下去。返回到與珍妮佛每週固定見面的約談，令我鬆了一口氣；雖然不能擁抱她，但我很確定她的確在乎我。

一天晚上，我夢見我和布蘭妮在火車上。我想夢裡我們要前往的目的地是牛津，我為此感到很興奮，但是火車沒有停靠在正確的月台，我開始擔心，因為並不認得火車經過的站名。最後我們抵達德比郡，我知道我們繞了很遠的一段路。我所有的行李都不見了，還有我的手提包也不見蹤影。我感到驚慌失措並告訴布蘭妮我要去找警衛，但最終來到火車盡頭的一個車廂裡，意識到自己似乎無法從車廂出去。這裡像是一個坑洞，讓人幾乎無法呼吸。

我把這個夢境，告訴珍妮佛。

——我受到了驚嚇，但我真的不知道這意味著什麼。

——我想這應該是出自妳生活中的一個隱喻？妳在旅途開始時感到樂觀，但對妳來說，重要的事情在此過程中消失了。

——但我最終感到驚慌失措。

——也許妳擔心的是自己的死亡。畢竟，保羅死了，還有你的母親也死了。在夢中，沒有人能逃脫死亡。

沒錯，這的確有道理。既然這些事情的確發生在我的生活之中，死亡就更加真實了。

春天來了，正值保羅去世一週年忌日，有朋友建議我嘗試網路約會。她沒有惡意；她認為如果另一段感情可以占據我的生活，我會過得更快樂。我向珍妮佛提到了這一點，她沒有直接告訴我她的想法，但我感覺到她話中的口氣出於某種謹慎和保護，因為保羅才過世不久，「外面的池子裡還是有很多隻青蛙。」她說。多年以後，我還是一直記得那句話。

由於聖誕節假期到來，珍妮佛再度向我告假，她必須離開，但這一次有些出乎意料。她告訴我她必須出國一趟，返回她的家鄉。這完全在我的預期之外，因為心理治療師通常不會向病患透露任何與他們自身有關的隱私。這讓我十分焦慮，但我仍然留有她的電子郵件地址，現在也感覺到可以更加控制自己，我可以在沒有見到她的情況下度過一個星期——直到悲傷再度向我襲來……然後一而再，再而三發生。她開始經常出國，沒有告訴我原因，我心想或許是她家中一位年邁的長輩即將離世或是失智而需要人照顧。

經過幾個星期的往返折騰，她在身體不堪負荷，而我在精神上無法獲得支持之下，她投下了一個震撼彈。

——「我們都知道不能再這樣繼續下去。我不得不搬回家，並結束我在這裡的心理治療工作，但在妳找到另一位治療師之前，我不會離開。」

這個消息簡直令我無法平靜。就在我再次開始向這個世界邁出微小、試探性的一步時，我將同樣失去珍妮佛。我想，這就是我離開或拋下凱芮時，她內心的感受吧，難怪她當時不知道該說些什麼，開始暴飲暴食。先是保羅離我而去，然後是母親，現在則是珍妮佛：這一切令我難以承受。我同樣也不知道該說什麼，感到驚慌失措。我發現自己幾乎難以專注於珍妮佛所說的話，她告訴我她會給我其他治療師的名字，讓我去找她們。她說我應該多接觸幾個治療師，慢慢來，直到找到一個我覺得合適的人。她記下了一些名字和電話號碼，雖然我想把名單扔往她的臉上，但我還是一言不發地接過它們，準備搜尋她們的資料：我能有什麼選擇？然而，內心深處，恐慌湧上心頭，我的睡眠再度變得不安和不穩定。保羅在運動中心去世時的那種疏離感再度向我湧現，我不相信這會發生在我身上。然而事情確實發生了，我知道我必須振作，所以只得咬緊牙關開始尋找替代人選。

與我交談的第一個女人在電話中顯得冷淡而疏遠，但珍妮佛告訴我她的名氣很大，因此我依約開車前往她偌大的獨棟屋舍，登上木製台階，前往緊鄰花園的頂樓諮詢室。房間感覺濕冷，她像坐在離我幾英里遠的地方，邀請我告訴她我前來找她的原因。我開始講述過去十六個月來的細節，這一次我感到既緊張又害怕，幾乎沒有任何情緒。她的表情一成不變，冷酷無情，一言不發，我感到有些氣餒，最後感到氣惱，因為我知道我將會為了尋求她的「專業知識」付出一大筆錢。一個多小時後，她說話了。她說，「聽起來妳的生活似乎遭遇了一場海嘯。」她的聲音嘶啞，語氣中帶著誇耀發表了這個聲明，以表明她認為自己提出了某個深刻的警語。就這樣，她繼續談論費用和安排見面的時間，但我幾乎沒有在意她說了什麼，因為我急著要擺脫她。

幾天後她的賬單到了，但我很生氣，沒有理會它，又過了幾週，她又寄來了一份重複的賬單，這次還夾帶一張要求我付款的紙條。我付了款，同時還附上一封信，告訴她我認為她的諮詢完全是在浪費我的時間和金錢，而且我不需要她告知我近年的生活明顯遭遇到海嘯一般的變化。不用說，我再也沒有收到她的消息。

我明顯意識到珍妮佛希望我去嘗試，那我該怎麼辦？我仍持續去見她，但我們的談話顯得斷續不連貫，我發現我幾乎無話可說，內心感到麻木和憤怒，但我無法表達。我受過的良好教育要我持續接受，心中又為了想阻止她離開而感到內疚。

我前去諮商的另一名諮商師則截然不同。她的工作室不在住家，而是在我經常教書的大學附近租賃來的地方當作諮詢室。她叫喬絲琳，她和珍妮佛年齡相仿，但讓人感覺有些心不在焉。頂著一頭令人印象深刻的髮型，玳瑁髮夾從她的後腦勺夾住她那一頭蓬亂的捲髮。她讓我想起了我的高中經濟學老師，她的頭髮也是隨意地堆在頭頂，我和我最要好的朋友麗茲咯咯地笑著稱她的頭髮是「Ptitsi Nyest」（一個「鳥巢」——這個詞語是以我們當時正在學習的英語加上俄語的滑稽組合）。但對於一個治療師來說，她十分友善，而且很健談——比珍妮佛還要多話。我的內心知道必須讓珍妮佛去照顧她生病的父母，儘管有千百個不願，因此只得懷著沉重的心情，同意接受喬絲琳的諮商。想起之前在我們最後一次會面結束，當我起身準備離開時，珍妮佛詢問她是否可以握我的手。那時她握著我的手，說了一些祝我未來好運的話，記得她身穿著一件黑色連衣裙。當下我心裡想的是妳怎麼能這樣對我？但實際上我只跟她說了聲再見和謝謝，就這樣。

珍妮佛祝我未來好運，但我的好運似乎完全消失無蹤。正如精神分析學家斯蒂芬．格羅斯（Stephen Grosz）所說：「未來不是我們要前往的某個地方，而是我們此刻腦海中的一個想法……一個塑造我們眼下的幻境。」我對未來的遠景，包含丈夫、母親和關懷我的治療師接二連三消失，我不禁想起了我的病患阿米拉和她的養母瑪麗亞姆。阿米拉最後被診斷出患有自閉症，但打從阿米拉進入瑪麗亞姆家的那一刻起，瑪麗亞姆的未來一夕之間發生了變化。我在工作中，經常遇到有類似情況的父母。多年來，早在我喪偶之前，我就為剛被診斷出患有自閉症的學齡前兒童的父母開設過互助團體。當他們的孩子前來就讀我們的特教托兒所，孩子的父母們便可以順道參加互助團體。在團體裡的父母年齡層範圍很廣，也都來自許多不同的背景，但他們遭遇的共同點都來自於一個診斷，而這在某方面來說也使他們的生活徹底改變了。

互助團體成員在一個骯髒的地下室廚房見面，這是午餐時間兼作員工休息室的地方，唯一的窗戶可以看到連接兒童發展中心的其中一個和另一個區塊的走廊，因此我們不得不將百葉窗永久拉上以擋住窺探的眼睛。我和其中一個同事一起管理這個團體，在這群父母每週抵達這裡之前，我們盡最大的努力讓房間盡可能適合團體所用，我們把椅子排成一圈，放上餅乾以及一盤茶和咖啡。我們會在上班途中購買飲料和餅乾，因為國民保健署並不會如此奢侈，儘管它確實提供了房間和設施，我們在水槽下面的櫥櫃中發現了非常漂亮的瓷器：帶有橙色和黃色花卉圖案的精緻茶杯和茶托，在原本簡樸的環境中顯得格格不入。我不禁回想起這群互助團體成員中的某些明星成員和破壞者，以及他們面對遭遇到的結果所產生的不同反應。

嘉莉是一個活潑的年輕媽媽，有兩個小男孩。她會把她的大兒子送到幼兒園後，然後推著裝滿東西的嬰兒車奮力艱難地上到兒童發展中心，每回抵達聚會時，總是上氣不接下氣。她的小兒子托比長得非常漂亮，鼻子上有一點雀斑，留著一頭蓬亂的金髮。他有一對亮藍色的眼睛，但如果你試圖與他進行眼神交流，他的眼神卻是空洞的，而且左右飄移。嘉莉總是獨自出席托比的評估會議，她告訴我們，她的丈夫在倫敦工作，無法抽出時間陪她。她知道托比正在接受自閉症評估，但打從一開始她就否認了這種可能會有的結果。

「托比，」她反覆告訴我們，「很正常。他一直是一個安靜的男孩，但他喜歡和他的兄弟一起玩，我們對他的行為不覺得有任何問題，而且他不會像自閉症孩子那樣拍打手或轉身。」

托比確實是一個溫順的孩子，中心的工作人員很快就喜歡這個孩子，他輕鬆地在托兒所裡安頓下來，但我們很快就發現這個孩子喜歡獨自並重複玩著他的遊戲，而且他只有在需要幫助的時候才會接近成年人。他沒有興趣和其他孩子一起玩，也沒有興趣參加老師安排的活動；只要讓他自己動手玩，他就會很高興。

經過數週的評估，我們的團隊得出結論，托比患有自閉症，我和一位同事被委派將這個消息告訴他的父母。雖然托比的父親被邀請參加會談，但嘉莉仍像往常一樣獨自出現。即使我注意到她不斷地握緊和鬆開拳頭，她看起來還是一如既往般開朗。我們回顧了我們所做評估的細節，並解釋了我們在與托比一起執行的每項任務中一直在尋找的徵兆。

然而就在我們要做出診斷的時候，嘉莉試圖先發制人，她唯恐我們會說出她不想要聽的話。「你們可以告訴我任何事情，就是不要告訴我他患有自閉症，」她說。

「我知道這不是妳想聽到的，」我盡可能溫和地回答，「但我們必須對妳誠實。」我們繼續向她提供自閉症診斷以及說明得出該診斷的原因。

她的臉色頓時黯然失色，僵硬地坐在椅子上，雙拳緊握。「不對，」她說。「你們說錯了，肯定是哪裡搞錯。你們一定是弄錯了。」

我們又談了一些關於我們和托兒所工作人員觀察到的事情。當我的同事說話時，嘉莉突然神情變得嚴厲，她的臉皺成一團，向前傾倒，嚎啕大哭。我對她記憶猶新，她雙手托著頭坐著，長長的金色捲髮向前傾瀉而下，用掉一張又一張濕透的紙巾，說不出話來。她哭了整整一個小時，沒有間斷，根本聽不進其他人跟她說的話，所以我們安排隔天再跟她見面。這一次，她顯得平靜多了，能夠詳細地談論她想像與托比的生活將出現怎樣的轉變，只是她現在覺得托比似乎消失了。

「他是個快樂的男孩，」她說。「這就是我無法理解的。我一直以為他會和弟弟一起上學，交上許多朋友，他會長大，上大學，結婚生子。現在這一切都消失了。」

我跟我的同事再怎麼保證托比還是原來的托比，仍然可以有一個光明的未來，沒有任何影響，在接下來的幾天裡，嘉莉仍然心煩意亂，淚流滿面。她沒有告訴她的丈夫關於托比的診斷，這也是她發現很難解決的問題。

「他不會接受的，他就是不會。我不知道該如何告訴他——我不能，我做不到。」

與家人以外的其他人或是跟家人分享自閉症診斷的這項挑戰，是父母互助群體中經常出現的話題。我們確信嘉莉會從與她處境相似的其他父母的支持中受益，我們鼓勵她加入這個團體。起初她並不熱衷，但幾週後她同意前來參加，她在第一次的小組會議上遇到了珍。珍的兒子查理比托比年紀長一些，幾個月前他被診斷出患有自閉症。珍本人是個矮胖的女人，留著一頭黑色短髮，圓圓的臉總是微笑著。她對查理的診斷結果的反應截然不同，她超乎尋常且平靜地接受這一點。

她告訴我們：「我知道他有點狀況，所以得知這不是自己在想像而已，對我而言實際上是一種解脫。老實說，這對我也沒有任何區別。在你告訴我這件事之前，查理還是原來的那個男孩，我還是一樣愛他。」

再沒有比介紹珍給嘉莉認識更好的方式來作為團隊的開場。嘉莉焦慮地發抖，一進房間就哭了起來。我們介紹了她，並告訴小組她的兒子最近被診斷出患有自閉症。其他父母對她說了些表示安慰的話，但是珍走了過來，在嘉莉旁邊坐下，用胳膊摟住了她。

「我為查理哭了又哭，」她說（我們不知道這一點）。「但那是很久以前的事了，當我第一次注意到他不太對勁的時候。多年來，我試著假裝是我搞錯，他會自己擺脫這個症狀，但在內心深處，我知道他不會。當我將他與其他人的孩子進行比較時，我可以看到他與眾不同。」

珍在說這話時，嘉莉的抽泣聲平息了；她開始傾聽。「妳注意到了什麼？」她問。

「嗯，這很難說清楚，」珍說，「但讓我印象深刻的是，有一次他大約兩歲時和他的表兄弟一起玩……或者，至少，他的表兄弟看來開心地在玩著玩具，查理只是蹣跚學步地坐在電視機前。之後我想起來，才意識到他從來都不喜歡和其他孩子一起玩。」

「我原以為托比是聾子，」嘉莉透露。「當我叫他的名字時，他似乎從來沒有做出回應，所以我還以為他聽不到我的聲音。」她頓了頓，眼淚又湧了出來。「現在我知道他不是聾子——他是自閉症。這就是為什麼他對我呼喚他的名字時，一點都不感興趣的原因。」

這是她在一群剛認識的人面前做出一個非常勇敢的坦承，而珍就在一旁鼓勵她。

「我知道，這真的很難接受。但問題是查理根本沒有什麼改變，他不過是得到了一個診斷，仍然是我可愛的孩子。他現在在托兒所，九月份就要開學了，他正在尋求幫助，而且一直在進步。」

「妳是指他要去念普通學校？」嘉莉問。

「沒錯。他會有一個幫手協助，每天會和他在一起相處幾個小時，但他仍會和正常的孩子一起在正常的班級念書。」

我們曾多次嘗試與嘉莉進行這樣的對話，然而從待在同一條船上的另一位媽媽口中聽到這一切，一切都變得不同。當她開始想像托比的未來有了不同的遠景時，我從她的目光中見到一些希望的曙光。這是兩位母親之間一段長期而相互支持的友誼的開始，直到她們的孩子開始上學。而在她們離開之前也都為了團隊做出了積極和熱情的貢獻。

互助團體的經營並沒有那麼簡單。曾有一段時間，這個團體變得難以管理，當時媒體充斥著關於德國麻疹混合腮腺炎疫苗與自閉症之間可能存在關聯的報導。特別是其中一對夫婦，他們對於這個疫苗造成的結果感到憤怒。他們受過良好的教育，也總是穿著時髦，奧莉薇婭是他們的第一個孩子，雖然典型自閉症在女孩中並不常見，他們也接受奧莉薇婭患有自閉症的事實，不過由於他們對自閉症做過了相關的功課，聲稱她在接種德國麻疹混合腮腺炎疫苗之前一直很正常。

「在接種德國麻疹混合腮腺炎疫苗之前，奧莉薇婭沒有任何問題，」他們說。「她是一個正常的嬰兒。她會對我們微笑，揮手告別，開始學著說話。」

他們拍攝了奧莉薇婭的影片以佐證他們的說法，並堅持我們得觀看這些影片，以及與評估團隊的同事分享。

「她在接種德國麻疹混合腮腺炎疫苗那天出現發燒的症狀，然後她病得越來越重，最後變得軟弱無力。**很明顯地**，都是疫苗的關係。那些混蛋！他們明知疫苗不安全，怎麼敢保證疫苗安全無虞？」

他們決定控告疫苗製造商，並希望獲得我們的支持，他們的憤怒影響了整個團體。他們一週接著一週地遊說，要求大家的支持，並指責其他小組成員缺乏主動性。

「拜託，你們明知道我們是對的。你們究竟怎麼了？你們怎麼能夠讓孩子受到這些要命的傷害卻只是在一旁觀望？」

小組中的其他人似乎對於向來平靜的星期五早晨，開始飽受這類無謂的打擾，感到既害怕又困惑，我和我的同事處於一個棘手的位置，夾在對立的觀點中間。我們知道也經常在小組中討論，在孩子被診斷出患有自閉症之前，父母經常在某些地方有些失職，德國麻疹混合腮腺炎疫苗接種，是在語言開始快速發展的年齡進行施打，因此語言發展出現的任何遲緩都很容易歸因於疫苗。我遇到過許多其他父母，他們認為德國麻疹混合腮腺炎疫苗是他們的孩子在發育期間受挫的罪魁禍首，但並非是我們的小組成員。另一方面，互助團體的目的本來就是為父母提供支持，無論他們的觀點為何，所以我們不得不讓奧莉薇婭的父母發表他們的意見。

最後，在一次特別困難的小組會議上，我的同事說出了我們倆一直在想的事情：「我想你對疫苗製造商的憤怒，已經以某種方式轉移——這實際上是你對奧莉薇婭自閉症診斷感到憤怒的一種表達？」

他們對此氣憤不已。「你怎麼敢這麼說？你們都一樣，你們都是在為國民保健署掩護，你們所做的只是口徑一致。」說完，他們衝出了房間，砰地關上了門。

接下來的一週，他們回來了，令人不無驚訝，但或許是我的同事對此提出的評論在某種程度上發揮了作用，儘管他們仍然感到不滿，但似乎更加投入參與。其他小組成員，尤其是珍，解救了我們。

她說，「事情已經成為既定的事實，你帶著這麼大的憤怒，要如何幫助奧莉薇婭？你無法改變已經發生的事，但請你善待自己，善待她。你必須放下成見，把你的精力放在為她做最好的安排上。」

在這之後，他們的敵意並沒有因此而消失，但反過來開始更加關注奧莉薇婭，也更能融入與其他父母的互動。他們每週都會持續前來參加這個團體，直到奧莉薇婭開始上學。

傑克是另一個孩子，他的父母也同樣認為他是受到施打德國麻疹混合腮腺炎疫苗留下了傷害。我第一次見到他們是在他們帶傑克來進行評估時。當時他還不到兩歲年紀，他搖搖晃晃地走進房間，逕自走向暖氣散熱片。他的拳頭裡握著一塊小石頭，沿著暖氣機的外面來回跑動，一次又一次，發出刺耳的聲音，簡直令人難以忍受。我試著提供玩具來分散他的注意力，但即使是那些發光或播放音樂的玩具也沒有效果。他的父母皆辭職在家。

「他不喜歡玩具。」他們說。

我問他有沒有喜歡的東西，他媽媽從背包裡拿出一包薯片。錫箔紙袋的輕微窸窣聲響足以讓傑克跑過房間到她的面前，那些薯片接著成為完成評估他的關鍵。只有在他肯乖乖合作時，他才能夠得到一個薯片：他得坐在桌子旁，看著我，看著玩具……等。這仍然是一個艱難的過程：傑克對自己感興趣的東西遠比對我或玩具箱提供的任何東西更感興趣，評估的結果指出他不僅患有自閉症，而且還有嚴重的學習障礙，他的父母冷靜地接受了這一點。他們是一對令人愉快且感情深厚的夫妻，他們愛著傑克，願意不惜一切代價保護和養育他。

「我們知道他患有自閉症，」他們說。「這並不令我們感到吃驚，我們知道這是德國麻疹混合腮腺炎疫苗所致。這對我們沒有任何影響，他仍是我們的兒子，我們很愛他。」

他們開始加入父母互助團體，他們的貢獻總是積極的——只是有時候不免積極過頭，因為他們都喜歡說話。我們得知他們在當地經營一家肉鋪，所以一連串連珠砲似的說話方式，無疑是經過多年與顧客的交談而磨練出來的。他們加入奧莉薇婭雙親的陣容，態度積極、熱情地反對德國麻疹混合腮腺炎疫苗。傑克的父親認識「身居高位」的人，他將代表他們和所有其他遭受同樣苦難的家庭發起請願。他們對小組中其他感到沮喪或對孩子的行為有困難的父母給予支持和鼓勵。他們從來沒有對傑克說任何一句辱罵或貶低的話，然後有一天，他們走進小組並聲稱他們發現了治療自閉症的方法。

父母們喜歡談論甚至嘗試他們得知的各種補救措施，或者經常在報紙或是網路上分享他們讀到的各類消息。其中大多數幾乎沒有科學的支持（也沒有提及），而且它們通常是由奇怪的飲食或膳食補充劑組成，據稱可以改善自閉症症狀。父母願意嘗試任何可能對孩子有幫助的事情是可以理解的，即使是珍也不能倖免。有一天，她坦承幾個月來她一直在查理的飲食當中補充魚油。

「我不認為這有什麼不同，」她說，「但這並沒有對他造成任何傷害，所以有何不可？」

不過，傑克的父母堅稱他們有了巨大的發現，而且這個發現將會對病情有很大的幫助。他們閱讀了應用行為分析的相關文章，這是一種密集的家庭教育方法，將技能拆解成小部分，然後透過每天教導孩子幾個鐘頭以此建立他們的行為模式。該方法的支持者聲稱這個方法能夠「治癒」自閉症，文獻中有很多關於兒童在接受治療後能夠進入主流學校，並大大提高社交技能的例子。我不想打斷他們的熱情，但我確實提出了一些疑問，我知道文獻中也包含許多反面的論述，但傑克的父母直接否認了這些。他們決心施行這個方法，因此，幾週後，當他們聘請了一位老師並開始課程時，我前去他們家拜訪他們，以此了解他們的進展。

這段期間，我已經開始守寡。傑克的父母並不知道這一點，他們只知道我「休假」了幾個星期，但他們已經將注意力轉移到建立傑克的家庭教育計畫上，並且終止參加父母互助團體。

前往他們家中進行探訪令我感到有些吃驚。他們住在公有住宅一個不起眼的房子裡，這裡搭蓋的都是類似的房子，但這種相似性僅止於前院。他們家屋內的客廳裡沒見到什麼家具，除了客廳一角的實心櫃子上放置了一台笨重的電視機，電視打開著，音量調低。此外，還有一張破舊的沙發和幾把扶手椅，僅此而已——沒有地毯，沒有照片擺放，沒有任何類型的桌子。壁紙被撕破了幾處，牆壁的下方有厚重的塗鴉，暖氣散熱片上有幾道很深的刮痕——大概是傑克用他最愛的石頭做出的傑作。傑克的父母熱情好客，儘管他們注意到我對他們簡陋的生活條件感到驚訝，但並未對此多做解釋。他們熱衷於向我展示他們把其中一個小房間變成了傑克的家庭教育空間，這地方同樣沒有家具或是裝飾，除了一張兒童用的紅色塑膠桌椅，桌子兩邊各擺放一把低矮的塑膠椅。這地方是傑克每週接受三十五個小時家庭教育的地方。那天早上，他的老師帶他去了當地的一家托兒所，談論將他的家庭教育計劃融入托兒所的作息，所以我去的時候他並不在家。

我們移往客廳，坐下來喝杯咖啡，傑克的媽媽說這是一種難得的享受，因為當他在身邊時，他們不能冒險喝熱飲。他們繼續跟我詳述距離上次我見到他們以來的幾個月時間裡，他們的生活過得如何。主要發言的多半是傑克的母親，她通常是有什麼說什麼的人，時不時地請示她的丈夫，確認她告訴我的話沒有錯。

「傑克的行為變得更糟了，」她說。「他不聽我們的話，如果我們試圖讓他做一些事情，比如上床睡覺或準備出門，他就會大發脾氣。我們試著以堅定的態度對待他，但他又踢又抓，還咬了我們好幾次，現在更難阻止他，因為他變得越來越強壯。而最困難的是……」她猶豫了一下，看了一眼丈夫，然後繼續說道。「他開始把手伸進尿布裡，把便便塗在牆上。」

我不知道事情對他們來說變得如此艱難。他們從來沒有在父母互助團體中描述傑克的行為如此具有挑戰性，而他們似乎並未對此感到特別擔心。我開始向他們詢問更多關於傑克在什麼情況下出現困難的行為，卻遭到他的父親阻止。

「妳不需要擔心這些，」他說。「他的家庭老師會處理這部分。傑克的家庭教育計劃其中一部分便是關於管理他的行為。」

一旁的妻子額外補充道：「他開始學說話、拼圖之類的事情，並學習跟我們合作。我們也在家中實施家庭教育計畫，所以我們知道他的老師是如何教導他。」

他們十分熱衷於這件事，以至於對於他們告訴我的內容提出任何重大懷疑似乎不恰當。與此同時，我隱約意識到電視機還開著，此時傑克的爸爸突然站了起來，走到電視機旁把音量調大，電視播放著倫敦的七月七日爆炸案一週年紀念日節目，並舉行兩分鐘的默哀。「我希望妳不介意，」他說。「我認為重要的是永遠懷念那些死去的人——以及遭遇此事件影響的家庭。」

我們沉默地坐著。我激動得不知所措，幾秒鐘之內，眼淚就順著臉頰流了下來。我一直低著頭，淚水濺到我腿上的筆記本，導致墨水從頁面邊緣流下來。那天是保羅的生日，今天是我第一次在沒有他的情況下度過他的生日，珍妮佛很清楚我十分害怕這一天到來。我為保羅、為我自己、為爆炸案的受害者、為傑克和他的父母、為他們生活中的巨大挑戰，以及對於他們寄託在小男孩身上的期望落空感到十分遺憾。然而，他們卻對自己的處境保持冷靜和樂觀，他們真心相信他們可以找到一個方法，將他們被自閉症奪走的兒子重新找回來。他們是不是非常不切實際？我能夠從他們的樂觀中學到什麼嗎？

保羅去世後不久，我就開始閱讀有關喪慟的書籍。當我讀到一些專家認為失親者通常會經歷幾個悲傷階段的內容時，我突然意識到，父母互助團體成員面對他們的孩子被診斷為自閉症時的反應也有許多雷同之處：許多為人父母者，尤其是嘉莉，她最初對於孩子的未來遭遇到的巨大失落感表現出否認和震驚，感到不知所措；所有的父母全都不同程度地經歷過這類悲傷；有些則是感到憤怒和怨天尤人，尤其是奧莉薇婭的父母，他們決心要把失去完美的女兒這件事怪罪到某個人或事某件事上；還有一種普遍的孤獨感，有時則是表現出對於擁有「一般正常」孩子的父母的嫉妒，有時則是表現在無法理解他們正在經歷的事情，而與朋友和家人之間產生的距離感；只有極少數情況，在得知診斷早期便能接受這樣的事實，並渴望回歸正常生活。

我在喪偶之前、負責帶領父母互助團體時，讀過關於對診斷的反應，並試著盡可能將體貼和同理心帶到小組參與者分享的經歷中。但我知道我將永遠被視為自己沒有殘疾孩子的專業人士。我對自閉症和當地服務的了解，對這個團體很有用，然而只有分享共同經歷的父母才能夠相互提供真正的支持和指導。保羅去世後，事情發生了變化，我對這個團體的痛苦和失落感的體驗不再來自教科書，而是根植於我內心深處的遭遇。我也曾感受到並持續受到深刻的震驚、悲傷和孤獨，以及對仍然擁有正常婚姻生活的朋友產生的嫉妒。那麼，我能從父母互助團體的成員那裡學到什麼，以接受發生在我身上的事？我自己能否像他們當中的許多人所做的，或正在嘗試做的那樣繼續前進？

4

Part

約會困境

喪親者通常會遭受一種深刻而持久的孤獨感，而這種孤獨感在很大程度上無法被友誼所緩解。社交孤立的孤獨感可以透過友誼和社交活動來緩解，但情感孤獨感只能藉由參與相互承諾的關係來緩解，沒有這種關係就沒有安全感。

——約翰．鮑比（John Bowlby），《依附與喪親卷三：喪親》（*Attachment and Loss Volume 3: Loss*）

我首先嘗試與喬絲琳建立彼此的關係。一開始，得在不同時間點開車前去不同的地方令我感覺很不自在，我非常懷念每週同一時間穿越鄉間來到珍妮佛家的長途跋涉。喬絲琳的諮詢室位於一棟偌大的愛德華式建築中，明亮通風，天花板很高，還有巨型的窗戶。進門後可以看見一張桌子，上面擺放著一大瓶鮮花，我注意到花瓶裡的花每週都不同。我很喜歡花，這些花都很漂亮，但我猜想這些花不是喬絲琳親自挑選，應是其他人替她張羅的，因為她告訴我她不住在這裡。喬絲琳諮詢室裡的沙發上鋪著紫紅色的印花毯子，上面擺放著一個素面的編織靠枕。椅子充滿了現代、簡約的風格，我旁邊是一張矮桌，上面放著必備的紙巾。喬絲琳坐在我的對面，我們彼此以這樣的方式談話。先前與珍妮佛的談話中那種強烈的情感已經一去不復返，雖然我覺得和喬絲琳交談很舒服，但奇怪的是，我沒有一點參與感。她那飄逸的纖細頭髮讓人忍不住多看兩眼，但現在我更有機會仔細地觀察她，我看到她塗著一層厚厚的鮮紅色唇膏。幾個星期過去，唇膏顏色有時會從紅色變為亮粉色，並且唇色經常暈染開來，給人些許如同小丑般的印象。在她的脖子上，經常掛著顏色柔和的編織圍巾或是羊絨衫，但我的注意力反覆被她那雙腳所吸引。她的鞋子是平底圓頭鞋，中間有一條扣帶，就像我和後來我女兒上小學時穿的瑪莉珍鞋一樣。這些鞋子都不是一般學校規定的海軍藍或是黑色，而是手繪、色彩鮮豔，繪製了小花和人物在腳趾上翩翩起舞的圖案。而且她不止一雙鞋：鞋子有時是綠色，有時是黃褐色；鞋子上面繪製的人物也許是粉色、紅色的或是紫色，而且總是展現出歡快舞動充滿活力的童繪風格。我被這一雙又一雙的鞋子迷住；它們讓我想起了我多年前對兒童繪畫所做的研究。我納悶這些人物是否真是孩子們所畫，他們多大年紀，他們是如何讓顏料沾上皮革的？

我也許岔題了——但這就是喬絲琳帶給我的感覺。我不介意找她諮商，但我從不覺得需要伸手去拿紙巾。我告訴她關於保羅、我的母親，以及珍妮佛離開的事，她聽著，但我感覺得出來她覺得很無聊……或者也許是我感到無聊，隨著時間過去，我還在談論這一切。還是在珍妮佛離開之後，我仍不願意再次將自己全權交給治療師？

我告訴喬絲琳，我兒子的音樂老師傳訊息約我出去吃飯，她似乎突然間感興趣起來。我還告訴她我被一個在黎明時分出現，並在後門外留下鮮花和紅酒的人跟蹤，她對此更感好奇。我提到網路約會的想法，她只是逕自坐在座位邊緣，沒有一絲如同珍妮佛那般的擔憂：她似乎很熱心與懂得鼓勵人心，但我們永遠都不可能知道治療師到底在想什麼。

然而，我在日常生活遭遇的現實與喬絲琳明顯露骨的熱情產生令人不安的衝突。截至目前為止，保羅去世已經一年多了，隨著他的離去，難以忍受的孤獨感與日俱增。我厭倦了一個人看電視的永無休止的夜晚，也恨透了周遭的朋友們每到週末都和她們的丈夫一塊安排共同的行程。令我最想念的無非是成為別人生活的重心。保羅知道我在大多數日子的大部分時間都在做什麼，在週間的工作中，我們會經常互相打電話只是為了關懷對方，如果我很忙，有時也會假裝很煩，但我是真的樂在其中。現在這件事永遠不會再發生了，除非其中哪一個孩子有緊急情況，否則我的電話經常安靜無聲。我的朋友每週或是每個月聯繫一次，但沒有人真正知道或關心我一整天都在做些什麼。這讓我非常沮喪，但當我試圖與喬絲琳談論這件事時，她幾乎沒有提供任何理解或安慰。不過她鼓勵我挺身而起、走出去和填補空白來挑戰生命中的空缺，而不是停留在令人沮喪的感覺中。她的行為說明了她對我的諮商方式：當我向她提供負面的思考時，她很少說話，而當我提到可能的社交活動，特別是其中可能涉及與男性的社交活動時，她便會鼓勵我去做。

我的姐妹和我的一些朋友也會建議我該是時候「尋覓其他對象」，其中一位朋友特別強烈推薦網路交友。我在這方面很警惕，我無法想像我能找到保羅的替代者，因為我仍然一如既往地愛他，他去世的事實並沒有因此改變我對他的感覺。事隔多年，再次約會的念頭令我感到卻步。我納悶我的友人究竟是為了我，還是為了他們的利益而敦促我去做這件事？看到我大部分時間陷入沮喪和流淚的情緒之中，對他們來說肯定也不好受，所以讓其他人把我從他們的手中帶走，對他們來說無非是一種解脫？喬絲琳似乎也相信，如果我開始尋找另一段關係，或許可以脫離悲傷。這一點都不能夠說服我，但在面對這麼龐大的壓力之下，我覺得我至少應該試一試。想到我帶領的小組成員裡的個案，在面對失親和沮喪時，敢於再次走出去的勇氣，我決定一試。

＊

推薦網路約會的朋友告訴我，網站的選擇很重要。為了結識教育水準較高，且政治立場相仿，不論是選擇右翼還是左翼立場的人，她建議使用Guardian Soulmates約會交友網站。我不怎麼信任這類網站，感到有些緊張，但是某個星期六晚上，當西蒙有事外出，我像往常一樣待在家中，看著電視，身邊有貓狗相伴時，我試探性地打開了我的筆記型電腦。我在網站內容裡輸入我是一個女性，正在尋找年齡跟我相差不超過五歲的男性，並且與我居住的所在地不超過三十英里。我很快就取得了回應，一頁接著一頁的男性資料立刻在我面前展開。起初，我對於他們看起來十分年長感到有些吃驚，尤其是我已經很多年沒有和任何人約會。我也對他們當中的許多人不具任何吸引力感到驚訝，照片中的人怎麼會認為有人會根據這樣一張不討喜的照片而找到約會的對象？不過的確也有還不錯的，當我點擊他們的個人資料時，我發現他們當中有些人有著好文筆，而且內容看起來似乎符合我的條件。我開始詳細閱讀網站上的個人資料，卻發現在查看了五個人的資料之後，除非訂閱網站，否則我無法瀏覽更多內容。

儘管我心存疑慮，但還是在好奇心的驅使之下訂閱該網站，並且小心翼翼地填寫自己的個人資料。後來，我才了解到，大多數女性在描述自己時都對事實有所保留，反觀我在這個階段，顯得有些天真，以至於對一切詳實描述：我的年齡、境況、興趣等，畢竟如果真有奇蹟發生，我想找到一個真正的靈魂伴侶。我必須想出一個化名，所以我暱稱自己為「三維空間」（Three Degrees）。事實上，我確實與「三維空間」有些交集——在我這個年齡的人想必不會忘記一九六〇年代紅極一時的流行樂團，我跟很多人一樣也喜歡這類通俗的流行音樂。找出一張個人美照，然後按下「送出」，我收到的回應令人訝異，每天我都收到許多發給我的新訊息，很快地，我的保留態度消失殆盡，我發現自己上癮了，每天晚上都會花上幾個鐘頭上網。有些訊息是公然的約砲邀請，有些則是來自其貌不揚到我幾乎難以回覆訊息的男性。除了性交邀請的訊息之外，我都會回。

對於那些看起來最吸引我的人，我會撰寫措辭謹慎的回覆。再次感受到尋找對象的樂趣的確令我陶醉其中，我發現自己下班後，匆匆直奔我的筆記型電腦前。與其中幾個對彼此的故事皆感興趣的人交談，通常會占用掉很多時間，加上我是一個打字慢的人，特別是當我嘗試描述自己最好的一面時。我不再坐在電視機面前，西蒙還以為我把大量的工作帶回家熬夜加班，我練就了一手快速將約會網站螢幕切換到Power Point的技巧。

幾週後，Golden Touch 10（GT）提議我們見面，這不免令我陷入恐慌。在網路上與其他人調情還算無傷大雅，但是一想到要與照片中的真實人物實際面對面，我開始感到不安。我詢問布蘭妮的意見，我和她看到有幾個男士放在網站上的照片忍不住捧腹大笑，但她認為GT看起來還不錯。我後來才知道他的本名叫奎格，在IT部門工作，他提議我們到鄉村俱樂部喝一杯，或是吃一頓晚餐。約會守則經常告誡我們第一次約會最好選在公共場所見面。鄉村俱樂部似乎稱得上是公共場合，而且現在是夏天，天色還不會太暗，所以我便欣然同意。

來到約定的日子，我幾乎什麼都做不了。我告訴西蒙我要和一位朋友共進晚餐（這點是實話），可以預見一個青春期男孩對這類話題興趣缺缺，他喃喃地說了些聽起來隱約像是同意的回答，便回到了他的Xbox遊戲。我告訴布蘭妮最好整個晚上都把手機放在她的身邊。當我開車行經鄉間時，滿腦子疑惑不斷折磨著我：我在做什麼？我怎麼可能認為這是個好主意？保羅會如何看待我的不忠？（真的很抱歉，保羅——不過只是喝杯啤酒。）如果對方很糟糕怎麼辦？如果我真的喜歡他？

當我開車進入酒吧停車場時，我焦慮得直發抖。GT說過他會在酒吧門口等我，當我開車經過時，我看到了他。他本人看起來跟他的照片差距不大，但他的身高比我想像中要矮——我沒看錯他的穿著吧？他身上穿著一件深棕色的V領套頭衫，中間有三道橫條紋，一白一黑一黃。在那一刻，我知道我永遠不會被一個穿著這類套頭衫的男人所吸引。我原本考慮開車掉頭離開，但在同意會面後，我知道自己還是必須面對他，所以我把車停妥，自我介紹，然後跟他一道走進酒吧，這真是我度過最無聊的一晚。

錯不在GT身上；他十分樂在其中，並希望在喝完第一杯酒之後，一道吃頓晚餐，但我們沒有任何共同點，我實在不知道該跟他聊些什麼。我決定發揮我的專業傾聽技巧，請他告訴我關於他自己的一切。根據我的經驗，很少有人能夠迴避這樣的邀請，他並未對此感到失望，在他說了無數關於他工作的IT公司中的乏味故事來取悅我之後，他提到他實際上還和一個女人在交往。

「真的嗎？」我問。但我腦海中浮現的念頭卻是太離譜了吧？只是我並沒有說出口。

「是的，」他說。「我很抱歉，我應該在提議我們見面之前先提到這一點。」

他看上去一臉愧疚，而我只感到解脫。「別擔心，」我說。「我喪偶剛滿一年，還沒有打算尋找適合的對象。」

現在他似乎鬆了一口氣，所以我也讓他告訴我關於他女朋友的事。他喝下一大口啤酒，就在此時，他嘴裡吐出的一切都變得出乎意料般的不可思議。

「我是在網路上看到一個個人成長團體的廣告而有機會認識她的，」他說，並補充道：「這是我結識女人的另一種方式。」

我受過的心理學訓練總是讓我對這類個人成長團體充滿警覺，所以我要他告訴我更多關於這個團體的事。

「這是一種體驗性質的團體。我們每週在不同的成員家中見面一次，每隔幾週我們就會在某個地方進行一次週末靜修。」

我開始感興趣起來。「那麼你們在這些靜修會上實際上都做了些什麼？」

「好吧，我們一開始每個人會先脫掉身上的衣服。你很難相信人可以在不穿任何衣服的情況下與自己的身體達成某種平衡。」

我肯定難以置信。一想到眼前這個穿著大黃蜂套頭衫的無趣男子，竟會身處一個充滿裸體崇拜者的房間裡，突兀的畫面差點令我笑出聲來。但我設法保持不動聲色，平安度過了剩餘的夜晚，付完我的晚餐費用，然後前往停車場。

當我拔出車鑰匙時，一根羽毛飄落到地上：我一定是在散步時撿起它裝進口袋，而忘記了它的存在。我鑽進車裡，離開了GT，令我鬆了一口氣，卻又同時感到莫名的心煩起來。我在開車時發現自己在抽泣，那根羽毛令我惶惑不安，隨之而來的是一連串煩亂的思緒湧入我的腦海：你也在這兒嗎，保羅？你看見他了嗎？我知道他很糟糕。我永遠不會再和那樣的人出去。我很想你，我愛你，你為什麼要死？

先前面臨的處境給我帶來了新的猛烈打擊：我對於像GT這樣無趣、陌生的男子一點都不感興趣。保羅是我唯一想要的人——但他不在這裡，他再也不會回來。

到了第二天，我的情緒平靜了不少，GT很早就上網。他真心很享受和我在一起的那個晚上——你猜怎麼著？他和他的赤裸女友分手了。他想知道我明天要不要再跟他一起吃晚飯？

我一點都不想要這麼做，在我看來，他肯定沒有金手指能夠點石成金。

✳

在這個不祥的開始之後，我鼓起勇氣去參加其他約會，細節就不再詳細贅述，卻足以提供材料來娛樂和滿足喬絲琳和我的朋友們。我發現自己開始可以輕鬆的態度講述這些宛如《天方夜譚》的約會軼事，我的聽眾也很高興事情似乎開始撥雲見日。

然而，我打心底還是感覺少了一點積極，這讓我想起了幾年前和我照顧過的一個孩子。當時我把她的情況洋洋灑灑寫了一份報告提交給我的專業同事，我參與的是一個研究視障兒童與其父母之間如何溝通的研究計畫。艾瑪當時兩歲，她從出生起就失明了，我被指派到她家進行訪視，以便拍攝她與母親互動的短片。她住在綠樹成蔭的郊區一棟獨立的大房子裡，她的母親凱茜把房子收拾得一塵不染。我之前見過艾瑪和凱茜一次，當時她們來到我們的診所進行初步、相當正式的評估，我們想要透過更加詳細地了解她們在熟悉環境中的溝通技巧，以補充報告的不足。

和許多盲童一樣，艾瑪的運動功能發育遲緩，她還無法獨立行走。她的體重明顯超重，當我抵達她們家時，我發現她坐在客廳地板中間，前後搖晃，斷斷續續哭鬧著。凱茜看起來像是為了我的來訪而精心打扮：她的眼妝上戴著時髦的眼鏡，塗上散發光澤的紅色唇膏，穿著一條緊身鉛筆裙，顯出她纖細的臀部線條。我注意到一張矮桌上有一盒玩具，離艾瑪坐的地方有一段距離。

由於輔導指南提及，我在這時候不能給出任何建議，所以我把所有的程序交給了凱茜：「我希望妳能像平時那樣和艾瑪玩一會兒。我會給妳們一些熱身時間，然後會拍攝妳們兩個大約十五分鐘。在那之後，我們可以談談結果。」

她倆之間的溝通似乎進行得並不順利。凱茜坐在靠近玩具箱的沙發上，把玩具輪流遞給艾瑪。

「這是什麼，艾瑪？」她問道，或者，「看看這個玩具，艾瑪，它很好玩，不是嗎？」

艾瑪對任何玩具都提不起興趣，除了聽著塑膠小鴨發出吱吱作響的聲音時出現短暫的安靜，其他時候她仍繼續搖晃身體，並發出哭鬧聲。凱茜看起來僵硬且十分不自在，當十五分鐘的拍攝結束時，她明顯地鬆了一口氣。她對自己的不適很坦率。

「我不知道該怎麼和她玩，」她說。「我確實嘗試過，但除了食物，她對什麼都不感興趣，這只會讓她更胖。」

她的坦誠使我們能夠輕易就如何與視障兒童發展進行積極和有意義的互動、對話，運用我們迄今為止在研究中獲得的許多見解。我鼓勵凱茜「想像自己」進入艾瑪的盲人世界，試著想像艾瑪最有可能意識到並因此表現出興趣的那種體驗。就她在和艾瑪一起玩耍和交流時可以使用的具體技巧，我也提出了建議，並且留下了一份實用的印刷講義給她，也承諾會每週打電話給她，以了解她的進展。

打從第一週開始，透過定期的電話交談，我便向我的團隊報告了正面的結果。凱茜很早就決定每天戴上半個小時眼罩，好讓她對於艾瑪的黑暗世界有更多的瞭解。她立即體會到，只有艾瑪可以觸摸、聽到或聞到的物體才能夠成為她直接體驗的一部分，這直接影響了她選擇與艾瑪談話的內容。凱茜欣然接受了建議。我讓她告訴艾瑪她手裡拿著什麼東西，而不是去問艾瑪她手裡有什麼東西，她欣然接受我的建議。當我建議她使用諸如「圓形」或「尖尖的」之類的特定語詞來描述事物，而不是「好棒」，她開始發展出許多豐富的形容詞來描述艾瑪的玩具和常見的家居用品。

六週後，我又進行了一次家庭訪視，見證了一次非凡的轉變。這一次，凱茜穿著一件舊運動服，趴在地板上和艾瑪一起玩耍。艾瑪本人不再搖晃身體或是哭鬧，而是期待與母親一起玩耍，並在聽到熟悉的玩具發出的聲音時伸出手來。事實上，她正在努力想要抓取凱茜放在她的手搆不到的嘈雜玩具，我可以看到她正在試著移動她的身體。我拍了影片記錄她的進步，並衷心祝賀凱茜所做的出色努力，鼓勵她持續下去。

等到艾瑪上床小睡，我們坐下來喝杯咖啡的時候，凱茜向我吐露她內在的真實感受。她開始哭泣，伴隨著她的淚水，過去兩年的挫折和失望感從她身上傾瀉而出。

「當我懷上艾瑪時，我雀躍不已，開始對一切感到期待。妳無法想像當他們告訴我她的眼睛看不見時，我有多震驚。絕望不足以描寫我內心的希望落空，我不想要一個不完美的嬰兒——我因為出現這些想法而感到內疚。」

「現在呢？」我問她。

「現在我對她的不完美有點習慣了，但每一天對我來說還是很煎熬。就拿玩遊戲這件事來說——如果我有一個正常的孩子，我相信我會本能地知道如何和她一起玩，而我一點都不想要學習新的方法去跟她互動。人們希望我能堅持下去——像妳這樣的專業人士也是如此——我也這樣做了，但在我內心深處對此依舊十分反感，這似乎不自然。

當我想到自己面對網路約會的態度，凱茜的這番話不禁在我腦海中迴盪。以正常方式約會感覺再自然不過；但我就是感覺不對勁。人們鼓勵我多結交朋友——我的朋友、我的姐妹，還有像喬絲琳這樣的專業人士。他們希望我能夠成功「處理」我的困境並繼續前進。從表面上看，一切似乎都很順利，我可以提供對於約會的積極看法讓他們知道，但內心卻為失去我真正想要的伴侶而悲傷。凱茜和我有很多共同點：我們都因為講述的不是我們真正的心裡話而感到內疚，我們都需要更長一段時間才能夠去適應發生在我們身上的事，並對現實中的情況感到自在。我並不想和陌生男性約會，就像凱茜不想用一種她不熟悉的方式和艾瑪一塊遊戲，但至少我們都做了努力。

因為如此，對約會的想像也破滅，因此決定先停止尋覓對象。我不再主動發起任何聯繫，但如果有人與我聯繫，電子郵件仍會繼續提醒我。不久，我發現自己開始與「龍蒿男」通信：儘管到目前為止，我對他的訊息總是有一搭沒一搭的回覆，但他一直很堅持。他透露，他的暱稱不是源自他對植物的喜愛，而是他在西班牙塔拉戈納郊外山區擁有的小屋。他的名字是彼得，但我可以叫他佩德羅。我不得不承認他的文筆很好。他擁有一所頂尖大學的英國文學學位，並且是一名講師，加上他也喪偶。我允許自己抱持一絲希望，我們交換的電子郵件內容越來越長，我發現自己每天都登錄網站閱讀他的信件，並撰寫我的回覆。我們互相講述了很多關於我們生活中的事情，我突然發現我越來越想要認識一個與我素未謀面的人，我憑直覺如此認為。我想起了和保羅在一起交往初期：在我們成為一對戀人之前，我便對他有很深的了解。這個佩德羅是否真有可能成為我另一個靈魂伴侶？我告訴妹妹安妮關於他的事。她很興奮，她非常希望我再次尋覓到幸福，她對佩德羅有一種「好感」。我也是，而且幾個月後，當他提議我們見面時，我發現自己欣然接受。

我們打算去牛津聽音樂會，我在布萊克威爾的門口等他。這是一個明媚的冬日早晨，我很緊張，因期待和寒冷而顫抖。我在網站上看過他的照片，我知道他有一頭稀疏的金髮和戴眼鏡，所以當他沿著人行道向我走來時，我立刻認出了他。當他向我走近時，他以西班牙語向我說道：「早安，女士！」

那一刻，我內在的希望和夢想全都崩潰。他的聲音有些尖銳、嘶啞，完全不是我想像或預期的帶有教養的男中音。我很沮喪，但仍鎮定下來，微笑著和他一起步行去音樂會。演奏曲目是一首弦樂四重奏，在裝有飾板的房間裡演奏得非常出色，音樂令人感到舒緩而安定。

之後，我們共進午餐。他人很好，只不過我的幻想破滅而已。我們有很多共同點，但我知道他畢業之後就住在同一棟房子，在同一所大學任教，對於他的生活停滯不前，沒有抓住機會把握人生，令我有一種鬱悶的感覺；儘管如此，他還喜歡藝術、歌劇和散步，我也喜歡，所以我認為作為同伴再次見面以分享我們共同的興趣，並沒有什麼壞處。

在接下來的幾個月裡，我們去了科托爾德美術館和泰特現代美術館、倫敦大劇院和柯芬園市集，我們徒步穿越了南丘陵和新森林國家公園。我很開心有他的陪伴，但更重要的是，我也很喜歡這些活動，也樂意有人陪著我一起參與。另一方面，他則似乎越來越熱衷我們之間的相處，我能從他的眼裡看出。我記得當我們墜入愛河時，保羅看著我的眼神。

佩德羅說他喜歡我，「如果還有其他事情在發展，我會暫時保密。」

這讓我有些警覺，因為我發現自己對他好像沒有任何浪漫的感覺，他試圖握住我的手；我告訴他我只想做朋友。他帶我去看他住的房子，這對我來說無非更加強化了他在我心中留下的那種守舊困頓的印象。他在這棟房子裡住了三十年，我敢肯定，自從他搬進來後，深色的木製家具或是同樣陰暗的裝飾多年來沒有任何改變。我同樣也邀請他來我家作客，當時我的父親正巧來訪，他們開心地聊著舊有的國際教育學院、紅肯學院和進修教育的糟糕狀況。佩德羅極力想要討好西蒙，幾乎拉著他到花園裡踢足球。我的孩子知道該如何應對，也不會抗拒，但後來他在私底下對我提出嚴正的抗議。

「媽，妳明知道我討厭足球，為什麼還要我和他一起踢足球？」

「我認為他只是想表現出友好。」我提道，但我對於把西蒙拖入連我自己都不熱衷的事情感到內疚。

「我最討厭那些僅僅因為他們認為某件事很酷而非得讓你去做的人。他為什麼不先問我是否真的喜歡足球？」

我無法回答這個問題，但西蒙的不滿讓我注意到佩德羅其他我覺得同樣不具吸引力的地方：他的身材十分纖瘦，而在盤子裡堆著食物卻從來沒有吃完，我們出去散步時，從他的短褲底下露出他腿上突出的靜脈曲張。

西蒙問我：「妳不會和他一起出去約會吧？」

我向他保證不會，當然不會，我們只是朋友，但令我困擾的是西蒙顯然不喜歡佩德羅，我開始認為自己應該重新評估跟佩德羅的這段關係。問題在於我很渴望男性陪伴，以至於很難停止跟佩德羅見面，而我對我們之間的不同越來越感到不安。

佩德羅再次邀請我去他住的地方。他帶我去了他的一個朋友經營的法國小酒館，我們被當作情侶對待，我感到有些不自在。晚飯後，他邀請我回他家喝杯咖啡。現在是仲夏，天氣依舊溫暖而明亮，交往至今我想我已經很了解他，我認為這一切應該不會有什麼問題。我坐在沙發上，等待他煮咖啡，這需要花費一段時間，因為他有一台濃縮咖啡機，一次只能煮一小杯咖啡。他端著一個托盤回來，把咖啡放在我旁邊的桌子上——然後他猛撲向我。

我完全沒有準備好（儘管事後看來，這理所當然是下一步行動）。我的不安很快伴隨著越來越大的恐懼：這次，我沒有告訴布蘭妮我去了哪裡，而西蒙只知道我「和一個朋友」敘舊，所以實際上沒有人知道我人在哪裡。佩德羅十分激動，逼迫我，央求我留下，我感到十分害怕。我的腦海中，閃過所有我讀到過的關於網路約會強暴的故事，另外我還曾經讀過一本書，這本書講述了一個連環殺手過去透過刊登誠徵女友的廣告，吸引被害者上門然後加以殺害的恐怖畫面。我知道我必須保持冷靜，不要激怒他或傷害他的感情，所以我告訴他，西蒙在等我回家，他不喜歡晚上一個人待在家裡，他下週要參加學校舉辦的旅行（事實），這樣我就可以再回來找他（也是實話，但是極不可能——事實上，我一點都不希望）。這番話似乎安撫了他的情緒，經過幾分鐘的掙扎，他才讓我離開。

我想我從來沒有開過這麼快的車。我衝進自己的車裡，駛上高速公路，直到返回家中，衝進廚房裡把門拴上，我才平靜下來。就這樣，佩德羅感到十分氣惱，說我把他耍得團團轉，他說如果我不想尋找伴侶，就不應該去約會網站。**但我沒有說我不想尋找伴侶——只是對象不是你**（儘管我實際上並沒有這麼說）。多年後，在一張聖誕賀卡上，他告訴我他遇到了別人並再婚了，我為他感到高興。我是真心祝福他，這是他想要的。他只是不適合我，我也從來沒有見過他在塔拉戈納的房子。

喬絲琳聽著這一切，臉上帶著淺淺的笑容。我可以清楚地看著她坐在我的對面，頭髮蓬亂，口紅暈染，鞋子在我面前晃呀晃的，但全神貫注。雖然跟佩德羅結束了關係，但這次的經歷令我飽受打擊。

——我覺得受到玷污，我向喬絲琳如此坦承。我無法忍受他的碰觸，感覺像是我背叛了保羅。

她說我需要時間來適應跟其他男人肢體間的接觸，但對我來說，這感覺就像是一個單方面的說詞：她要麼沒有意識到潛伏在我的約會故事背後，希望加上絕望的混合，帶給我的不安，要麼她並沒有意願替我解決。而我發現約會帶來的不安感太過巨大，我無法獨自處理，決定放棄，下次再打開筆電，我將會刪除我在網站上登錄的約會資料。

＊

在我接受喬絲琳的諮商幾個月之後，我的妹夫去世了，他得年五十六歲，而且有酗酒問題。布蘭妮打電話通知我這個消息，這與兩年前我在運動中心打電話給她，以告知保羅的死訊完全不同。她告訴我，妹夫的死訊是一名警官告訴她的，就在她下班回家時，在她家的門口。妹夫儘管生活艱難，但個性討人喜歡，他很崇拜保羅，自從保羅去世後，他和他的夥伴以許多實際的方式幫助我度過難關。大約過十天後，我參加了他的葬禮。我現在十五歲的小兒子告訴我，這是他在不到五年的時間裡參加的第五場家庭葬禮（其中包括保羅的父母、保羅、他的祖母，現在是他的姨丈）。他只參加過一場婚禮。

妹夫死後，我的恐慌指數再度上升。一想到現在當真沒有人可以幫助我修繕房子，我尤其感到更加不安。我要到哪裡去買用來鋪設前院車道的礫石？我要如何以幾罐啤酒和幾杯茶用來作為交換替我的樹木治病的代價？

而且恐怕還有其他問題存在，我告訴喬絲琳。

——我一點感覺也沒有。我很喜歡我的妹夫，我很依賴他，但我對他的死毫無感覺——沒有痛苦，沒有悲傷，什麼都沒有。

我很擔心這件事，這似乎很不自然，尤其是當我妹妹和她的孩子們如此沮喪的時候。

——妳是否認為我的生命中因為失去了太多的親人，以至於我對悲傷產生了免疫力？

我不記得喬絲琳的回答，但後來我突然想到，約會活動也可能是我對保羅死後的巨大失落感的一種安慰劑。喬絲琳似乎想幫助我建立更強大的防禦力，但它會起作用嗎？我無從得知。然而，去見喬絲琳已經變成一種習慣，成為例行公事的一部分，我的內在仍有一小部分認為我應該嘗試跟隨她那種不帶任何情感的鼓勵，進而使態度變得積極。所以我每週二早上仍繼續開車去見喬絲琳，接著再去上班。

＊

不再觀看約會網站那些孤獨的男人和女人如商品一樣展示給所有人，對我來說無非是一種解脫。一天晚上，我正在和一位朋友談論這件事，她已經離婚多年，但後來透過《每日電訊報》的約會專欄認識了一個男人。「妳不必替自己宣傳，妳知道嗎，」她說。

「呃，不然要怎麼尋覓對象？」

「這個約會專欄的運作方式不太一樣，」她解釋說。「男性會自行刊登廣告，如果妳喜歡某個人的樣子，可以撥打廣告末端的電話號碼，然後就會聽到他們自己錄製的一段錄音。」

這點倒是引起我的興趣，因為我對佩德羅的聲音並不滿意：所以我也可以在彼此見面之前就先排除跟這樣的人約會。我的朋友熱衷於向我展示該怎麼運作，而且由於我們當天正好在她家，她把報紙找來，我們嘗試撥打了幾支電話。很快地，我們就聽到帶有結結巴巴的濃重地區口音、自信滿滿的前公立學校男孩，或是介於兩者之間的一切錄音。我的朋友鼓勵我把報紙帶回家自己嘗試，我也的確如法炮製。我發現我可以盡情瀏覽約會廣告中的男性（只是後來收到電話費帳單時發現這筆花費還不小），而且根本不需要我自己打廣告。我可以給欣賞的對象語音留言，然後查看自己的語音信箱裡有沒有其他人留給我的訊息。我不確定我為什麼要這樣做，但至少這次可以完全掌控整個過程，並且不會有任何不請自來的訊息所導致的危險。

幾天後，西蒙問我：「媽，妳為什麼一直接電話而不和任何人說話？」

所以，我開始在臥室裡使用手機（只不過花費更大），令我驚訝的是，我發現這麼做令人感到興奮。我收到了一位離婚醫生傳來的訊息，他用友好、有教養的語氣告訴我，他很想和我聊聊，並留下了他的手機號碼。那天晚上我撥打電話給他，當時西蒙躲在他的臥室裡「做功課」（瀏覽臉書）。我們聊了很久，然後他提議到另一個鄉村酒吧見面吃飯。我們沒有彼此的照片，所以我描述了我的身高和髮色，並告訴他我會在手錶上繫上一條絲帶（這是我長期以來設法解決錶帶帶扣上金屬過敏問題的方法）。他回應說有些事情他必須承認，因為有些女士覺得這點令人反感。**老天！接下來他要告訴我的是哪件驚人之舉？**結果只是因為他留了鬍子，我倒是不介意這一點，畢竟一九六〇和七〇年代的大部分男性都留了鬍子。

我們安排好見面的地點，我又開始緊張起來，這一次我完全不擔心我會認不出他。當我停好車時，一輛古老、鏽蝕的富豪汽車從我身邊駛過，接著從車裡走出來一個和這輛車一樣過時的男人，留著我見過最長的鬍子。這不是那種修剪整齊的山羊鬍，而更像是蒂吉溫克爾夫人（Mrs. Tiggy Winkle）臉上恣意生長的毛髮。它讓我聯想起《特威茲》（*The Twits*）其中一個角色留的鬍子（我的孩子們喜歡我讀羅德・達爾的書給他們聽）：他臉上的鬍子引發我內在各種恐怖的想像，從腐敗的食物到築巢的鳥兒，令我感到十分驚恐。我這才意識到照片畢竟很重要，但為時已晚，看來我得撐過另一個難熬的夜晚。

我不是刻意對自閉症抱有成見，但杰拉德肯定是個怪人。他穿著一件破舊的粗花呢夾克，翻領上有一根生鏽的別針，肘部有磨損的皮革補丁。他的話匣子打開便說個沒完，主要談的多半是關於他感興趣的晦澀醫學研究。當我問他離婚多久了，他的答案是二十八年，這恐怕更加說明了一個長期獨居並失去社交能力的男人（如果他曾經擁有過這樣的能力）何以變得如此古怪。他沒有問我任何一個關於我的問題，一個也沒有，直到我餓極了，只得在情急之下，假裝去趟洗手間，乘機打電話給布蘭妮。

「救命！」我說。「他看上去像個古代水手，他從不停止談論自己，我們甚至還沒有吃晚飯。」

她被我這番話逗得樂不可支，但同時也對我寄予同情。「看在上帝的份上」，告訴他妳餓了，然後吃點東西。一個小時後我會打電話給妳，說家裡水管破了，妳需要回家一趟。」

這個計劃似乎不錯，所以我回到位置上，我們吃了點東西，隨著用餐時間過去，我很快成為一個研究神經遞質的化學結構專家，我注意到酒吧已經空無一人，我們是唯一剩下的客人。酒保是個皮膚黝黑的澳大利亞人，他站在我對面，杰拉德背對著他。他一定是注意到了我的無聊和不自在，因為他開始對我做鬼臉，並在杰拉德的身後做出滑稽的動作。

老天，我幾乎忍不住要笑出來，此時我的電話鈴響，是布蘭妮打來的，告知家中水管破裂的緊急消息。我們付了賬單，然後走向停車場。為了找話題，我提到遠離城市燈光污染的星星有多明亮。我真希望我沒有展開這個話題，因為這碰巧是杰拉德特別感興趣的另一個領域，他讓我們停下腳步，和我開始談起關於星座的細節。值得慶幸的是，家中即將發生洪災的危險給了我充分的理由，打斷他自顧自談論的話題，最後我終於得以安全返回車內。我播放著嘈雜的音樂，並在空曠的鄉間小路上疾駛，有助於消除當天晚上的驚魂未定，隔天我收到一封簡訊：杰拉德對於約會的結果很滿意，想知道我是否願意參加他發表關於神經遞質的化學講座。

當我把杰拉德的事告訴喬絲琳時，她的臉上露出欣然的笑容。我看得出來，她贊成我繼續約會，對於伴隨約會而來的有趣軼事感到興致勃勃，但在這件樂趣背後的嚴峻現實仍圍繞著保羅打轉。從表面上看，我十分樂在其中；然而身處其中的我，卻感到無趣而孤單。我一直思念著保羅，渴望我們在一起生活的那份安全感。我知道透過約會，我試圖找到那種感覺，但我越是尋找，就越覺得沮喪，也就更加想念他。我一直在考慮再度停止約會的事——也開始考慮停止接受喬絲琳的諮商。

一天下午，當我坐在花園裡時，我重新思考了這一切。天氣很熱，西蒙人在學校，兩隻貓趴在露台上，享受著不合時宜的溫暖。我滿腦子想著約會是一件多麼令人陷入掙扎的事，截至目前為止，一直都是件令人失望的經驗，每次約會都令我感到焦慮，而我對任何一個男人抱持的任何希望，都在我遇到他們之後破滅。這讓我感到既沮喪又失落，不知道繼續下去對我而言是不是弊大於利，感覺自己在某件事上反覆遭遇失敗不免打擊自己的信心。然而，在我心底仍有一部分的我認為，認識其他人對我而言是件好事。我還記得珍妮佛說過池子裡還是有很多隻青蛙的話。我當然會有其他選擇——這其中肯定也包括王子在內吧？然而一旦出現這個想法，我就覺得對保羅不忠：如果我遇到別人，他會怎麼想？我記得在保羅死前一段時間我們曾有過一次無聊的談話，內容大概是：

我：「如果我比你先死，你會去找其他人嗎？」

保羅（感覺到話中的陷阱）：「我不知道。妳要我去找其他人嗎？」

我：「我不會阻止你。我不希望你孤單，但是等到你們都死了，我們會在天堂裡相見，到時候你要怎麼在我們之間選擇？」

保羅（感覺被激怒）：「別開玩笑了！如果我先死，我希望妳能找到其他人。」（乘機轉移話題。）

我：「你真的這麼認為？」

保羅：「我當然這麼想。我愛妳，我希望妳快樂。」

根據這一點，他允許我去找一個替代他的人。當我在思考這個問題時，我的眼睛被院子邊花壇裡的薰衣草花叢吸引住。很久以前，保羅和我一起種下這棵薰衣草花叢，多年來，它已經草木叢生，從院子的邊緣伸出了幾英尺。即便如此，每年夏天，它都會發芽生出一片綠色的莖，每根莖上開著鬱鬱蔥蔥的紫色花朵。薰衣草的氣味令人陶醉，成群的蜜蜂和白色蝴蝶在陽光下啜飲它的花蜜。當我觀察牠們在花叢間來來去去時，我注意到其中一隻蝴蝶其實不是蝴蝶，而是一根附著在紫色葉子上的白色羽毛。我看著蜜蜂在它周圍盤旋，在花叢之間穿梭，完全沒有注意到羽毛的存在。與保羅的對話仍在我腦海中盤旋，我認為這也許是他試圖傳達信息給我的方式，他仍帶著他的祝福給我。

那天稍晚，當我在我的語音信箱中發現另一個語音留言時，決定試著再約會一次，這次我不再陷入強烈的掙扎。

✳

馬克的聲音聽起來很正向樂觀，所以我撥了電話給他，我們在電話裡聊得十分愉快。布蘭妮正好在我身邊，所以她決定拿起分機偷聽我們的談話。我很害怕她會笑場，或是發出其他聲音暴露自己，幸虧她沒有漏餡，通話結束時，她對馬克的第一印象還不錯。我們都同意他聽起來十分友善和真誠，但也都對他坦承自己不開車感到困惑。這聽上去有些奇怪，但他的解釋是他過去曾經在倫敦工作，所以不需要開車，再加上他的妻子（已過世）喜歡開車，也很樂意做這一切。

我們約在火車站旁邊的一家酒吧見面。當時我們已經通過幾次電話，我認為他的聲音很有磁性。我再次充滿希望（布蘭妮也這麼認為）並期待見到他。我決定搭乘火車赴約，這樣一來我就可以喝上一杯。我提早抵達，在地鐵台階的頂端等著，當他的火車抵達時，我望著向我的方向登上台階的乘客，坦承當有英俊的男人接近我時，內心的確有些小鹿亂撞……但路人接著又從我身邊走過去。乘客的數目逐漸減少，我在想他可能錯過了火車，卻在此時聽見有人喊我的名字。他先看到了我，大步朝我的方向走來。

「嗨，我是馬克。」他自我介紹。他的臉上掛著燦爛的笑容，然而他身上繫著一條閃亮的金領帶令我覺得刺眼。

「嗨！」我說，我努力擠出笑容，努力掩飾我的失望，因為我幻想對方是個高大英俊的大塊頭，結果身高竟然比我矮上一截，頭髮稀疏，臉龐下垂的他，穿著淺色亞麻長褲和黑白格子運動夾克，這身打扮完全跟金色領帶不搭調。

直到我們進入酒吧，我才發現他真是一位紳士。他替我取下外套，替我拉開椅子，堅持要替我的飲料買單，搶著支付帳單。他仔細地選了一瓶好酒，當然我們都一飲而盡，因為我們都不必開車。在吃晚餐時，我得知他的妻子七年前去世了，他有兩個成年的兒子。身為一個鰥夫，他仍試圖充分利用自己的生活，並且有過幾次約會，只是到現在還沒有找到令他「心儀的對象」。他十分健談，而且似乎對我的故事很感興趣。用餐結束時，他拿起賬單，完全不顧我的抗議。

「不，」他口氣十分堅持。「讓我來付帳。」

「讓我按照我自己的方式付錢，」我說。「我們才剛認識，我不想要覺得虧欠你什麼。」

他很固執。「妳根本不欠我任何東西，只是我不能讓一位女士支付自己的晚餐費用。」

我再次提出抗議，但這回立場稍嫌薄弱。「拜託——讓我為這個晚上做點貢獻。」

但我的理由沒能說服他。「不，對不起，我不能讓妳付錢，」他說。「而且不管怎樣，我已經和我的兒子們談過了，他們對於我花錢請女士用餐沒有任何意見。」

所以，他已經和兒子們討論過這次約會！我得將這個訊息歸檔以便將來備查。

我們一起步行走回車站，他告訴我他今晚玩得很開心，他真的很想再見到我。我也感到愉快，彼此同意幾週後在同一個酒吧碰面。

當我進家門時，西蒙正在看電視，他把腿伸向咖啡桌上，一旁的沙發上放著吃剩的達美樂披薩。當我直言不諱地問他問題時，我的心怦怦直跳：「猜猜我剛才去哪兒了？」

他問，「妳去哪了？」他似乎對我去了哪裡一點都不感興趣，他仍目不轉睛地盯著電視螢幕。

「我和一個男人出去吃飯。」我說，當我預期他會不高興時，心跳得更快。

「哦，很好啊，」他說。「妳玩得開心嗎？」

我很驚訝。「很開心，謝謝你，我玩得很開心。你不介意嗎？」

「不會啊，我為什麼要介意？我真的認為妳應該跟其他人出去約會。」

「你的意思是你不會覺得我這麼做很糟糕？」

他終於把目光從電視上移開。「不會啊，媽，我當然不會這麼認為。我知道自從保羅死後妳一直很孤單，我想如果妳可以找到合適的人會更快樂些。我知道妳年紀大了，但是也沒那麼老，而且妳看起來不像我那些朋友的媽媽她們那麼年長。」

好吧，這無疑是一個教訓，說明內疚感可以扭曲你對世界的看法。

馬克是個好人，但我們沒有很多共同點，覺得他並不吸引人。幾次約會後，我把這一點告訴他（嗯，當然是以婉轉的方式），他對我的坦白感到困惑，就像我對他不會開車覺得困惑一樣。他告訴我，過去人們總是告訴他，他看起來像保羅麥卡尼。我想他這麼說是為了給我留下深刻的印象，但我內心的反應是這肯定是很久以前的事，不過我並沒有把我的想法說出來。後來我的妹妹幫忙補充說，他恐怕不想知道保羅麥卡尼現在的模樣，他染了頭髮，兩頰的肉下垂。馬克的主要興趣是蒸氣鐵路和賽馬，這兩者對我都沒有吸引力。我從一開始就發現，他還喜歡外出用餐，也喜歡小酌。過了一段時間，我發現他其實喝了很多酒，我納悶這是不是他不開車的原因，或是他不能開車導致他過度飲酒。他沒有電腦，也不會上網，再加上開車的問題，給人一種某些方面能力有限的印象。我們之間的約會也開始令我感到不舒服，我想要遠離他一些，但我越是嘗試，他就越不希望終止這段關係。他想和我上床，他說這麼做會對我們有幫助，而且他跟其他的約會對象都上過床。他甚至告訴我，他在公車站和一個女人聊完天後，便帶她回家。（我不確定他告訴我這個故事是要傳達什麼訊息給我，但下次我在公車站等公車時，肯定會多加留意。）

最後，我不得不直接說明我只想做朋友，起初他很生氣，並且像佩德羅一樣指責我誤導他。經過幾週失聯後，有一天他突然回訊息給我，之後我們成為朋友，彼此交換聖誕節賀卡，以及偶爾發個簡訊問候。

＊

歷經馬克的事件之後，我對於信箱裡的留言失去了興趣。錯不在他，但這一切已經無法喚起我跟另一個志趣不相投的人見面的熱情。我的情緒一落千丈，不久我又面臨另一個嚴峻的現實：保羅去世至今已經滿一千天了，這些日子潔西一直陪在我的身邊，跟我一起散步，今天正好是滿一千天的日子。沒有保羅的陪伴，我是怎麼熬過這一千個日子？這是一段很長的時間，對於其他人來說，這不過只是普通的日子。西蒙返回學校上課，我則是回到工作崗位。我開始接觸個案，去開會，並嘗試處理大批的電子郵件，但也許是電腦螢幕過於模糊；我無法正常思考。每次上廁所，我都會淚流不止。我喜歡坐在廁所裡，因為那裡很安靜，這地方成了遠離陳腐工作的避難所。

不可避免地，沒過多久，清潔工便開始敲門：「妳在裡面還好嗎？」

我從廁所走出，她注意到我滿臉淚痕，她給了我一個擁抱，然後把我領進茶水間，替我們泡了一杯茶。她是一個溫暖、慈母般的女人，讓人想跟她談心。她的丈夫四十出頭就去世了，留下她要撫養兩個孩子，而且賺的薪水不多。儘管她有體重過重的問題、患有慢性氣喘、雙腳不良於行，但她仍得不停地工作以維持生計。我們一起喝茶，一起悲傷落淚，在這之後我覺得自己確實比她幸運——不僅僅是在物質方面。

當我回到家中，我仍然感到不安和迷失方向，所以我給人在西班牙的瑪莉發了封電子郵件。瑪莉在她的丈夫佩皮去世後，可以說對過去毫不戀棧，繼續決心過她的日子。透過她，我知道了match.com這個在多個國家營運的網站，因為她曾在馬德里、巴塞隆納、倫敦或其他任何她碰巧去過的地方約會。這讓我們在里奧哈（Rioja）度過了許多歡樂的夜晚。最後，她找到了托尼，一個住在她在加泰隆尼亞鄰村的一位風度翩翩的教師，從那以後，他們就一直在一起。所以，在保羅去世滿一千天的紀念日，我選擇向她傾吐心聲，因為我知道她也很崇拜保羅。她寫了一封信給他。

親愛的保羅，

凡妮莎仍在數著日子：（今天正好是你去世滿一千天的日子）你沒有說再見就離開了。

今天正好是一千天，

今晚正好是一千個夜晚，

明天就是第一千零一天，

你將永遠不會出現在她的夢中，
但你仍然活在她的心中。
她一個人在與悲傷與孤單以及你留給她的孤獨孤軍奮戰。

保羅，請讓她明白你永遠不會回來了。
這不是你的錯，但你必須做些比起送她那些白色羽毛更有意義的事情。
你是如此溫文儒雅，
沒有說一聲就離開，
也沒有說明為什麼離開，
所以她還在等候你的回覆。
如果可以的話，保羅，請你幫助她。

愛你的瑪莉

當我讀到這篇短箋時，又開始淚流不止。我知道瑪莉想幫助我，但我仍然對未來沒有明確的想法。我給她回了信，告訴她我對約會失去了信心，她立即回信給我，告訴我必須繼續下去。「如果妳不把自己推銷出去，如何能填補空缺？」她問道。

5 Part

情感的絲線

該培訓計畫重視的是以科學家—實務者模式（scientist-practitioner model）作為臨床心理學的基礎。而此計畫各方面都非常強調結合理論、研究和實踐，旨在培養熟練掌握循證（evidence-based）心理評估和干預的臨床心理學家，以產生最高品質和影響力的應用研究。

——倫敦大學國王學院臨床心理學博士論文（King's College London Doctorate in Clinical Psychology）

我對瑪莉認為白色羽毛無法發揮安慰在世者的看法感到訝異。真是這樣嗎？它們是否帶有某種心理學上的意義？我回想起保羅死後發生的一切。我能看出當我在反思自己的經歷和患者之間相似和重疊的部分後，的確能幫助我向前邁出了一小步，只不過我對於白色羽毛的事該怎麼解釋仍毫無頭緒。我的個案在這方面幫不了我，但也許我作為臨床心理學家工作的其他方面能夠提供我幫助？我不僅是一名臨床醫生，同時還是一名訓練有素的研究人員。事實上，臨床心理學與許多其他醫療專業不同的地方在於對研究的高度重視。這點是否能夠成為有助於理解羽毛涵義的關鍵？我在培訓的早期便瞭解到，研究者的工具對於理解我們身處的世界很有用，隨著職業生涯的發展，我開始意識到幾乎任何問題都可以透過研究進行調查，只要肯花時間仔細構思問題，以循序漸進的方式進行研究。為了說明這一點，有必要稍微岔題回到我作為一個研究者的初衷。

試想以下這棟房子：

這幅畫是一個七歲的女孩所畫。為什麼她把窗戶固定在角落，把煙囪畫成一個有趣的角度？難道這是因為她的繪畫技巧不足，所以畫不出更完美的房子嗎？或者這是因為她

「知道」窗戶在房子的「邊緣」，煙囪在「屋頂」，所以她很滿意她的畫傳達了這種知識？我的直覺是後者的答案更有可能；孩子們似乎總是對他們繪製的圖畫感到非常滿意。當我開始造訪小學，並在我自己研究兒童繪畫的早期階段，收集範例時，我更加確信這點。

另一個絕佳的範例，是同樣七歲的馬丁所繪製的動物園：

馬丁明顯知道長頸鹿的脖子很長；我們也可以透過畫中展現平衡和倒掛的動物做出的動作，看出他畫的可能是猴子；另外兩種動物則可以透過斑點、條紋和尖鼻子或嘴喙的組合，使我們辨認出他所畫的動物。但是，馬丁有限的繪畫能力是否妨礙了他創作出更準確的東西，有助於我們正確地識別他畫中所有不同的動物？當時一個有影響力的兒童繪畫理論聲稱，兒童所犯的「錯誤」確實可以歸因於他們有限的繪畫能力。如果我希望別人認真考慮我提出的另一種解釋，我就必須收集充分的證據。因此，我撰寫了一份研究計畫，並

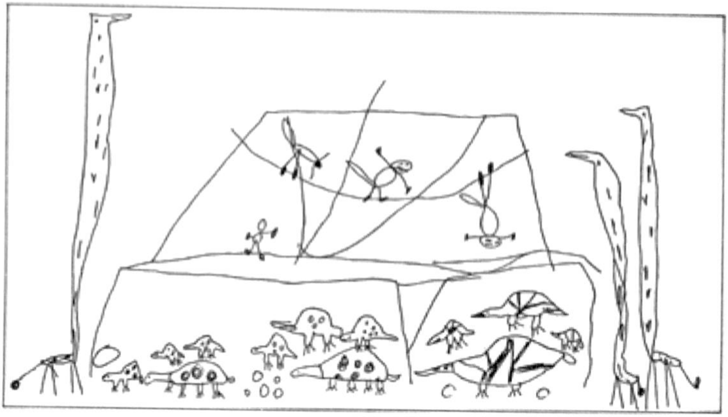

設法找到了資金，然後花了很長時間在倫敦的小學進行實驗。在其中一個案例中，我設法以一種精心控制的方式展示，與更多的「成人」版本相比，兒童確實更喜歡那些看起來像他們自己描繪的畫。在另一個案例中，我放置了幾個杯子，讓孩子們在壓力下準確地畫出藏在特定杯子裡的糖果，杯子的把手背對著他們，所以從孩子的角度是看不到杯子的把手。每個孩子的任務是把這個杯子仔細描繪出來，讓下一個進來的孩子能夠找到糖果。令我驚奇和興奮的是，幾乎所有年齡較小的孩子都畫了清晰可見到把手的杯子！他們「知道」杯子是有把手的，而這正是他們在自己的畫作中想要交流的地方。他們**可以**把杯子畫得更準確（沒有把手的杯子比有把手的杯子更容易畫），但他們選擇畫有把手的杯子。

我獲得了絕佳的證據來支持我關於兒童繪畫的

「知識」理論，但我仍然需要利用直接的測試來證明。我在早期收集了一些兒童的繪畫作品。我曾要求孩子們以複製的方式，描繪出他們眼前所見到的物品。傑米，這個五歲的男孩被要求臨摹以下的真實模型圖（A）（一棟木製房子和樹，房子後方隱藏著一列木製火車，目視只能看到拉火車的繩索末端），他畫了圖（B）。

（A）讓孩子臨摹的木製模型

（B）傑米所描繪的臨摹畫作，五歲

他的畫作與他眼睛所看到的完全不同。他把房子畫在一個長著草地和小路的花園中，增加了門把、信箱和煙囪，房子的煙囪和火車的煙囪中都冒出煙，還畫出了一列完整的火車，儘管他並沒有看到模型火車的模樣。這一切特徵都在展現他對於物體具有認知能力的證據。

然而，我是否能夠證明孩子們能夠把他們對於完全不熟悉物體的知識融入他們的繪畫之中？我用保麗龍做了一個「毫無意義」的東西，讓孩子們在觸摸這個東西之前和之後都畫出來。這是一個很容易繪製的物體，但研究結果十分驚人：當孩子們在接觸過物體後，他們描繪得就不那麼準確，他們如此熱衷於把新發現的知識包含在他們的繪畫中，所以，我找到了我需要的證據，這使我能夠發展自己的兒童繪畫理論，並將我的發現提出來發表，為這一研究領域做出貢獻。

✳

那已經是三十多年前的事，當時我正在攻讀博士學位，但我對研究的興趣一直伴隨著我作為一名臨床心理學家的職業生涯，並激勵我去調查在不同的工作環境中，在臨床上遭遇的一系列問題。我質疑特定患者群體的繪圖是否可能對臨床評估提供有用的幫助；我想知道如何幫助像艾瑪這樣的盲童父母，與他們的孩子做出更好的溝通，如何有效管理特殊需求兒童的睡眠問題，是否能夠更加可靠地診斷出兩歲兒童的自閉症。每次我有了問題，我都會著手進行研究，試圖找到答案，並提出證據做出貢獻。

回到現在，我有一個關於白色羽毛的問題一直困擾著我。一直以來，當我返回工作崗位、前往森寶利連鎖超市，以及和令人失望的男性約會時，白色羽毛總是不斷出現，我一直認為它們是保羅傳遞給我的某種訊息。但真是這樣嗎？當我告訴朋友，我認為它們可能是保羅傳遞給我的訊息，他們常常持懷疑的態度（儘管不是當著我的面，我可以從他們的眼中看出），所以我詢問替保羅主持葬禮的教區牧師，想知道他對這件事的看法，他到現在仍會來探望我。他的回答讓人感到安慰。他告訴我，最近幾年有失親者經常告訴他許多這類的故事，使他相信我們仍與「來世」有所交流，儘管是間接的——因為這類交流通常以自然界中看到的跡象的形式出現，例如彩虹或是羽毛。我覺得這很有趣：這些羽毛難道當真是某種來自死者與我們之間的交流？

我決定，我必須做一些適當的調查。我這個研究型的心理學家，需要在一些不能輕易解釋的事情上尋找證據。幾十年來，我一直鼓吹這樣做。我無法進行大規模的實驗研究，但至少可以嘗試評估來自不同來源的證據。我從網路資料開始尋找，在谷歌上搜索「白色羽毛」，對自己的發現感到驚訝；網路上有很多論壇，聊天室，甚至有上百個頁面專門用來描述人們在親人去世後，他們看見白色羽毛的經歷。我完全不知道這東西的存在。

以下是其中一些例子：

來自哈洛區的珍妮特：「今年稍早我失去了我的女兒，並希望她能夠給我一個徵兆。有一天，我打開門望著外面，看到一個花盆頂部有一根白色的羽毛。」

來自約克郡的亞歷克斯：「今天我開車時，一根白色的小羽毛吹進了我的車內。」今天是我母親去世的周年紀念日，我相信她在傳遞訊息給我，讓我知道她在另一個世界一切安好。」

來自韋克菲爾德的唐娜：「三個月前我失去了母親，我非常想念她。今天我要她傳遞一個她一切安好的訊息給我，不久之後我的腳下出現了一根白色的小羽毛。我相信這是她傳遞給我的訊息。」

來自格拉斯哥的貝麗兒：「幾週前我失去了我的丈夫。在他去世之前，我們討論過我希望他能夠傳遞一些白色羽毛給我，讓我知道他在身邊。葬禮後的第二天，我躺在床上，感覺肩膀被推了一下，好像在說：『下床』。於是我起身下樓，在我擺放他的照片和蠟燭的房間裡，我看見地毯上有兩根白色羽毛。」

來自里茲的山姆：「我的岳父於六月去世，在我們前往墓園探望他時，兩根白色的羽毛落在我們的腳邊。這是一個非常令人欣慰的跡象。」

來自布萊頓的艾咪：「我爺爺去世兩天後，我發現自己懷孕了。我因為沒能告訴他這個消息而感到沮喪，但有一天當我站在母嬰用品店裡時，一根白色羽毛在我面前飄落。後來人們告訴我，白色羽毛一定是從門縫吹進來的，但那家商店位在一個封閉的購物中心裡。當我打開新買的嬰兒睡籃時，一根羽毛從包裝中飄了出來，另一根白色羽毛則貼在祖母給我的披肩褶縫裡。這真是一種非常溫馨的感覺：祖父母想讓我知道他們知道我懷了孩子。」

珊．海沃德利用她在丈夫死後發現白色羽毛的經歷，作為描述一本關於喪偶婦女小說的靈感來源。她在丈夫去世後不久，發現了自己的第一根羽毛：「葬禮結束幾天後，我仍處在震驚之中。我坐在沙發上，從書櫃裡拿起一張我們最喜歡的結婚照。我只是盯著照片陷入回憶。當我把照片放回去時，發現原來放照片的地方有一根潔白的羽毛。」在那之後，她在各個地方發現羽毛的蹤影，包括她的床頭櫃上、她的車裡和她的腿上。「它們通常在我情緒低落或需要安慰的時候出現。」她認為這些白色羽毛是來自她的丈夫傳遞給她的安慰訊息。

我也開始從書籍中尋找證據，從中瞭解到白色羽毛是天使的在場證據。葛洛麗亞·亨尼福德（Gloria Hunniford）的女兒卡倫·基廷（Caron Keating）因乳腺癌不幸去世。在失親之後，葛洛麗亞在一本關於書寫天使之書的前言中，概述了她自己對白色羽毛的信念，她寫道：「卡倫堅信，當你在不尋常或不為人知的地方發現一根孤立的白羽毛時，它是天使在場的證據。現在每當我發現一根白色羽毛時，我便對自己說，『那是卡倫在場的證據』。」她在卡倫去世後所撰述的一部關於卡倫的書中詳細闡述了這一點：「我不是在談論當你找到五六根〔羽毛〕時，那顯然是從一隻鳥身上落下，我說的是一根完美的白色羽毛，在最不可能的地方出現。」

她舉了一些例子，當她的房子剛打掃乾淨時，她在樓梯平台上發現了一根白羽毛；當他們正在談論卡倫時，她看著一根落單的羽毛從萬里無雲的藍天落到她兒子的手裡；當她帶著卡倫的兒子們出去吃生日大餐時，他們在一個有屋簷的火車站月台上發現了一根白色的羽毛。她描述說，「每次我看到一根白色的羽毛時都會有一種非常舒服的感覺。它不會令我感到害怕，因為我相信我的女兒就在那裡……當我看到白色的羽毛突然出現，而且我一直都看到它們時，我會把它們撿起來放在口袋裡說，『妳好，卡倫……妳好，卡倫，而且……它給了我繼續前進的力量。』」由於她經常和卡倫的孩子們在一起時發現羽毛，她認為卡倫是全家的守護天使。

我很快發現網路上還有其他數百頁專門討論白色羽毛／天使之間連結的內容：

來自德比郡的克里：「我的奶奶過去常對我說，如果你發現了一根白羽毛，而最近有人死了，這意味著天使在照顧他們，他們想讓你知道。我的祖父在七月去世，我在他的葬禮那天，以及我們埋葬他的骨灰時看到了羽毛。我現在仍然會看到白色羽毛，知道有天使在照顧他是一種莫大的安慰。」

來自埃德蒙頓的崔西：「上週我歷經了第三次流產，正如你可以想像的那樣，我徹底崩潰。昨天，一根白色的羽毛不知從哪裡飄落下來，我知道那是我的守護天使。」

來自拉姆斯蓋特的約翰：「我一直相信天使的存在。父親去世後不久，我在車庫裡發現了一根羽毛。我知道這是來自他給我的訊息，讓我知道他在身邊，而且過得很好。」

＊

我對這些啟示感到既高興又失望。一方面，它們提供了進一步證據來支持我的觀點，即這些白色羽毛可能與死者之間有所連結，特別是我在知道這些說法存在之前，對於保羅的事就已經感受到。但另一方面，我內心追求證據的科學家精神不願接受那些缺少證據支持、過度感情用事的表達方式。我決定進一步調查，詢問那些遭受重大喪慟的人，不論他們是否也曾遭遇過類似的經歷。我發現很有趣的是：羽毛不再是其中一個選項，而是各種不同類型的情感經歷，這種現象似乎十分常見。

我妹妹安妮她的兒子在十歲時死於腦瘤，她告訴我，在他死後幾個月，她和我們的母親當時坐在墓園裡，不知道哪裡飛來一隻知更鳥，跳上了他的墳墓。兩人當下立刻有種感覺是他來了。還有一次，當她談到她的兒子時，她聞到了煙燻木頭的氣味，儘管當時周遭沒有任何生火的跡象。這種情況又發生了很多次，總是發生在她心中最思念他的時候。他死後不到一年，她夢見自己開著車沿著一條靠近她在德文郡住處的山路下山。當時是清晨，下著滂沱大雨，道路在陽光的照耀下閃閃發光，她的兒子在她面前正準備穿過小徑，手裡揮舞著一根棍子，就像他過去穿過蕁麻叢時一樣。他對她微笑著說：「媽媽，別擔心我。我在那裡很好，我過得很好。」這個夢讓她安心了很長一段時間。

朱利安・巴恩斯（**Julian Barnes**）寫了很多關於他摯愛妻子的夢境，他的妻子在被診斷出患有腦瘤之後沒多久就過世了：

> 在夢中，她看起來就跟她生前沒兩樣。我一直都知道是她——她總是冷靜、

幽默、快樂、性感，做她自己。夢境迅速落入一種有規律的模式。我們在一起的時候，她總是沒有任何的病痛，所以我認為——或者更確切地說，既然這是一個夢，我知道——她要麼不是被誤診，或是奇跡般地康復，或者是死亡（至少）在某種程度上被延遲了好幾年，我們依舊可以繼續生活在一起……某些夜晚開燈後，我內心提醒她，她最近沒有出現在我的夢中，通常她又會回到我的身邊。有時在夢裡我們會親吻；夢中的場景總帶有一種輕鬆的氛圍。她從不責備或訓斥我，也不讓我感到內疚或受到忽視。〔夢境〕成為安慰人心的源泉。

一位朋友在她母親去世時已經訂好了返抵希臘家中的機票。由於葬禮結束還不到一個星期，所以她決定去度假，但她卻對此感到內疚。一天晚上，她坐在希臘家中的花園裡，一隻倉鴞落在她附近的一棵樹上。這隻倉鴞渾身雪白，靜靜地坐著，看著她。她凝視著倉鴞的眼睛，過了一會兒，倉鴞飛了起來，就在她的頭頂上方，近得幾乎撥亂了她的頭髮。她知道倉鴞是她的母親家徽，她過得很好，她就算返回希臘的家也沒關係。

另一位朋友在她母親去世後不久出門購物。她前往與母親生前經常一起購物的瑪莎百貨（M&S）。當她走進百貨公司時，她感覺到有人握住了她的手。她知道是自己感應到她的母親，為了感覺母親的存在，當下她盡可能地多待在店裡一下，她不想就此離開，因為她知道，一旦她離開這裡，她的母親就會放開她的手。這是在她步出百貨公司前，發生在她身上的實際經驗，她再也沒有過這樣的經歷，但當時這件事大大安慰了她。

一個朋友的友人認識一位身患絕症的癌症患者，這名垂死的女子與她非常親近，並承諾，如果死後還有來生，她會以某種方式與她溝通。她是一個對死亡沒有忌諱的女人，個性有幽默感，在她死後不久，這位朋友被一個巨大的覆盆子吹落的聲音驚醒，她立刻知道是誰的傑作。

網路上還找得到其他的例子：

來自薩里的艾瑪：「我的母親去世後，我們前去整理她的住處，我一連清理房子幾個鐘頭，情緒十分沮喪。我打開母親留在廚房裡的收音機，收音機仍停留在她生前收聽的頻道。每當我在廚房稍作喘息打開收音機時，十之八九，收音機裡總會播放著「情霧迷濛你的眼」（Smoke Gets in Your Eyes）這首歌曲。這是我父母最愛的歌曲；他們在婚禮上隨著旋律跳舞，當我還是個小女孩的時候，爸爸經常哼唱這首歌，跟媽媽在廚房裡共舞。很多人會說這不過是一個巧合，但它不是最近發表的新歌。當時這首歌會密集出現這麼多次十分不尋常，且帶給我安慰。」

來自里奇蒙的琳達：「我的父親去世後不久，他出現在某天下午，我們突然聞到他用來驅蚊的藥膏。奇怪的是只有我媽媽和我能聞到它，儘管房間裡還有其他人。還有一次，一隻金色的飛蛾飛進了我和母親所在的房間。我的母親確信是我的父親再次前來探望我們。」

李奧納德．伯恩斯坦（Leonard Bernstein）在一次關於談論他去世的妻子費莉西亞的採訪中說：

我經常看見一隻白蛾或是一隻白色的蝴蝶，機率高到令人驚訝。我知道是費莉西亞。我還記得當她去世時，她的棺木放在我們的客廳裡，當時只有我們幾個人待在客廳裡——有家人、拉比和牧師，因為她是在修道院長大的。我們在留聲機上播放莫札特的安魂曲。每個人都陷入沉默，然後天知道從哪裡飛了進來這隻白色蝴蝶——牠從棺木底下出現，在其間飛來飛去，落在房間裡的每個人身上——每個孩子、拉比和牧師，還有她的妹夫和她的兩個姐妹，還有我的身上……然後才消失……儘管屋內的門窗都沒有打開。這同樣也發生在我身上，當時我坐在外面的花園裡……看見白色的、會飛舞的昆蟲。

我的研究精神驅使我對失親者進行訪查，試圖找出這些經歷有多普遍。我向二十五人發了調查問卷，發現其中四分之一的人皆提到親人去世後出現的「跡象」。

「一天早上，當時我正在工作，在我穿越醫院的主建築時，我的心裡正思念著S（受訪者剛去世的丈夫）。當我來到走廊的拐角處時，在我面前的地上出現一根十分美麗的白色大羽毛。我感到有點震驚，想去撿起來，但周圍人很多。我想這一定是S捎給我的訊息。」

「最不可思議的物品是一款電子數獨（Sudoku），在他死後，這款遊戲突然間自動開啟。另外一次，在火葬場，離我幾英尺遠的地方有一棵樹倒下，掉進了河裡。聖誕節時有兩隻烏鴉從煙囪裡飛下來——我們是在他生病後，才把壁爐嵌進客廳；每當他覺得冷，我們總喜歡圍坐在爐火邊。」

「我姐夫去世後，在他葬禮後的早餐上，一隻喜鵲透過窗戶看著我和姐姐。我的姐姐（幾年後）去世後，當我回到家時則出現了兩隻喜鵲，我總是跟他們打聲招呼。」

「L在醫院去世大約五個小時後，他帶著一股巨大的能量湧進了屋子，我看到了閃爍的燈光。」

我的妹妹布蘭妮對這樣的事情總抱持懷疑和玩笑的態度，在她酗酒的丈夫去世後，她常常看到福斯特啤酒罐頭向她飄來的畫面。網路上的其他人也對這些「跡象」持懷疑態度。

來自薩頓的卡崔娜：「事實上，這些羽毛是從空中飛翔的鳥兒身上掉落下來的，你之所以看不到鳥兒，那是因為牠們在羽毛落下之前就已經飛過天空。掉落的羽毛一直存在我們四周，但在遭遇喪親之慟之前，我們從未注意到這些羽毛的存在。死亡是帶給我們痛苦的一件事，我們選擇在不同的事情上尋求安慰，因為這就是我們面對死亡的方式。如果我們不斷聽到一首特定的歌曲很多遍，我們可以說它是我們死去的親友傳遞給我們的訊息，但實際上這首歌在我們的親友去世之前也很常聽到，只是之前我們沒有注意到它，因為那時這對我們並沒有意義。」

然而，另一派反駁的意見則是：

來自利物浦的詹姆斯：「如果這些羽毛是來自鳥類飛過天空時落下的，那麼當所有的門窗都緊閉時，它們是怎麼飛進我的房子裡？」

✳

在這些不同觀點的背後，是死後是否有來生這個令人頭疼的問題。保羅是否真有可能從某個地方傳遞這些羽毛給我？我朋友的母親是否當真從「另一世界」拉著她的手，或牽著她的手逛瑪莎百貨？

在我的調查中，約莫只有百分之十八的參與者堅信死後有來生，其餘的人則完全不相信或是「持觀望態度」。有很多關於這類主題的書，旨在「證明」有天堂，或是死後有來生，或者存在另一個世界，其中有許多人曾遭遇過「瀕死」經驗，我有一段時間大量閱讀這一類的書，因為我真心希望這些說法是真的。其中最令人信服的是美國神經外科醫生伊本·亞歷山大（Eben Alexander）的例子，他在罹患一種罕見的腦膜炎後陷入昏迷，沒有人認為他能活下來，但他存活下來，並詳細描述了他昏迷時發生的「來世之旅」，他認為這是天堂存在的證據。這對他產生了深遠的影響，尤其是因為他的專業訓練使他必須摒棄他自身經歷的另類解釋。即便如此，每當我和潔西散步時遇到一隻死兔子或死掉的鳥，我都會被這類懷疑的論調所折磨。逝者已矣，那麼，為什麼我還要繼續和保羅交談，尤其是當我和潔西外出散步時，我們經常隨處可以見到大自然中死亡的證據？我希望這些逝去的生命給我回覆嗎？當然不是，所以這似乎有點瘋狂，但牧師向我保證失親者經常這麼做，特別是在前往墓園或存放骨灰的地方，不管他們是否相信有來世。朱利安·巴恩斯不相信人死後有來生。我決定與他談談，因為我知道他也同樣失去了一個摯愛的伴侶，或許與他談一談有助於釐清這個問題。他很友善地同意接受採訪，他告訴我，在他妻子去世將近五年後，他仍經常與她交談。

我跟她談論家中的事，開車的時候也在跟她談話，一開始，就連每天晚上睡覺前我都會跟她說說話，告訴她我一天當中都做了些什麼。我會到她的墓地去……對我來說很重要的是我很幸運，她埋葬在離家不遠的地方，我過去一週會去她的墓前幾次。我需要去一個能找到她的地方，這樣才能和她說話……現在我仍然這樣做。在最初的半年到一年的時間裡，我非常需要到她的墳前去跟她說話，告訴她我的情況。現在仍然大約每隔兩週去探望她一次……在我前去任何地方之前，會去她的墳前告訴她我要上哪裡去。有次當我去找那個相信死後有來生的理髮師替我剪頭髮時，我告訴她，我剛剛去我的妻子墳前悼念她，她會說：「呃，原來你也相信她還在。」我沒有繼續話題，因我沒有一刻是真正相信有人在聽我說話。

所以我詢問朱利安一個當我在和保羅「談話」時困擾我的同一個問題：如果他不相信有

人能夠跟死去的親人以某種方式溝通，那麼他為什麼老是在和他的妻子說話？他解釋說：

我只是盡我所能，繼續和她一起過著原本的生活。僅僅因為某個人死了，這或許意味著他們沒有了生命，但並不意味著他們不存在。她強烈地活在我的記憶中，我需要讓這個記憶盡可能活躍，所以我不僅和她說話，有時我還會模仿她說話的口氣。我會用她的聲音回覆我……通常都是一些關於家中的瑣事。我會問：「妳認為我應該這樣做嗎？」她會回答我：「是的，你當然應該這樣做。」所以這是一種持續陪伴的形式。福特．馬多克斯．福特（Ford Madox Ford）曾說，「結婚是為了持續談話。」在某種程度上，你應該盡量不讓亡者打斷這樣的談話，即使你知道你正同時在扮演生者與亡者的身分。儘管這種腹語術有其局限性，這也是事實。如果面對嶄新的事物或是事物的順序有了改變，我的腹語術就會失靈。在一個新的情況下，我會模仿不出來她的聲音，怎麼試都沒有用。我可以預測她在某些情況下的反應：例如，前幾天我買了一幅非常漂亮的畫，我知道她會喜歡……我用她的聲音祝賀我買了這幅畫……但如果是在我們生活之外的遭遇，我可能就無法揣測她會怎麼回答我。

我可以理解這一點：雖然我從未嘗試過用保羅說話的口吻說話，但我經常捫心自問，在許多需要作出反應、回應或是決定的情況下，他會怎麼說或是怎麼做，比如我是否應該出去約會或在沒有他的情況下參加除夕晚會。

✳

許多人認為，這種「交流」的過程可以更進一步：透過靈媒或是通靈者實現與死者之間的雙向交流，儘管是以間接的方式。通常喪親者會強烈渴望藉由這樣的媒介與逝者進行交流：還記得我在保羅死後不久，曾拜訪過琳達的粉紅色水晶洞，當我詢問朱利安・巴恩斯他對靈媒的看法時，他表現得十分不屑一顧：

「我認為這完全是胡說八道。」我對此則是抱持懷疑態度，但並非完全不相信；畢竟當我仰躺在琳達的沙發上時，確實經歷了一些事情，即使我無法提供一個明確的解釋。

布蘭妮告訴我有個靈媒在某個白天的電視頻道上定期播出節目。這個女人顯然擁有驚人的能力，能夠告訴人們關於他們死去親人的事情，而這些內容她不可能以任何其他方式知道。她將前往我住處附近的一個錄影場地進行她的一個現場表演，所以這將是一個收集更多證據的大好機會。我買了票，準備和妹妹接受震撼的洗禮。

禮堂很大，雖然是周間工作日的晚上，但座位已經售罄：顯然許多人仍強烈渴望與死者交流。我們的座位就在場地的中間，我隱約感到焦慮：我不確定是因為我希望通靈者能與保羅取得聯繫，還是因為我希望她不會這麼做。布蘭妮坐在我的身旁，憂心忡忡，我不知道她到底為什麼會提出這樣的提議。她說她很害怕通靈師會和她死去的丈夫接觸，如果當真取得聯繫，我必須和妹夫說話，因為布蘭妮做不到。我告訴她別傻了：我該對他說什麼？如果他在這裡從另一邊看著我們倆，我無法假裝靈媒只會突然蹦出來一分鐘！整場事件中，他似乎並未出現，儘管當通靈者宣布她與一個叫比爾的人接觸時，布蘭妮確實驚恐地抓住了我——比爾是她死去丈夫的名字。

這位通靈者——我們稱她為辛蒂好了——是個活潑的中年婦人。她在閃爍的燈光、喧鬧的音樂聲中走上舞台。節目的進行方式是她從另外一個世界接收「訊息」，然後將其轉達給觀眾，藉此找到觀眾席中的已逝親人。

節目進行的方式大約是這樣：

辛蒂：「我看到一隻狗跑過我面前的地板，往那邊的方向去了。」（她指的是禮堂的左側）。「這對任何人意味著什麼嗎？」

觀眾席間的女士：「是的。」

辛蒂：「請把麥克風交給那位女士。」
觀眾席間的女士：「我的狗上週進行安樂死。」
辛蒂（對女士說）：「我這裡有一個男人，我不確定這條信息是否是給妳的。丹這個名字對妳有什麼意義嗎？」
觀眾席間的女士：「沒有。」
辛蒂：「丹這個名字對其他人有什麼意義嗎？」（幾隻手舉起來。其中一個男孩在上下蹦跳著。）
辛蒂：（對男孩說）「是的，你好？」
觀眾席上的男孩：「我的叔叔叫丹。」
辛蒂：「他是最近去世的嗎？」
觀眾席上的男孩：「是的。他在大約六個月前的一次車禍中喪生。」
辛蒂：「他養狗嗎？」
觀眾席上的男孩：「是的。這隻狗昨天吃了老鼠藥後死了。」
觀眾席間響起了吃驚的喊聲「哇！」以及熱烈的掌聲。
我不相信眼前這件事或是晚上發生的其他事件。畢竟，在三千多人的觀眾中，有人認識一個叫丹的人和一條死狗有某種聯繫的機會有多大？我發現自己十分同意朱利安·巴恩斯的觀點，他說：「我並不鄙視人們去找靈媒；我只是認為他們這麼做是在自欺欺人。」他另外還說道：「第一次世界大戰後，靈媒這一行業蓬勃發展，因為有很多人失去了兒子、愛人、丈夫，並迫切希望與他們取得聯繫。靈媒這一行，不論是否出於善意，皆從中受益不少。」

呃，在通靈者辛蒂的表演之後，肯定使大廳裡出售的相關商品熱銷一空。

然而重點是，對於那些相信通靈的人來說，通靈者提供了他們與親人之間的聯繫。正如朱利安·巴恩斯所解釋的那樣，「喪慟者使用他們可以使用的任何手段來保持理智，而不是去了結自我的性命，並在他們生活的宇宙中與死者盡可能保持聯繫。」

在母親去世二十年後，精神分析學家史蒂芬·格羅斯聽到他的姐姐透過通靈者與母親「說話」時，仍不禁淚流滿面。他寫道：「當我們需要與死者溝通並且無法接受死亡的終結時，我們會求助於通靈者，我們相信通靈者可以將死者帶回生者的土地。」

這種透過通靈者與死者的「接觸」所提供的聯繫令人感到安慰，正如許多失親者提供的感官體驗或跡象，能夠持續與死者交談，甚至參與「對話」，無論是藉由逝者的口吻，還是想像他們的回答。據報導，這一切經歷都是積極的（死者不會責難；羽毛被視為天使，而不是惡魔），這對在世者來說無非是一種安慰。對於那些強烈相信來世和持懷疑態度的人來說，這些現象似乎很常見：那麼失去親人的人自己如何看待這些現象，他們的觀點是否受到他們是否相信來世所影響？

朱利安．巴恩斯非常清楚，當他夢到他的妻子時，「我不相信是她來找我……我相信沒有人能在死亡中倖存。我們的軀體瓦解，朝各個方向四散，並以碳原子的形式在世界其他地方被重新定義……我不相信任何一種精神元素能夠倖存下來。我不相信……事情在這裡畫下句號。我相信這些夢境是根據我的處境和我的需要自行產生。在夢裡，她說的話讓我感到安慰，直到我意識到是在夢裡，她已經死了。我喜歡做這些夢，直到一盆冷水澆灌在它們身上，而我自己的信念在夢中浮現。」

安妮夢到她死去的兒子走過鑲金的小徑，同樣也帶給她安慰，這兩個例子都符合弗洛伊德早期對夢的理解，即願望的幻覺實現：在朱利安．巴恩斯的案例中，他希望妻子仍活在世上；以我妹妹的例子來看，她的願望則是希望她的兒子在他不幸去世後能夠安息。

我的父親則是另一個不相信死後有來生的人：「死亡即結束」，這是他深信不疑的觀點。我的母親死後，對他來說沒有羽毛、知更鳥、夢境或任何其他跡象出現，他也沒有嘗試與她交流。她作為一個年長者去世並不令人意外；這是不可避免的，也是在他的預料之中。她十分長壽且是「安詳死去」，她的大限已至。父親在她死後並不會感到悲慘——這是一個自然的現象——他能夠做到的是實事求是與客觀地看待這件事。然而，父親是一個思想深刻的人，他廣泛閱讀哲學、神學和心理學，他曾說，他對其他人認為人死後仍有來生，並堅稱他們經歷「某些特定」和「生動」的遭遇，這些與他抱持的看法不同的現象很感興趣。他認為這是失去和分離的心理表現，他認為你必須瞭解這個人，才能理解他們如何以自己的方式經歷喪親的結果。

我的牧師觀點與此不同則毫不令人意外。他個人相信當肉體死亡，死者的精神仍繼續存在，儘管他很快指出這在基督教徒之間仍存在極大的差異，更不用說基督教和其他宗教之間，所以他並不認為能夠構建一個代表「基督教」的觀點。他自己的觀點則源自於個人經歷以及與失親者的交談。他告訴我關於一對感情非常緊密的兄弟的故事：我們不妨稱他們約翰和吉姆。小時候，他們常常睡在相鄰的床上，睡覺時手牽著手。後來，吉姆並非因為生病，而是突然心臟病發作而死。約翰醒來時感覺到吉姆仍握著他的手，但後來他才知道吉姆已死於心臟病發。在牧師看來，這無法合理解釋：在其中一人去世後，兩兄弟之間一定仍存在某種情感或精神的連結。幾年後，當約翰本人臨終時，他描述自己看到他死去的兄弟吉姆在他的床腳等著他，這點令人感到十分欣慰，隨後，約翰安詳地死去。許多人，特別是那些擁有宗教信仰的人，堅信他們會在死後與親人「團聚」。我記得曾聽到一位洛克比（Lockerbie）空難受害者的父親在廣播中說，如果他沒有堅定地相信，甚至是確信，他會在天堂再次見到女兒，那麼他在女兒死後，將「無法」繼續活下去。一位丈夫過世的友人從魯道夫．史泰納（Rudolf Steiner）關於人在瀕死期間和死後靈魂體驗的著作，得到極大的安慰。史泰納在書中描述了我們已故的親人所經歷的意識狀態，以及我們應如何思考他們的嶄新意識，並與他們溝通，甚至幫助他們。

牧師經常與瀕死之人接觸的經驗，使他們對於人在死後靈魂是否存在有更多的看法。他告訴我，臨終的人似乎能夠隱約控制自己死亡的時間，這點說明了，即使是死亡本身也不能純粹是肉體上的。他又說到，如果有人能夠「控制」他們死亡的時間，也許他們也可以控制與「另外一個世界」的交流。喪慟者通常將這類交流描述為間接的（羽毛、知更鳥、倉鴞；聲音、氣味、夢境），而非實際看到死者。他補充了自己經歷的一個例子：一位喪親女子，在她丈夫去世很久之後，仍經常在小屋裡聞到一股濃烈的菸斗味；人們也經常提到死者會將家中的物體從一個位置「移動」到另一個位置。他對此的結論是，「人們會構建讓他們感到舒適的場景」，並且「在親人去世後不久，失親者往往會出現想與逝者交流的強烈意識」。

這不免讓人提出一個問題，失親者的傷痛程度是否會隨著時間過去而淡化？這點似乎是如此。朱利安．巴恩斯描述了在他妻子去世大約三年後，他做了同樣的夢境，夢中夫妻一塊相處，十分樂在其中，當：「我不再意識到她已經死去，而她意識到她已經死亡，在我看來，關於夢境的敘述該在這裡做個了結。」近年關於夢境的學術著作，受益於佛洛伊德無法理解睡眠和夢境的生理學，指出夢境可能具有的補償功能，以增加在深層的情感層面中，使我們理解並把握現實。這似乎與朱利安．巴恩斯不斷變化的經歷一致。

在我的訪談中，只有那些對於死後仍有來生具有堅定或至少認為可能信念的人，才會經歷與死去親人交流的跡象。而這些「跡象」都是在逝者死亡後的兩年內出現，更經常是在經歷死亡當天或之後不久的經歷。布蘭妮描述了在她丈夫去世的那天，她如何將車停在她工作的學校停車場的角落裡。當她下車離開時，她聽到身後的樹木發出嗖嗖和劈啪聲響，接著一棵樅樹倒在她的車上。直到當天晚些時候，當她下班返家時，她才發現她的丈夫已經去世了。在調查中，類似的跡象在亡者死後很長一段時間後發生的機率幾乎是零，大多數人說，隨著時間過去就鮮少出現。

時間快轉到保羅死後四年多，我正獨自走過克里特島南部一個荒蕪的峽谷。此時正值仲夏，天氣確實很熱，地面被烘烤得發燙，滿地沙子，幾棵灌木叢幾乎無法提供遮蔽陽光的地方。峽谷的兩側聳立在我的上方，巨大的石板與零星幾株灌木或山羊緊貼在幾乎垂直的斜坡上。在如此炎熱的天氣裡，在陡峭、崎嶇的道路上行進實在是一項艱鉅的工作，但兩個小時後，當我出現在一個小而僻靜的海灘上時，我得到了回報，這地方是任何路線都無法到達的祕境。我在深藍色的水中游泳，在沙灘邊緣涼爽的小教堂裡坐了一會兒。在出發回程之前，我為保羅點燃了一支蠟燭，並讓它在裝滿沙子的容器中燃燒，我注意到許多人曾在這裡擺放了蠟燭，儘管這裡是一個如此偏僻的地方。我在峽谷和回程的大部分路上都和保羅交談，告訴他我一直在做什麼，詢問他的意見，以及（一如既往）他為什麼死的問題——但是，四年多過去了，我不再哭泣，也不再拚命尋找羽毛，儘管我仍然經常看到它們。然而，在這個炎熱、塵土飛揚的地方，幾乎不見任何動物的蹤跡，所以我對保羅開玩笑說：「呃，這地方肯定見不到任何羽毛，對吧？」我幾乎可以確信我的看法沒有錯，當我繼續行走時，我還對他說：「你瞧，我就說吧。」當我來到峽谷中最乾燥、最深處、最杳無人跡的地方拐了一個彎時，我看到在我面前的沙灘上鋪灑著一層白色的羽毛。

我的妹妹安妮在她兒子去世二十多年後，回顧墓園裡知更鳥的那一幕，並相信那隻鳥是她兒子化身的想法或許一廂情願。她說：「自然界中或許這些跡象一直都在，但在極度悲傷的時候，你會更願意接受這些跡象，更有可能注意到它們。」

失去所愛的人難以忍受，你需要找到一些安慰，並想方設法和那個從你生活中消失的人保持聯繫，這是完全可以理解的。對我來說，羽毛是非常重要的象徵：當生命遭遇無法承受的損失，羽毛（知更鳥、夢境、菸斗氣味或倉鴞）成了安撫我們的方式。唐諾・溫尼考特（Donald Winnicott）曾撰寫關於「過渡客體」（transitional objects）的理論，嬰幼兒有時會以看似尋常的物品作為他們的慰藉物。我的其中一個兒子經常拿著一條布巾，他會一邊吮吸這塊布，一邊用手指撫摸著他的鼻側；我的侄子有一隻史努比狗玩偶，它的耳朵與布巾具有相同的功能；我的侄女則是不論走到哪裡，都會隨身攜帶她的手工編織羊毛毯子。溫尼考特則認為當嬰兒在吮吸與接觸餵食相關的物品時，同時間撫摸床單、毯子、羊毛等東西之間建立聯繫時，便會因此產生依附關係：他寫道：「在這種充滿情感的撫觸活動中，嬰兒可能會碰巧與某個在他周圍出現的東西發展出一種關係，而這件物品對嬰兒來說非常重要。」嬰兒抓取這些物品的方式與他們「抓取」母親乳房的方式相同。物品的感官特性——它的質地和氣味——對孩子來說至關重要。雖然不是所有的嬰兒都會產生這種依附，但溫尼考特認為這些物品的外表在兒童的情緒發展中扮演一個健康的面向：成為發展安全感的一部分，也是關係記憶開始建立的證據。他寫道：「在此所指的過渡客體並非指物品本身；它代表了嬰兒從某種與母親合而為一的狀態，過渡到把母親當成某個外在分離的物品。」嬰兒賦予客體主觀創造的屬性，並將其用以作為撫慰的來源，特別是在面臨壓力以及與母親分離的時候。

目前我已盡我所能評估各種來源的證據，我相信這或許是白色羽毛其重要性背後的原因：喪親者，在親人去世後處於高度情緒化的狀態，覺得他們與死者的分離無法忍受，因此會在當他們思念死者的時候，將他們失去的親人與碰巧在四周出現的物體（或是聲音、氣味或觸覺）之間建立聯繫；因此，當我沉浸在對保羅的思念以及想與他交流卻徒勞無功時，於是在痛苦中的我，抓住了白色羽毛出現的時機。這些「情感的絲線」對於不同的人，結果各不相同（就像過渡客體對於不同的嬰兒來說意義截然不同），這些客體提供了一種聯繫和一種慰藉的來源，一種使分離變得更容易忍受的方法，或許也是一個逐漸釋懷與已逝者分離的健康過程。隨著時間過去，對於已逝者的記憶不可避免地將會逐漸淡去；路易斯在寫下對於妻子死後的思念之情時，痛心地將此描述為「如同雪花落在我對她的記憶中，直到她的真實形體不見蹤影。」同樣地，情感的絲線也可能會被拉長，拉向不同的方向（「羽毛」的出現或是夢境變得不再那麼頻繁；這些客體產生了質變），但客體不會消失或是遺忘，如同幼兒不會忘記他們早期依附的客體一樣。正如溫尼考特所觀察：「幼兒對於父母早已遺忘的布巾或是奇怪的物品仍記憶鮮明，這令他們的父母感到十分吃驚。如果這件物品仍然可用，只有孩子知道這些幾乎被遺忘的東西被放在哪裡，也許就在抽屜底部的後方，或者在櫥櫃最上面一層的架子上。我的兒子在他開始上學一段時間以後，總能在臥室的混亂中找到他的「布巾」；我則是對隨處出現的羽毛感到警覺，總是想把這些羽毛撿拾起來。

問題是為什麼這些情感的絲線仍將我們與一些死去的人聯繫在一起，而不是與其他人？當我們的母親或是其他重要人物去世時，安妮和我都沒有經歷過知更鳥或是看見羽毛的出現，而我們的父親在母親去世後也沒有感受到任何形式與母親有所聯繫。在我的調查中，約莫只有四分之一的失親者提出了這樣的經歷。然而，那些接受調查的人也都表示在面臨死亡之時，感受到非常強烈的失落感，他們用「悲痛欲絕」、「悲痛萬分」、「失去」、「無法接受」、「害怕」、「我的心被挖出來了」、「我不知道該怎麼活下去」等詞語來描述自己的感受，其中對死者依附的強度和品質也占有關鍵的因素。隨著時間過去和諮商治療的進行，我也才發現我對保羅的依附強度有多麼深刻。

6 Part 重新出發

大量研究指出，治療團隊的素質是任何治療變化中最關鍵的要素之一。個案／治療師的匹配是一個至關重要的因素，但對帶來治療變化的因素，我們仍知之甚少。

——安東尼．羅斯和彼得．福納吉（Anthony Roth and Peter Fonagy），《心理治療研究的批判性評論》（*What Works for Whom*）

回到現實，我認為瑪莉覺得羽毛的事是無稽之談是錯誤的，但她認為替自己再找個伴的想法沒有錯。不願意再繼續約會的我，仍聽從她的建議，決定鼓足勇氣，最後一次聆聽我的語音信箱：如果結果一樣不理想，那麼就暫告一個段落。

我收到一個名叫奈傑爾的人的訊息，不久我便跟他開始交談。他的聲音溫暖、親切，他說自己擁有一個生機飲食連鎖店，並且正跟妻子分居中。我們安排在我熟悉的酒吧見面。他形容自己一頭捲髮，中等身材，我一開門就看到他坐在吧台邊，他帶著燦爛的笑容和熱情的擁抱向我打招呼，我們很快就坐下來聊天，彷彿彼此認識多年。他表現得十分友好、風趣、對我的談話感興趣，這種彼此輕鬆的交談與杰拉德單方面的獨白形成了鮮明的對比。我們的談話圍繞家庭、朋友、興趣以及各種約會的趣事和驚險過程，喝了幾杯酒後，他說我很迷人。我想到或許我終於遇到一個一拍即合的人時，臉上忍不住掛著微笑。我們將話題轉到工作後，他告訴我，他正打算出售他的健康食品連鎖店。

「為什麼？」我問，然後事情開始急轉直下。

「我得了癌症。」他說。

什麼？我根本沒有看出這一點：他看起來一點都不像生病的樣子。訝異的我——不知道該做什麼反應。

「我接受了很多化療，」他繼續說，「但癌細胞已經擴散，醫生已經束手無策。」

所以，他罹患的是癌症末期。愣了半晌，目瞪口呆，試圖消化這個震驚的消息。

他繼續說道：「我的腫瘤醫生說我最多只有幾週的時間，我的律師叫我把事情安排妥當。」

「可是你看上去很好啊。」我語帶同情地說。

「我知道，」他說。「我也覺得很好，因為我停止了化療。誰知道呢？說不定癌症會奇蹟般地消失——我們不是也聽過有這類事情發生。」

他還說，我是他告知這件事的唯一一個約會對象，因為我看起來是一個不錯的人。不過此刻，約會的氣氛已經發生了不可逆轉的變化，這種奉承我還是寧可不要。我感到有些驚慌、不知所措；為他，為保羅，為我自己感到無力挽回一切的遺憾。我敏銳地察覺到這其中的嘲諷，當我試圖從死亡的影響中轉移注意力時，我再度被帶到死亡的面前。在停車場，我們緊緊地擁抱道別，奈傑爾說：「我們可以再約會一次——我們真的可以，不是嗎？」

但我們都知道我們不會再見面。

奈傑爾的坦白令我深感不安，這讓我想起了我多年前處理的一個令人痛苦的案例。那是在我職業生涯的早期，當時我還沒有自己的孩子。我在一家著名兒童醫院附屬的兒童發展中心工作，著名的兒科醫生有時會將棘手的患者轉診到我們的心理健康服務中心，希望「看看你能對這個孩子做些什麼」。其中一位轉診者是鮑比和他的家人。鮑比當時十歲，他患有裘馨氏肌肉失養症（Duchenne Muscular Dystrophy）。我知道這是一種漸進性的遺傳性疾病，這種疾病會使肌肉逐漸萎縮。這種病症通常只會對男孩造成影響，罹患這種病在過去男孩的預期壽命最多可以活到二十多歲。我會同一位兒童精神病學家同事一起去見鮑比，我跟這位同事在過去曾多次合作愉快。

我們第一次見到這家人時，鮑比已經喪失行走的能力，得坐在輪椅上。他是一個面色蒼白的男孩，有著一頭棕色頭髮和雀斑；體重有點超重，但對我們問他的任何問題都十分有禮貌地回應。他的妹妹莎拉五歲，同樣蒼白而且彬彬有禮，但她看起來很害羞，不願意與人交談。父母雙方都是老師，年齡大約四十多歲。他的母親似乎很關心並熱衷於參與，他的父親留著大鬍子，神情嚴肅，我注意到他總是背著一個帆布背包，給人一種像是隨時可以啟程登山，徒步穿越周圍鄉間的印象。

談話順利進行，主要是因為我那位同事是一個溫暖而友善的人，對於我們眼前這一家人的景況毫不畏懼。我們進行典型的談話內容：

精神科醫生：「那麼，你們一家人平時喜歡做些什麼？」

母親：「散步。我們在有孩子之前就喜歡散步，有了孩子後我們還是喜歡這麼做。」

精神科醫生：「那麼你們現在面對鮑比的病，如何處理？」

爸爸：「他小的時候，我曾經把他放在我的肩膀上，但現在我已經沒辦法這麼做，所以我們推著他的輪椅，找個柏油路面的人行道推著他一起去。」

精神科醫生：「那你呢，鮑比？你喜歡散步嗎？」

鮑比：「我還好。我喜歡被推下坡的時候，因為我可以快速下滑。」

精神科醫生（笑）：「妳呢，莎拉？妳會推著鮑比的輪椅嗎？」

莎拉：「我喜歡推著輪椅，有時候。我也喜歡推他下坡，但媽媽叫我要小心。」

我們花了很多時間討論日常生活實際會遭遇到的狀況，以及如何替鮑比保持最佳的生活品質。我們還談到了紀律，這通常對於家中有不良於行兒童的父母來說，是一個具有挑戰性的話題，因為在需要設定正常行為的界限與過度保護或是過度放縱之間，往往存在可以理解的衝突，尤其是當孩子罹患重症時。我盡可能地為這些討論做出貢獻，但大部分時間我都坐在可怕的沉默中。我覺得房間裡有一件大家忌諱談到的事：那就是這個孩子會死，我們都心知肚明（或者至少，大人們心裡想的是這件事——我不曉得大人要怎麼跟孩子們說），只不過沒有人談論起這件事，感覺好像我們彼此在進行某種可怕的相互偽裝，以保護我們免受到實際面臨到的痛苦現實所影響。當時我並不知道幾年後，我自己的侄子會在十歲時死去。在我生命的那個階段，我沒有任何相關的經驗可以讓我繼續這類話題，我覺得這點完全超出了自己所能負荷的程度，覺得無法勝任這項任務。如同所有樂於助人的專業人士一樣，我強烈希望為這個家庭做點什麼。我們盡了最大的努力，但儘管表面上我們給的實際建議很有幫助，但我知道，我們真的能夠實際幫上忙的地方很有限。

有一天，父母要求在沒有孩子的情況下進行晤談，當我們需單獨與他們會面時，他們無非想要討論的是，是否應該告訴鮑比他的生命最後將走上終點。

「我們把他罹患的病名告訴了他，」他們說。「顯然他也知道他的肌肉越來越無力，但我們並沒有對他談到未來。」

我再一次感到驚慌失措，感覺自己對這項任務完全難以招架。他們在徵求我們的意見？我知道什麼？我的年齡只有他們的一半多一點，沒有自己的孩子，關於死亡這方面的了解經歷也非常有限。當然，我接受過專業培訓，閱讀過相關的書籍，我嚥了嚥口水，試圖說些什麼，以反映我對這個問題的想法，與我的真實感受。

「我無法想像這對你來說有多麼困難，」我說。「我自己沒有孩子，但我知道這是一項艱鉅的任務。你們不希望鮑比受到驚嚇，但也不想對他保密，尤其是如果你們不告訴他，他可能會從別人那裡得知真相。我不知道，老實說，我認為沒有正確或是錯誤的答案，也許這就是我們需要花一些時間一起探索的事：因應這種情況有許多不同方法，直到我們找到令你們覺得自在的方式。」

我認為這確實值得引發一些討論，特別是在思考不同年齡的孩子如何理解死亡的概念時（想當然耳，該怎麼告訴莎拉這件事，同樣也是一個非常實際的問題），然而，我從未感到自在，我總是意識到在我們初淺的閒聊中，有一股強烈的暗流在拖著我。

幾週後，我們共同決定我們的討論有了一致的結果，準備迎接彼此最後一次會面。孩子們為我們做了一張「感謝」卡片，家長也對我們的努力表達了感謝。

鮑比的母親特別提到了我的貢獻：「我知道這對妳來說並不容易，因為畢竟妳還沒有自己的孩子，但我想讓妳知道，我很感激妳的體貼。」

我的內心覺得非常辛酸。鮑比的父母並非真心想要否認他們家中發生的事情，只是他們迫於在孩子們面前有些話只能點到為止。鮑比的母親肯定是察覺到了我對這一點的不自在，她並沒有選擇不去顧慮或是忽視我的感受，而是坦承事件面臨到的真實情況。

我的注意力轉回到可憐的奈傑爾身上，他同樣忙著否認發生在他身上的事，假裝一切沒事。在我面對生命中出現另一樁即將到來的死亡，我再次感到強烈的不自在，但更重要的是，我意識到我與鮑比及其家人的接觸，與我這次約會對象的經歷有著相似之處：同樣帶有一種不安的感覺，覺得自己無法完成任務、不知道如何應付這些總是在最後帶著深深失落感的約會；在每次約會中，（保羅）如同一個避談的禁忌；因為當我意識到別人的期望，讓我感到非常不舒服；還有一股前進和悲傷對立的力量在相互拉扯，這些力量在我內心發動了一場戰鬥，就像鮑比的雙親內在承受兩者之間拉扯的力量。約會打擊了我的信心，就像我與鮑比家人的經歷一樣，我知道我不想再這樣做一次。

我同時也反思鮑比的母親說我體貼的那番話，意識到喬絲琳在這方面並不敏感。她希望我保持對約會的積極態度並繼續前進，而不要老是陷入存在於約會的痛苦暗流之中。她不願接納我內在的這些感覺，所以我們的治療會取得任何真正的進展嗎？也許是由於我幾乎不記得她說過什麼，那些話在情感上無法引起我的共鳴。我再次不知道是否該跟她結束這段諮商的關係，而不久之後發生的事，更加快我的決定。

＊

就在我和奈傑爾道別之後，喬絲琳宣布她要把她的診所搬回到她的家中。這樣一來，離我住的地方更近，也更方便，只是對每週例行公事出現改變，在現實上帶來的干擾，我其實沒有做好任何心理準備。

她的新諮詢室就位於她那棟維多利亞時代小排屋的地下室。停車不再免費，房間不再明亮通風，房間的格局太小，空間只夠擺放兩把椅子，中間還放了一張小桌子，桌面上有一盒紙巾和一瓶鮮花：不像先前在諮商室精心擺放的花束，而是放了幾根品種和顏色相同的花莖。我不得不注意到這些花朵有時是百合，我厭惡這種花，因為它散發出令人作嘔的香味，花粉經常沾得到處都是，並使人聯想到葬禮。為了到達地下室，我們不得不走下一段樓梯，經過她的一堆凌亂的雜物，這些東西隨意地藏在厚厚的天鵝絨窗簾後面。這地方有點像她的頭髮一樣雜亂無章。我討厭新的諮商室，這裡令我感到不舒服，讓人幽閉恐懼症發作。

夏天的某一日，一隻胡蜂從敞開的窗戶飛進來，不時胡亂撞在窗玻璃上嗡嗡作響。我打從三歲起就很害怕胡蜂，曾在摘蘋果的時候被螫到了手；我完全無法專注於喬絲琳說了什麼。這隻受困的胡蜂比起她的鞋子更吸引我的目光。突然間，我強力地認識到，多年來一直存在我腦海中的東西：我感到自己如何受困其中，這一切全都錯得離譜，我無法從這裡找到答案，以及我有多麼需要逃離這一切。我告訴她我不想再來見她，打算很快如此做。她感到很驚訝，建議我應該至少花上三個月的時間以逐漸結束諮商，但我知道我不會那樣做。我和她的關係處得並不好，但我仍會再到這裡幾次，以免顯得過於無禮。此外由於我的信箱裡有一則新留言，我決定再去赴約最後一次。在那之後，肯定不再約會了。

克里斯聽起來像南非人，我一直很喜歡他的口音，只要不是太重的南非荷蘭語腔調。我在車裡給他打了電話（免持電話），他說話不拐彎抹角，直接建議第二天晚上在一家酒吧見面喝一杯。這家酒吧（他選擇的）與其他間不同，坐落在一條主要道路旁，周圍盡是柏油路面，並不美觀。酒吧內部空曠而嘈雜，吃角子老虎機不停地閃爍著廉價的裝飾。克里斯身材高大，皮膚白皙帥氣，但從一開始就很明顯展露他的傲慢，他上下打量我，然後替自己點了一杯飲料。我們在靠近門邊一張通風良好的桌子旁坐下，他一點也不多廢話地開始講述他之前約會的故事。大多數情況下，他告訴我，他通常只點一杯飲料，然後就走人。如果他跟哪個女人看對眼，就會留下來喝第二杯酒，但最近他碰上一個他真心喜歡的女人，兩人最終共進了晚餐。看來我等著接受他給我的考驗，於是我深吸一口氣，在這種情況下盡可能地展現我的魅力，向他講述了我最近的生活。他似乎對我有丁點興趣，尤其是對我住的大房子，有一份工作這件事，並提議再喝一杯。我贏了第一回合！

他在酒吧針對我的家庭情況詳細問了一遍。到目前為止，我還沒有跟他提到孩子的事，當他聽到我有個兒子和我住在一起，顯然感到不安，但這點並沒有因此阻止他繼續打探我的事，我最後才逐漸意識到他真正的目的；他想安排到我家來度週末。我感到有些吃驚；我才剛認識他，而且跟他待在一起的時間越多，我就越覺得這個人超級自戀和討厭，但我不想激怒他，所以我冷靜而理性地列出婉拒的原因，其中包括西蒙和我在經歷保羅離世的巨變後，試著重新回到穩定的生活，加上他的會考就快到了。克里斯完全不為所動——事實上，他甚至口氣嚴厲地說道：「這會是什麼問題嗎？妳的兒子難道不習慣家裡有客人來過夜嗎？」

這種南非式的開門見山著實令我意外，我站起來告訴他我要回家了。我們在停車場簡短地告別，當我看著他的奧迪敞篷車的尾燈消失在遠處之後，我心裡想著，**好吧，一切就到此為止吧，我再也不跟其他人約會。**然後我一路哭著回家。

在接下來的幾週裡，我決心拿回一些對生活的控制權。我把網路上留下關於自己的資料全都刪除，不再聆聽我的語音留言訊息。同時，我也知道我最後必須再前往喬絲琳那個位於狹窄地下室的諮商室以作結，那裡的百合花氣味刺鼻，並且停止每週把錢交給她和她那個惱人的停車場。畢竟不再約會的我，也不會再有跟約會有關的奇聞軼事能夠再引起她的興趣，排除這些後，我跟她還有什麼可談？到了這個月底，我將不再去見她，我要憑自己的力量，足下蹬著不顯眼的黑色踝靴離開她。

✳

有一段時間，一切都很正常。我忙於工作以及西蒙的會考，我們在一卷壁紙的內襯上製作一個巨型時間表，還到文具零售店替他買了各種顏色的索引卡，用來製作他的學習筆記。接下來的幾週裡，我學到了許多關於不同宗教間支持或反對安樂死的論據、讀了《人鼠之間》（*Of Mice and Men*）、學著計算固體的體積、植物的呼吸作用、元素週期表等等。

一天晚上，我們正在為他隔天的法語口語練習做準備，談論的主題是家庭。我用法文問他：

「你家裡有誰？」

「我有一個母親。」他說。

「好的，你的母親是怎麼樣的人？」

「她年紀很大，但人很好。」（好吧！）

「你有兄弟姐妹嗎？」

「有，我有一個妹妹，她二十二歲。還有一個弟弟。他二十歲。」

「你父親呢？」

「我父親過世了。」

我愣了半晌，雖然我不想表現出來，畢竟他的生父還活著；過世的是他的繼父。我們對此話題沒有多談，而且我們都在盡可能努力地保護對方避免受到進一步的痛苦，那一刻，在這段外語對話中，我才發現保羅的死對西蒙來說也同樣煎熬。

＊

隨著夏天的到來，我準備出售房子。由於房子太大，而且花費較多，西蒙和我一致認為搬進城裡會是更好的選擇，他將於九月開始上大學預科學校。他的法語成績是A，其他科成績則是A和A+，我為他感到無比自豪。我作為家長志工和他演奏的樂隊一起前去克羅埃西亞進行音樂會演奏的演出，在那裡我學會在黑暗中在伊斯特里亞半島的山區裡開車（**保羅，你會為我感到驕傲**），然後翱翔在連接快艇上的降落傘，升上高空。沒有人能說我不夠努力，但在我們回到英國後不久，發生了一件事，讓我害怕晚上一個人待在家裡。

我們的房子已經有點歷史，獨立式的，周圍全是高大的松樹。一天晚上，當我很快睡著之後，我感到有人在搖晃我。西蒙穿著他的四角內褲站在我的床沿，嚇得發抖。「媽，廚房裡有人。我聽到在礫石上嘎吱嘎吱的聲音，潔西也在不斷狂叫。」

潔西瘋狂地發出吠叫。我的心跳加快，我腦海中閃過的第一個念頭是保羅會怎麼做？我知道他會下樓查看，所以我告訴西蒙，我們必須去查看究竟是怎麼回事。我的手機放在床頭，我拿起手機撥了兩個九，心想如果樓下真有小偷，我只要再多按下一個「九」就可以報警。西蒙短暫地消失在他的臥室裡，然後帶著一根金屬桿回來，我還沒搞清楚他打哪裡找到這個東西，突然發現這正是他用來健身鍛鍊用的單槓——他只是把兩端的舉重槓片移走。

小狗突然間停止了吠叫，我立刻心想肯定是樓下的闖入者把牠殺了。我們躡手躡腳地走下樓梯，我穿著睡衣，抓著手機，西蒙穿著他的四角褲，手持金屬桿。當我們走到廚房門口時，一切都很安靜。西蒙控制了局勢，他把桿子高舉過頭，低聲說，「媽，我數到三，等我數到三的時候，妳把門打開，我就朝對方痛毆。」

我沒有時間向他提出抗議，甚至沒有時間考慮後果，西蒙已經開始數數。

「一……二……三！」

我打開門，然後……什麼也沒有看到，對，什麼也沒有，也就是說，除了夜裡漆黑的廚房，水槽邊堆著昨晚晚餐的髒碗盤，狗兒在牠的舊沙發上睡著。我們在房裡躡手躡腳地走著，查看窗戶和後門，還以為會有人從陰影裡跳出來，但那裡沒有半個人影。等到我們確定安全之後，我們前去檢查樓下所有其他房間的窗戶，但都沒有半點遭人闖入的跡象。我們回到樓上，但西蒙仍感到惶惶不安，他很確定他聽到了有人闖入的聲音，包括（他現在告訴我）有人在他的窗戶底下用低沉、咆哮的聲音說話。不知道這是不是因為他聽了太多的重金屬音樂造成的結果，我們永遠不會知道，但他詢問我是不是可以睡在我的房間裡，然後把床墊拖進我的房間，放在我的床邊。

儘管廚房裡沒有半個人，但這件事讓我感到不寒而慄，隨著夜幕降臨，我越來越擔心天黑後待在屋子裡。房子不打算賣了，等西蒙開始上大學時，我心中百般不情願地把售屋的廣告撤掉。另一個漫長而黑暗的冬夜就要到來，我覺得自己又陷入了憂鬱之中。我依舊起床、餵食寵物、上班、採買和做飯，但這一切都感覺像是在機械化地進行，與現實脫節。當電話鈴響時，我沒有接起電話，我找各種藉口避免任何形式的社交活動，除了和我的姐妹和最親密的朋友碰面。

我想了很多關於我在所有約會中做過的一切，如今想來似乎很可笑；儘管有瑪莉給我的中肯建議，但我為自己曾想以網路交友這種方式替自己「宣傳」而感到羞愧。我也想到了喬絲琳，以及為什麼我一開始同意去見她，還有與她的晤談是否還有任何幫助或具有任何意義。接著，我突然意識到兩者之間存在的關聯：喬絲琳是我在失去珍妮佛之後的替代品，而我對珍妮佛的依賴很深，而且我也知道珍妮佛希望我去找其他人取代她，所以我善盡責任地按照她的要求去做。參加「約會」也是我試著尋覓其他對象取代保羅的嘗試，儘管我感覺得到他的允諾同意我去尋覓他的替代者，但仍然發現所有「約會對象」都無法辦到——而且永遠不可能——取代他。

當時我還沒有真正意識到這之間的不同，但現在我發現，佩德羅跟壯碩的保羅比起來太過弱不禁風，而他的聲音跟聲調低沉的保羅相比則顯得過於尖銳；與保羅的深藍色粗針織帆船運動衫相比，大黃蜂套頭衫的感覺就是不對；與保羅自信滿滿的駕駛技術和從零開始自學組裝電腦的能力相比，馬克無法駕駛汽車或使用電腦，相形之下顯得遜色許多。這些約會「全都不對盤」，因為他們都不是保羅，正如喬絲琳跟我「不對盤」，因為她不是珍妮佛。他們讓我暫時擺脫了悲傷，就像喬絲琳讓我暫時從珍妮佛的遺棄中得到喘息一樣。但在珍妮佛令我大失所望之後，我絕不會不再允許自己過度依賴下一個治療師。當我跟所有對象展開約會時，喬絲琳不過只是一個有用的背景聲音，我幾乎不記得她對我說過的話——就像我跟那些約會對象說了什麼一樣，並沒有特別令我印象深刻。

儘管這些洞察有助於理解我一直在做的事情，但它們也讓我感到失落。面對層出不窮的家庭問題，以及意識到保羅已經一去不復返的事實，任何的約會都不足以取代，悲傷以報復的方式重新席捲而來。正如史蒂芬．格羅斯所寫：「對於死去的人來說，有了一個終點，但對於悲傷的人來說，情況並非如此。哀悼的人繼續生活，只要他還活著，總是有可能感到悲傷……悲傷會消退，然後又毫無徵兆地重新浮現……悲傷會令我們感到驚訝和混亂——即使在我們經歷喪慟之後多年。」

黑暗的恐懼滲入我的體內，將我往下拉，讓我受困其中。羽毛一如既往地提供了一些緩解，但它們無法穿透得更深入。我仍感覺保羅距離遙遠，深入我腦海中最偏遠的角落，在我們與世隔絕的屋子裡，仍感到淒涼孤寂。我一直在利用接受喬絲琳的諮商以及約會來分散自己的注意力，但只帶來了短暫的緩解。當我再次無所適從時，我發現自己想到了另一個個案，儘管這個案例與喪慟無關——至少，最初不是如此。

有一天，我在兒童發展中心的辦公室裡，我的一位兒科醫生同事敲了敲我的門。

「真的很抱歉打擾妳，」她說，「但我不曉得妳能不能來瞧瞧這個男孩？他正躺在我的房間耍賴，老實說，我不知道該拿他怎麼辦。」

這點十分不尋常。她是一位經驗豐富的醫生，多年來一直負責治療有學習障礙和行為具有挑戰性的兒童。我抓起一個氣球和一罐泡泡水，跟著她過去，當我們進入她的治療室時，麥克斯的確正忙著搞破壞。他把紙張、蠟筆、拼圖和紙巾弄得散落一地，此刻正試著把電話線從插座裡拉出來。他的母親和一個年長的女人，我後來發現那是他的祖母，一直不斷警告他，並嘗試用糖果和呼拉圈誘惑他離開電話，卻無濟於事。我看到了破壞的場景，朝氣球吹進一些空氣，然後我把氣球高舉過頭，讓氣球飛走。氣球在房間裡到處亂飛時發出粗魯的放屁聲響，卻因此讓麥克斯放下手中的電話線。他不喜歡這樣——他把手摀在耳朵上——但這麼做的確讓他不再玩電話線，讓我可以乘機朝空中吹出一串泡泡，我這一招騙過了他，他跑了過來，用手指戳破了一個泡泡，在原地跳上又跳下的。在這之後，與他進行眼神交流就容易多了，我讓他平靜下來，說服他坐在小桌前，甚至玩一兩個簡單的拼圖，每次只要他肯合作就以泡泡作為獎勵。

對我來說，那天下午標誌著我與麥克斯及其家人長期抗戰的開始。麥克斯當時三歲，患有自閉症和學習障礙，而他的行為一直很難受控制。他的母親克勞迪婭四十出頭，是單親媽媽，對於這個現實，她十分認命又務實，在對麥克斯的養育上可以說親力親為。「孩子的父親看了一眼他頭上的腫包，我就再也沒有見過他。」這是她提到關於麥克斯父親的話。她跟她的母親葛洛麗亞同住，她的母親經常與她一起參加我們與麥克斯的大部分會面，我們一起努力幫助他控制他的行為。然後有一天，克勞迪婭獨自一人帶孩子出現，看上去心煩意亂，淚流滿面。她告訴我，她的母親被診斷出罹患乳癌，而且癌細胞已經擴散。之後我再也沒有見到葛洛麗亞；她的病情急轉直下，並在診斷後幾週內離世。克勞迪婭徹底崩潰了，失去葛洛麗亞等同失去了一位母親和一位伴侶，她的母親經常照顧他們母子的日常生活。

幾個星期以來，麥克斯去上托兒所時，克勞迪婭就會獨自來找我。我們從來沒有真正討論過關於喪親這件事——這件事很自然進行，因為這似乎是她當時想要和需要的，我覺得這樣很好。最後，克勞迪婭感覺好過多了，麥克斯去上學了，我們之間的療程終告結束。我確實與他們保持聯繫，麥克斯的行為也變得順從多了，可以參加我們每年舉辦一次的兒童發展課程，克勞迪婭也總是興高采烈地帶他來。多年後在其中一堂課程，我們一塊喝杯咖啡聊天時，當時我們正在等麥克斯下課，克勞迪婭告訴我，她非常重視我跟她單獨在一起的課程。

「有一個願意傾聽的人對我來說意義重大，」她說。「我還記得我當時非常沮喪，但妳從不介意我哭。麥克斯卻一點也不喜歡我哭——這讓他害怕。我需要有人讓我傾吐這些感覺。」

我自己的絕望情緒再次浮現時，我會想起克勞迪婭的話。我仍覺得我需要與治療師建立有意義的關係，如果我對於改善自己的狀況仍抱持希望。我的專業訓練和職業生涯一次又一次地向我表明，諮商治療可以幫助那些深陷痛苦的人，這個方式作為處理發生在我身上創傷的關鍵，而深受我自己採納。我和喬絲琳之間的關係不具任何意義，但我和珍妮佛的關係則是有的，即使她讓我失望。儘管如此，我還是決定準備再試一次，所以我做了一些查詢，決定再試一次。

✳

這次會面的治療師叫瑪格麗特，她住在大約十英里外，在電話裡她聽起來很友善。她的房子是一九六〇年代的老房子，周圍環繞著一個相當凌亂的花園。我按照指示按下側門上的門鈴，當她打開門時，我看見一個與我年齡相仿的女人，戴著眼鏡，頭髮向後梳成一個低髮髻。她帶我進入一間寬敞的房間，房間裡的家具很少，主色調是米色，裡面有一張沙發，沙發的末端鋪著一張地毯，還有兩把維多利亞式的扶手椅，她示意我坐在其中一把椅子上。牆上有一兩幅畫著花草樹木的油畫，一個小書櫃裡擺放著佛洛伊德和其他精神分析學家的作品，還有幾個相當可愛的普通陶碗。瑪格麗特坐在我的對面。我們之間擺放了一張矮桌，上面放著一盒面紙，但這次沒有鮮花。當她邀請我講述我的故事時，她顯得鎮定，表現出她的關心，我發現我可以輕鬆地談論保羅的死、我的憂鬱症和我的家人——我現在的家人和我的原生家庭。她並沒有表現出對任何話題的偏好，而且似乎對我說的任何話題都非常感興趣。我喜歡她，覺得可以「一拍即合」，欣然同意每週來跟她晤談一次。也許這一次真的對我有所幫助。

從那一刻起，我開始感覺好多了。當我和瑪格麗特談話時，我意識到我並沒有一直關注在保羅死後帶給我的創傷，我開始將失去他和我生命中發生的其他事情連結起來，其中一些是最近發生的，另外一些則是很久以前的事。

在我開始去見她幾週後，我也開始去上美容院。每隔六個星期，讓自己有機會免費閱讀那些我從不允許自己購買的女性雜誌，我狼吞虎嚥地看完裡面的內容。我可以一邊跟美髮師打招呼，一邊討論我需要「染」的髮色，沒想到，我竟然在美容院裡，被雜誌上某個人撰寫的一篇關於「下水道與暖氣散熱片」的文章打動。作者聲稱，一般人可以將朋友劃分為兩類。「下水道」這一類朋友會把你榨乾，他們把你當成一個傳聲筒，或者不停談論他們自己和他們的成就，另一方面，「暖氣散熱片」這一類型的朋友則是令你感到溫暖的人，因為他們關心你、傾聽你。我暗自開始將我的朋友們分門別類，並驚訝地發現他們當中有很多人是「下水道」這一類朋友。事實上，我也意識到自己經常發現處於被「朋友」利用的情況下，他們會找一個晚上只談論他們自己的事，而對我幾乎沒有一丁點兒關心。我向瑪格麗特提到了這個發現，她似乎很感興趣。

——妳能夠多說一些嗎？

——人們總是告訴我，我是一個很好的傾聽者。我想這也是我選擇從事心理治療師的原因。

——但妳說妳覺得被利用？

——嗯。我不是指我的個案，因為傾聽他們是我的工作，而是我的一些朋友，當我花幾個鐘頭時間傾聽他們說話時，他們卻對我的事不聞不問。我的確覺得自己被利用，我覺得自己被掏空，但我什麼話也沒說。

——妳知道為什麼嗎？

——我想我從來都不擅長說出我真正想要的東西。我在孩提時代，總是表現得順從乖巧，負責任，照顧家裡的妹妹。

——妳能多說一些嗎？

——嗯，我最早的記憶是我剛出生的妹妹從醫院被帶回家那一刻。媽媽讓我坐在育兒室的矮凳子上，抱著她，餵她喝奶。我當時應該是兩歲半，而我和新生嬰兒之間還有另一個妹妹。我老是按照別人說的去做，從那以後，我就一直是個聽話的孩子，也不斷試圖取悅母親。

——這意味著妳沒有注意到自己的需求？

——沒錯。我很快就知道，要讓父母注意到並受到稱讚的最簡單方法之一就是當個聰明的孩子。我還記得在幼兒園開始學習閱讀——閃卡以及《珍尼特和約翰》（*Janet and John*）。我發現這些對我來說很容易，而且我很快就能夠流利地閱讀。我的老師很高興，媽媽也是，從那以後我一直想成為班上的佼佼者。我這樣做了很多年。當我取得博士學位時，你可以從那張站在皇家阿爾伯特音樂廳外拍攝的照片中看到媽媽的臉容光煥發——我穿著紅色長袍，懷有女兒四個月。當我告訴她我要當媽媽時，母親對我取得博士學位的事顯然感到更加興奮。

——所以，妳的學業成就對妳的母親來說，比妳的情感生活更重要。我想知道妳感覺如何？

——我真的不知道，我總是擔心自己不夠好，只記得很多時候內心感到沮喪和空虛。

瑪格麗特將我剛才談論的內容和我前來找她的原因之間建立起連結。

——我想知道當妳感覺到自己遭人利用時，妳是否感到「沮喪和空虛」？

——沒錯，我會說感覺就像是被掏空。

——也許妳被那篇「下水道」的文章所吸引，是因為妳習慣取悅他人，按規矩做事，而從未考慮自己？

——的確，有可能是如此。我討厭衝突，或冒犯他人。保羅死後情況更糟。他是超級「暖氣散熱片」類型的暖男。他總是帶給人溫暖和安慰，總是聆聽我說話，真心傾聽。他從不在乎我對工作、我的母親或任何事情發出咆哮多少遍——他總是試圖理解、支持我。

——所以，保羅特別擅長理解和滿足妳的需求，不像妳的母親和妳的其他朋友？

——嗯。無論我多麼努力地取悅她，我的母親總是覺得我索求無度。我的其他朋友似乎只是希望我成為一個傳聲筒。但是和保羅在一起，我可以做我自己。他喜歡我原來的樣子；我不必試圖取悅他，這就是為什麼沒有他，我的生活變得無法忍受的原因。

瑪格麗特問起我關於父親的事，問到父親是否支持我。

——不完全是。他不會批評我，但對我的事也不會太在意。他在我小的時候，跟我們之間的距離很遙遠。他總是默默待在背後，待在他的書房裡工作，或待在他的小棚屋裡修補或搭建東西，對於家中的大小事從不過問。

——妳能多說一些嗎？

——他在大蕭條時期在紐西蘭一個偏遠地區長大，戰後他在一艘貨船上清洗了約莫百萬個碗盤，以此作為前往歐洲的代價。我認為貧困的生活背景驅使他更努力工作。我從不記得他請過任何一個技工替我們在房子周圍建造或翻修任何建築物，這些活全都是父親一手包辦，包括每一處油漆和裝飾。我們住在一棟寬敞而通風的愛德華時代的房子裡，所以一旦裝修完所有的房間，很快又有別的地方需要整修。而他在替我們三個女兒搭建遊戲屋方面也很出色：他在白楊樹上替我們搭建了一座樹屋，我們曾經在那裡野餐，玩我們最喜歡的躲貓貓；他在花園裡利用鐵棒替我們豎起一個單槓，讓我們可以翻筋斗或倒掛在上面；當我們想玩騎馬時，他會讓我們騎在他身上，在草坪周圍做各種「跳躍」；他替我們的豚鼠製作籠子，並為我們的寵物松鼠蒂米製作一個用網子圍起來的遊戲屋，裡面布滿樹枝和木製走道；最重要的是，他還用木板和舊飛機輪子替我們做了一輛手推車。——我們過去常常把它拖在自行車後面，然後猛衝下山。

——他是以這種方式參與我們的生活。

——呃，的確是。我認為他以非常實際的方式表達他對我們的愛，但他對生活的態度十分嚴謹節儉，這也使我們過得十分艱難。直到今天，他從不過度放縱飲食或飲酒，他身上穿的西裝還是他在一九四九年的婚禮上所穿。我們家中從來沒有中央供暖系統，冬天上學的時候，我們會用單格電爐取暖更衣，窗櫺上面甚至還結著冰。我們有一輛老舊的家用汽車，經常抛錨。我還記得有一次在酷寒的冬天開車前往德文郡，我們的貝德福多莫比爾（Bedford Dormobile）車後方有一個石蠟爐在燃燒，因為車子沒有暖氣——現在回想起來，這可是非常危險的一件事。我們用沒有地墊且頂部和底部漏水的帳篷，在威爾斯北部或懷特島露營。等到我們學校裡大多數朋友家中都已經擁有彩色電視機多年後，我們家裡才添購一台小型黑白電視；我們從來沒有騎過嶄新的自行車——爸爸會設法找到一輛舊自行車，並把它修好。我還記得我過十歲生日時有多麼失望，當時我的生日「驚喜」是爸爸從垃圾場回收的一輛橘色自行車，而我一直希望和祈禱能夠得到一輛全新的羅利（Raleigh）自行車——就像我最好的朋友所擁有的藍色自行車一樣。我們偶爾會在生日或其他特殊場合去餐廳吃飯，我會自動挑選菜單上最便宜的菜……我到現在還是這樣做。

瑪格麗特對這一點不予置評。

我靜靜坐了一會兒，回想這一切，才再次開口。

——我想父親並沒有特別照顧到我們的物質需求——他對提升物質生活方面感到困難，這是真的。母親則是對情感需求的欲望較低。我認為保羅在這兩方面取得了平衡。他在情感上很支持我，也不介意偶爾花錢讓我擁有高檔又實用的東西，或前往奢侈一點的地方享受。

瑪格麗特思考完我說的話，接著提出挑戰。

——當妳的需求沒有得到滿足時，妳似乎會開始挑剔，就像妳談到那些利用妳的朋友一樣。因此，也許妳現在應該開始更去思索如何滿足妳的需求？

嗯，這點可能很棘手。我明白她說這話的意思，但同時間，生活還是得繼續過下去——得迎接進一步的挑戰。

✳

我一直想要再把房子賣掉，但市況不好。結果有一天，出乎意料地，房地產經紀人打電話告訴我他找到了買家。

第二天早上，湯姆林森一家開著閃亮的英國頂級豪華休旅攬勝（Range Rover）抵達。

湯姆林森先生態度有點魯莽、務實，除了房子，他不想跟人談論其他事情。他的妻子個頭嬌小、較冷淡，對我則友好得多。她告訴我他們有三個孩子，以及她想要把這裡打造成溫馨的家。我可以看出她真的很喜歡這個房子。湯姆林森先生似乎被妻子的一頭熱給激怒，並試著要她閉嘴。我很快就找出原因。在售屋的過程中，我發現男主人厭惡女性，而且態度嚴厲；他只透過（男性）地產經紀人跟我打交道，他的主要目的是盡可能在他發現房子的任何瑕疵上，作為壓低房價的籌碼（而他對這棟帶有愛德華時代屋頂的房子也有很多意見）。

我開始向瑪格麗特抱怨他。

——他是一個徹頭徹尾的混蛋。他試著以各種可能壓低每一分錢的方式來對付我，他認為光憑我一個女人，他就可以對我蠻橫無禮。

瑪格麗特的反應一如既往地冷靜和慎重。

——所以，妳認為他是在剝削妳？

——沒錯，他就是這樣。

——那麼，妳對他說了什麼？

——什麼也沒有。我不想惹他不高興，以免他不打算買了。

——可是妳很生他的氣？

——是的，那是當然！

瑪格麗特沒有回應，她靜靜坐著等待，眉毛朝我的方向微微揚起。（心理治療師的眉毛是怎麼回事？珍妮佛也曾這樣——做出那種古怪的表情，她們希望你繼續往下說，實際上卻沒有問任何問題……）然後我突然意識到一切又繼續重蹈覆轍，我又以往常的方式想做出反應，表現良好，不想搖擺不定。我現在對自己感到氣惱。

——好了，好了，我明白了。我又再次迎合對方，就像往常一樣，我在努力取悅他……我知道，我知道……就像我一直試圖取悅我的母親一樣。

在這次晤談之後，我確實努力思考我到底要的是什麼，並且堅定不被湯姆林森先生打倒的決心。我聘請了一位油漆工和裝潢師，用鵝黃色或白色（這些比起Farrow & Ball油漆品牌的米色要便宜得多）重新粉刷房子的每個房間，並告訴湯姆林森先生，要是他還是堅持他開的價錢，我打算不出售了，要把房子拿去出租。令我驚訝的是，我的方法果真奏效，一旦他肯拿出大筆錢來買房子，我很肯定他不會改變心意：我堅持自己的立場，房子這下要被賣掉了。不過，這意味著我得另找地方住，還要把近二十年來的家當整理打包，其中大部分物品都得丟棄。

7 Part 依附與分離

失落涉及我們生活中的許多方面，不僅僅是指所愛之人的死亡。在我們失去愛情、寵物、家園、孩子離巢、退休，甚至是失去信任時，悲傷將會生成。

——約翰・W・詹姆斯（John W. James）和羅素・弗里德曼（Russell Friedman），《悲傷恢復手冊》（*The Grief Recovery Handbook*）

尋覓住處比起想像中還要容易。艾蜜莉和我一個下午去看了三個地方，我們都同意其中一個地點很完美；格局小得多，卻明亮寬敞，步行五分鐘即可到達市中心的所有設施，包括就在拐角處的游泳池。維多利亞式露台公寓，周圍環繞著其他房屋，所以我想夜裡會感覺更安全。於是我出了價，他們也欣然接受這個價錢。

收拾舊房子占用了我幾個月閒暇時間。巨大的閣樓上布滿蜘蛛網，漏水馬廄裡到處堆滿垃圾，但裡頭確實有幾件物品吸引我的注意。一張鑲框的證書，上頭記載我是一九六〇年《兒童報》全國手寫比賽的冠軍，而旁邊還有一封大約在同一時間寫給我父母的信，用鉛筆寫在預先畫好的線條上，字跡完美無瑕，彷彿一同見證了這項榮譽：

親愛的爸媽，

我在迪姆教堂度過了愉快的時光。泰莎和我每天都在海裡游泳，我穿著我的新泳衣。我希望你們倆都安好。

愛你們的凡妮莎

我對這封信的形式感到訝異，這封信裡讀不到任何關於我內心的真實感受，而我確實記得那個假期我特別想家。我對於和我一道前去的家庭不太了解（他們的女兒是獨生女，他們想要我陪伴她），泰莎的父親很高興帶著我和她繞著海灘走，讓我們用腳蹼踩在水母上。我覺得這麼做很可怕，不但害怕水母會螫傷我們，又覺得噁心，因為壓扁的水母到處噴濺。

我把這件事告訴瑪格麗特，她鼓勵我多談談我對這封信的看法。

——這封信可以說是我小時候的總結。在寫作上很完美，我告訴我的父母他們想聽的話：我玩得很開心，但實際上並不是如此。我只是把低落的情緒隱藏起來。

——妳能多描述一點妳為何情緒低落嗎？

——主要是焦慮。我小時候特別容易感到焦慮。我大部分的時間都在努力做到完美，但我一直擔心自己不夠好，或者會有什麼不好的事情發生。

——妳有沒有想過焦慮是從哪裡來的？

——我的母親非常容易焦慮，她對一切都感到擔心。如果爸爸下班回家遲到，她會想他一定是出了什麼可怕的意外；如果我的姐妹或是我有任何問題，她會把它變成一場災難。她總是說在她失去第一個孩子之後就變成這樣，那是我的哥哥派崔克，因為在那次失去他之後，她不再相信這個世界。我不知道這是不是真的，因為我對於在生下我之前的母親是什麼樣的人一點都不瞭解。

——她有沒有跟妳談過哥哥的死？

——嗯，有一點，雖然父親從沒提起他。他是一個足月的正常嬰兒，但在分娩過程中，臍帶繞頸。如果她是在一家大醫院，便可以立即進行剖腹產，說不定他有可能活下來，但她只是在一般的護理之家，臍帶繞頸奪走了哥哥的性命。我認為她應該是感到非常內疚——畢竟她是一名醫生。她總是確保我跟妹妹們是在醫院生孩子。

——妳在哥哥死後多久出生？

——僅僅一年多，所以我想我代替了哥哥出世。我內心總是強烈感覺到我必須做些彌補，我必須表現得出類拔萃，讓他們為我感到驕傲。

——所以，妳是想取代妳哥哥的位置，不要辜負他們對他的期望？

——我當時不這麼認為，而是等到我長大成人之後，才認真思考這個問題。我想爸爸會很希望有一個兒子，也許媽媽也這麼認為——最後他們失去了長子。我只是有一種非常強烈的感覺，覺得自己必須在各方面都很努力才能取悅他們，而且我認為母親似乎也對我和妹妹們過度保護，畢竟派崔克沒能活著出世……她似乎總是擔心我們所有人，尤其是當我們離家時。

——聽起來妳小時候對母親的感受和需求非常敏感。也許妳感覺到她不會容忍妳的強烈情緒？

——那是當然。我記得有一次我住院的時候，我不確定會在醫院住多久，也許是幾個星期。我的腿出了點問題，必須接受牽引器將腿拉伸。我當時才三歲左右，那個年代，孩子們通常被獨自留在醫院，父母只能在探視時間才能看孩子。我記得媽媽在探望我之後準備離開，當我看著她穿過走廊時，我不斷發出尖叫，她走回來告訴我要安靜，不要大吵大鬧。令我驚訝的是，每當我回憶起這一幕時，總忍不住熱淚盈眶。

瑪格麗特告訴我：我被一種絕望的感覺所震撼，也許是小女孩遭到母親遺棄的孤寂感使然。

她僅僅用幾個字就能夠用來形容我內心的狀態，不免令我感到意外。顯然我對自己遭到拋棄的恐懼由來已久，難怪當爸媽搬到德文郡最人跡罕至的角落時，布蘭妮和我感覺自己遭到遺棄。

＊

在花了幾個月的空閒時間整理和收拾房子裡的家當之後，我已經做了我能做的一切。

還有一些大型家具放不進新房子，所以我問湯姆林森一家是否願意以低價收購，他們說他們很樂意擁有這些家具，但並不準備花費任何一分錢。所以，在搬家前四天，我只剩下一個瓦斯爐灶、兩個全尺寸的彈跳床、一張附有十張椅子的松木餐桌、一個洗碗機和一個巨大的美式冰箱。這次我只短暫思考，便決定不讓湯姆林森一家白白得到我這些帶不走的家具，所以我和兒子們拆除了彈跳床，把其中一個以十英鎊的價格賣給鄰居，然後開車把另一個彈跳床送到德文郡，存放在我父親那裡。我找到了一個二手家具商，他很樂意拿走松木桌椅，我的兒子威爾把爐灶放到eBay上拍賣。結果，第二天一大早，一名男子開著一輛麵包車從埃塞克斯開車下來，以二十英鎊鈔票，一共支付一千英鎊的總價買下爐灶。為此，我還得叫醒前一天晚上恰好睡在房子裡的每個青少年，請他們幫忙把爐子抬到買家的麵包車上。不難理解他們仍睡眼惺忪以及充滿抱怨，但我卻感到十分滿足。冰箱和洗碗機可以留下來給湯姆林森一家。只是冰箱經常發生故障，將冷凍豌豆和冰淇淋包裹在冰塊中，洗碗機大約每週一次淹沒廚房，這讓湯姆林森一家有得收拾——他們臉上的勝利笑容很快就會消失無蹤。當我最後一次坐進車裡，在前面的車道上談判時，我的心情很複雜。這棟房子和花園充滿了回憶，有些是美好的回憶，有些回憶則是不堪回首，一想到我將再也看不到這個在過去十九年裡一直成為我的避風港的地方，心裡感到十分難過。我也開始意識到，西蒙的大學預科考試已經不遠，也意識到他很快就會離開家去上大學，到時候我只剩下自己一個人。想到將再度與親人分開，以及以後將獨自一人生活的恐懼，使我陷入了混亂。在與瑪格麗特的談話中，我開始哭泣，一遍又一遍地告訴她，如果我的另一個生活依靠的重心不在我的身邊，我將難以繼續生活下去：

——我知道自己不再是妻子的身分。我能應付得來，但我無法接受不再成為他人依賴的母親。我做了將近二十五年的母親，這是迄今為止我做過的最重要的事情。若不再成為母親，我將如何找到人生的目標？

……自從保羅去世後，孩子們在很多方面都需要我替他們打理。這是支持我繼續前進下去的力量。當他們不再需要我時，我將如何活下去？……自從西蒙的兄弟姐妹離家以後，他在過去的四年裡一直是我唯一的室友和伴侶。哪天他離開我之後，我要怎麼一個人承受？

瑪格麗特耐心地聽著這一切，但當她開口回應我時，她對我的話感到難以置信。

——妳為什麼認為孩子不住在家裡之後，妳就會停止作為一個母親的資格？妳為什麼認為對他們來說「看不見」母親，就表示母親「不把他們放在心上」？當妳沒跟他們待在一起時，難道他們就「不把妳放在心上」？他們難道不再是妳的孩子了嗎？……妳肯定會繼續做孩子的母親，無論他們在哪裡，而不僅僅只有在妳照顧他們的時候？成功的育兒方式難道不是該讓孩子們對分離、並在這世上走出自己的路時也充滿信心？

我待在我的車裡，在超市裡，在和潔西一起散步時，都在思考這些問題。我想起了一個年輕個案和她極度焦慮的母親。珍奈特是個嬌小的女孩，一頭濃密的棕色頭髮被剪成一本正經的短髮。她的額頭很高，眼睛突出，她罹患一種罕見的綜合症症狀，連病名都難以發音。由於得到這種病，連帶使她的身材矮小。雖然她已經兩歲多了，卻不會說話，而且剛剛開始試探性地邁出第一步。因為睡眠問題，她被轉診到我們的診所，由母親穆芮兒陪同來看診。穆芮兒年近五十，她告訴我珍奈特的出生是個「錯誤」，她是在她的三個孩子長大並離開家後才懷上她的，她的丈夫約翰對她的懷孕感到非常憤怒，並且不樂意在育兒方面提供支持。他身為長途貨車司機的工作使他很長時間不在家。當穆芮兒講述珍奈特很難安定下來時，她似乎受到很大的壓迫且筋疲力盡，而且總是在大半夜醒來。

「當我把她放在她的小床上，她就開始大哭。我必須和她待在一起直到她睡著，但如果她聽到我離開房間的聲音，她又會開始尖叫，一切必須重新來過。多數夜晚，我必須爬出她的房間，她才不會看到我離開。」她接著描述晚上剩餘的時間：「她至少每隔幾個小時就會醒來並尖叫，我試圖讓她安定下來，但通常不起作用。如果約翰在家，他會因為這些噪音而抓狂，所以我不得不睡在另一間空臥室裡，把珍奈特帶在我的身邊。如果約翰不在，我會試著讓她自己單獨睡覺，但有時尖叫聲實在太大，所以我只好又把她帶在我的身邊，跟我一起睡。

整個諮商的過程中，珍奈特始終坐在她母親的腿上，抓著她帶來的玩偶兔子，不斷沿著玩偶的鼻子一側摩擦到它的一隻耳朵。

從表面上看，這似乎是我們經常看到的那種睡眠問題的典型例子：缺乏適當的就寢時間，睡眠不足的父母最終傾向屈服於孩子的要求，從而在不經意間更加強孩子再次醒來的可能性。提供父母一些關於養成良好睡眠習慣的衛教，建立適當的就寢時間和商定應對夜間醒來的策略，通常是解決問題所需要的方式，而且通常收到的成效相當迅速。所以，我讓穆芮兒記錄下孩子的睡眠日誌，並按照應有的步驟制定一套睡眠計畫——卻無濟於事。幾週過去，穆芮兒報告說珍奈特夜間醒來的次數增加了，她自己看起來比以往任何時候都更加狼狽和疲憊不堪。在整個諮商的過程中，珍奈特繼續坐在她母親的腿上，靜靜地撫摸著她的兔子。就在此時我決定挑戰這一點，並更加了解珍奈特，這才讓我開始對於事發的原因有所了解。我帶來一些適合珍奈特年齡和發展的玩具，但她拒絕從穆芮兒的腿上下來玩這些玩具。

「妳不妨試試？」我問穆芮兒。「把她帶到桌旁，看看她是否想玩任何東西。」

但是當穆芮兒試著站起來時，珍奈特緊緊抓住她並發出尖叫，我們能讓她停下來的唯一方法就是無視於她，坐下來繼續我們的談話。

課程結束時，我對穆芮兒說：「下次我想嘗試一些不同的東西。妳能不能從家裡帶一些她最喜歡的玩具，放在桌子或地板上和她一起玩？那天我們不坐下來談話——就只是和珍奈特一塊玩這些玩具。」

穆芮兒似乎對這種改變感到焦慮，但她同意了，而且在接下來的幾週裡，我們一點一點地慢慢地開始取得一些進展。起初，珍奈特還是只想玩自己的玩具，但一段時間後，她允許我加入她和穆芮兒的行列，並讓我向她介紹一些我帶給她玩的玩具。然後我們邀請我們的特教托兒所的一名護士一道陪同，最後珍奈特終於願意和護士一起前去托兒所和其他孩子一起玩，前提是得帶著她的兔子。

這給了穆芮兒和我一個單獨交談的機會，她開始向我坦言自從珍奈特出生以來，家裡就被搞得烏煙瘴氣。

「自從珍奈特出生以來，約翰就一直對我很不滿，他根本不想要另一個孩子，尤其是一個有問題的孩子。」

「這對妳和他之間的關係有何影響？」

「我們之間沒有任何交集。他連續幾天工作不在家，回家後，他只想端著啤酒坐在電視機前，完全不理會我和珍奈特。」

「那妳感覺如何？」

「我感到沮喪、氣惱……最重要的是，我感到身心俱疲，因為我必須為珍奈特、這個家和家人犧牲一切。我大部分的時間都覺得自己像一個單親媽媽，加上我也年紀大了，做不了這一切。」

她在談到自己的處境時，經常哭泣，但當被問及她對珍奈特和她的殘疾有何看法時，她非常保護自己。

「我為她感到難過，可憐的小傢伙。她不太了解周圍發生的事情。她是我的全部，我愛她勝過一切。」

事實證明，這件事要解決的實際上是分離的焦慮，而不是睡眠的問題。經過穆芮兒和我交談之後，我們開始瞭解珍奈特活在一個經常令她難以理解的世界中，她十分依賴她的母親，而穆芮兒對珍奈特的依賴則源自缺乏另一半的支持，以及因為孩子有發展問題，也對她產生的強烈保護感。在釐清了真正的問題之後，睡眠計劃方面才有可能取得進展，同時增加珍奈特在白天活動中的獨立性。只要她帶著兔子，她就可以在白天與母親分開，最終在晚上也不再仰賴母親陪伴在她的身邊。

因此，我們可以敏銳地感受到圍繞父母與孩子之間的分離問題。我回想起我十七歲時離家的事，我把這件事告訴了瑪格麗特。

——爸媽鼓勵我們至少在外表上要展現出獨立，但我認為這件事在背後傳遞給我的訊息卻截然不同。

——妳能多說一些嗎？

——我跟母親在一起相處最美好的時光是在我十幾歲的時候。她在我們十幾歲的時候，人看起來開心多了。她肯定比起我們小時候，更加更喜歡我們長大後的陪伴。就在我的許多朋友開始與父母發生摩擦時，母親成了我們最要好的朋友。她經常掛在嘴邊說，我們能夠擁有彼此是多麼幸運的一件事，因為她是家中的獨生女，一直渴望有姐妹陪伴。

——所以，妳和妳的姐妹們提供母親補足沒有手足的遺憾？

——是的，感覺像是這樣。她喜歡和我們一起去買衣服，替我們添購第一件胸罩，和我們玩得很開心。但這個過程並沒有持續很久，因為我開始意識到我想要過自己的生活，我開始偷偷嘗試其他事。一開始是強迫飲食：我會在放學回家的路上買巧克力棒吃，在我做作業的時候和晚飯前吃。我增加了體重，每個人都告訴我這是「嬰兒肥」，但我恨透了。然後我開始偷偷抽菸，以滿足我在嘴裡叼著東西，卻不含多餘卡路里的需要，等到我十四歲的時候，我經常在放學回家的路上買包大使館（Embassy）牌香菸，然後把它們藏在我的西裝外套口袋裡。

——所以，事實上，妳這是在滿足自己的需求？

——是的。不久之後，我跟一個男孩開始交往，他是我的一個朋友的哥哥，我們瘋狂地墜入愛河。十五歲的時候就和他睡在一起，由於一開始要找機會相處很困難，因為我們都還住在家裡，而且得經常在河邊或樹林裡走上很長一段路，半夜在各自父母家中躡手躡腳地走動。

——妳當時還是一個青春期的女孩，就開始想要過自己的生活。

——沒錯，我永遠不會告訴父母我在校外的生活，以及我的大學預科考試的分數。我的妹妹們很快就開始酗酒和吸菸，也開始交男朋友，這種情況越是持續，我就越發注意到母親開始變得煩躁和暴躁。她不喜歡妹妹交的男朋友；她認為他們不合適。她喜歡我的男朋友，因為他是一個熱愛英國文學的公立學校男孩，當他和我最終分手時，她很生氣。但實際上是他選擇離開我，去找一個比我更漂亮、更有錢、對他的未來更有幫助的人交往。

我徹底被摧毀：這段逝去的戀情簡直令我痛不欲生，但是母親並沒有對我表現出任何同情，我覺得自己應該為讓她失望而受到責難，我感覺自己辜負了她。她也不贊成我選擇的大學預科科目或職業。她是在她那一代的女人之中少數學醫的女性之一，她希望我跟隨她的腳步，所以這點我也讓她失望了。

——當事情不如意，妳必須做出艱難的抉擇時，她並沒有支持妳。

——對，事情因此變得難以收拾。這些年來，我和妹妹們分別結婚生子。母親並不喜歡妹妹的丈夫，經常批評他們。她倒是喜歡我的丈夫，他在很多方面都像我父親：一個來自殖民地的心理學家，沉默寡言，他跟父親一樣經歷貧困的童年。但是當我與他離婚並嫁給保羅時，她真是厭惡保羅到了極點，甚至在臨終前也未改變心意。妳知道保羅死的時候，她甚至沒有來看我？父親有來探望我，母親則是在電話裡說：「我想妳不會希望一個討厭妳丈夫的人到妳家中去探望妳吧。」

當我想到她對保羅有多不友善時，我的眼裡充滿了淚水，這個帶給我快樂的男人，對她來說似乎並不重要，這點令我十分在意。她對每件事情都看不順眼。

——所以，妳有一種被妳的母親壓垮的強烈感覺？

——是的，我覺得無論我怎麼做都不對。當我有了自己的孩子後，情況也並未好轉。

事實上，她對所有孫子的態度跟一般祖父母很不同，她似乎不怎麼喜歡他們，或者至少對了解他們每一個人一點都不感興趣。她盡責地給他們寄生日和聖誕賀卡，但她經常掛在嘴邊說：「我真不知道我是哪裡不對勁，我所有的朋友都喜歡他們的孫子，而我就是不喜歡。」她似乎替自己找了藉口。她一直批評我們作為父母的人，過於關注孩子，以至於「無法跟他們以成人的方式對話」。她的孫子們要是哪個行為稍有一丁點不守規矩，她往往是第一個跳出來批評的人，這幾年來，這種情況每況愈下，我們經常會為此爭吵。她和爸爸偶爾會來住一個週末，一開始大家相安無事，他們很開心見到我們所有人。但是當然孩子們會有各種要求，電話鈴聲響起，食物需要烹煮，爸爸會找東西修理或整修，媽媽則開始變得越來越悶悶不樂；有時她會坐在混亂的廚房中央，把臉埋進書裡；有時她會公開大肆批評，有時則是完全避而不談，默默地生悶氣。她幾乎懶得掩飾自己的憤怒和埋怨。

——妳在嘗試建立自己的生活，但擁有自己的家和家人時，並沒有感受到支持。

——沒有。回首往事，我認為在我們姊妹三個人離開家，並試著建立自己的生活同時，母親失去了她真心渴望的姊妹情誼，她越來越羨慕我們與自己的丈夫和孩子們之間的關係。她自己是獨生女，她的父親很寵愛她，所以她肯定很難不成為被關注的焦點，尤其是隨著年齡的增長，我們都各自忙於家庭和工作。當然在她退休後也不再受到病人的奉承言語，這大概就是放棄工作對她來說如此艱難的原因吧。

——妳是說分離對妳來說很困難，雖然妳似乎受到了鼓勵，但實際上並不覺得妳所做的選擇和建立自己的家庭有得到支持。

——是的，沒錯。

我開始回想我跟心理師這段對話究竟是如何開始的，一開始是我擔心我的小兒子離家去上大學，接著是我回想起穆芮兒和她小女兒珍奈特之間的分離焦慮。此刻，我明白了為什麼這對我來說也同樣困難，仔細分析個案讓我對西蒙的離家感到釋懷一些。正如瑪格麗特所說，「有時就連雛鳥也需要推一把才會離巢。」我明白這個道理，這同樣說明了我為什麼需要一根情感的絲線，依附於我最大的支持者保羅，就像珍奈特需要她的兔子一樣。瑪格麗特正在將我現在面臨的困難和焦慮，與我生命早期發生的事情做一個連結。她說的很有道理，但它是否真的能幫助我釋懷一切？我不介意和她說這些——她人很好——但我擔心自己從來就不想要見瑪格麗特，我們之間的感覺不像我跟珍妮佛在一起時那樣緊密。

✳

我和瑪格麗特的某次晤談是在我生日後的隔天，我一直在為保羅哭泣。當我走上她家的車道時，我注意到路面上有一根白色羽毛，我把它撿起來放在牛仔褲的口袋裡。我幾乎沒有向瑪格麗特提起過羽毛的事：我對此有些迷信，好像把它們放在她面前分析，羽毛的魔力可能就會因此消除。然而今天，她家車道上的羽毛在我腦海中浮現，我把這件事告訴她。她將羽毛與這一年中發生的時間做了連結。

——在這個一年一度的生日裡，妳非常強烈感受到失去保羅的痛苦，也許這根羽毛代表了一種保羅留在妳心中的方式，讓他在特殊的日子裡與妳仍保持親密。

我聽進了她的這番話，但大多數時候我仍然覺得我想把羽毛留給自己，作為我和保羅之間某種特殊和私密的信物，不願意把它攤開來接受審查。我知道它們對我意味著什麼，如果它們能給我帶來安慰，為什麼要冒險失去它呢？

✳

我正在努力適應一個陌生的未來，沒有保羅，沒有我的母親，沒有我熟悉的老房子，沒有我的孩子們在我身邊的安全感。這個未來還包括了規劃退休，因為再繼續為國民保健署工作，已經完全失去了它曾經擁有的吸引力，我不想在這種氣氛下繼續工作。我們再也不能在事態失控之前善盡預防工作來幫助我們的個案。那些沒有接受過臨床培訓的管理人員掌握著財政大權：他們告訴我們，我們現在與個案晤談的次數開始有了限制，而且當有經驗的員工離開工作崗位後，尋找替代他們的人選成本花費太高。輔導人員被用來代替臨床心理師，正如這些未經培訓的管理人員所說，「任何人都可以做治療」。所以若有機會可以提出離職計畫時，我會好好把握。我幾乎沒有時間停下來思考後果，然而作為協議的一部分，我必須在月底前離職，而不是像往常那樣提前三個月發出通知。我的同事們都感到很震驚，當我一一邀請他們到我的辦公室，告訴他們我即將離職時，他們其中有人甚至哭了，我很感動。

我的心情惡劣極了。我和瑪格麗特談了這件事。

——我感到很內疚。我知道在當前的財務環境下，他們不會找人來取代我，我的同事們也不會再有人保護他們。

——妳關心的是誰的需求？

——當然是他們的。

瑪格麗特靜默不語。

——哦，我明白了……我沒有考慮到自己的需求。

——妳說出來了。我們經常談論妳在照顧他人需求方面的能力。那麼，妳的需求是什麼？妳想要什麼？

——我想離開。我恨透了國民保健署現行的制度，但我也討厭讓人們失望。我想離開，但我覺得我應該留下。

——妳不難想像妳在許多時候去做了妳認為「應該」做的事，而不是妳自己想要或需求的事吧？

當然，我知道我是這樣的人：這是我人生中的經歷。聽著瑪格麗特跟我說這些，我仍然感到內疚。

我的團隊安排了一個歡送茶會。他們用氣球和鮮花裝飾我們的其中一間治療室，並把茶點擺放在一張鋪著紅白格子桌布的桌上。他們裝飾的茶會精緻迷人，就像在法式咖啡館裡喝茶。第二天，財務部的三個會計來了，手裡拿著一個蛋糕，蛋糕是他們其中一人親手做的，上面點綴著粉色玫瑰。我感動得熱淚盈眶：這些年輕單純的女孩，年紀都可以成為我的女兒，她們每個月耐心地向我解釋預算方面的錯綜複雜，這需要她們花費極大的心力，我越加喜歡跟她們相處，因為她們不會自命不凡，而且始終帶著良好的幽默感。她們告訴我，我是她們最喜歡的管理者，而我的頂頭上司無法掩飾她眼中閃爍的興奮，因為她意識到她將從我的工資中省下一大筆錢。她烤了蛋糕，並加以裝飾，並就我在工作上的表現發表了一場內容敷衍的演說，這只會暴露她對我們實際所做的事情一無所知。那天工作結束返家後，我大哭了一場，我想要不惜一切代價找回我的保羅，這種時候他總會在一旁開心地支持我，替我倒杯酒，堅持要帶我出去吃頓晚飯。在考慮到自己對於人際關係不能免俗得做出回應的情況之下，我寄了一封感謝信和一份禮物給我的前任上司；布蘭妮正在用她從舊貨商店收集來的老式盤子做蛋糕架，由於我的前任老闆喜歡烘焙，我決定將其中一個完美的成品當成禮物。我把它裝箱，用漂亮的紙盒裝妥送到管理部門。她從沒對我表示過感謝，這讓我很受傷，但這也證明了我對她的看法沒有錯，讓我更有藉口離開。

＊

在接下來的幾個月裡，我必須適應我的全職職業生涯告終，並學會適應新住處的生活，我一直認為我會和保羅一起做這兩件事。每當我嘗試新事物時，瑪格麗特都會鼓勵我——例如水彩畫，以及加入合唱團——儘管我需要她在一旁說些好話，支持我堅持下去，並提醒我不可能在初次嘗試所有事情時都能夠表現得完美無缺。這對我來說是一個嶄新的發現：我可以享受做某件事，而不必老想著要表現得最好。我還是難免將我的畫作或我的歌聲與我身旁的女性做比較，但過了一段時間後，我發現有時我可以享受這些活動，只是因為它們很有趣，而如果這件事是我自己想要去做的，結果就變得不那麼重要。

另外，有一件事自己必須面對的，那就是換車。保羅買給我的那輛車已經老舊，對於我現在居住的街道來說，這輛車的車身過長，不好停車。保羅對汽車的事瞭如指掌；多年來，他為自己工作的公司管理車隊，他經常開著一輛嶄新的紳寶（Saab）、寶馬（BMW）或捷豹（Jaguar）回家試車。我害怕自己一個人做這件事，我向瑪格麗特抱怨。

——我不知道要怎麼買車？我以前從未自己去買車，這件事都是保羅負責張羅。

——保羅很懂車？

——對，沒錯。每當他的公司需要換車時，或是我自己要換車，我們通常會先翻看大量的汽車雜誌，或是去現場看車。

——妳自己也學到了很多，不是嗎？

——的確，我對這件事很感興趣，我幾乎可以從路上的每一輛車的汽車商標分辨出車款……

瑪格麗特再度朝我的方向揚起了眉毛。我決定接受她的建議，好好研究一番。我現在會去考慮自己的需求，因為我不再需要開車去上班，也不需要接送孩子，並帶上他的鼓組。我買汽車雜誌，然後在網上搜尋，直到我決定要買什麼樣的車款。我帶著我的研究成果和極大的信心走進當地的汽車銷售中心。我沒有考慮到的是汽車推銷員對一個無人陪伴、隻身前來看車的女人的態度。德斯穿著廉價的西裝，戴著金色的顯眼手鐲，但他彬彬有禮，熱情好客，堅定地與我握手寒暄，遞給我一杯塑膠杯盛裝的咖啡。我告訴他我在找什麼樣的車款，他卻立即介紹另外一輛車給我：儘管品牌相同，但汽車的動力稍遜一籌。我重申我知道我想要哪種型號的車款，並希望在週末安排試駕。等我依約前來試駕時，他堅持要陪我上路，而他開到展示廳前面的汽車是動力較小的車型。我提醒他這不是我想要的車款，但他告訴我，他確信一旦我駕駛這輛車，我會發現它的馬力足夠，並說了一大堆術語來支持他的說法。我們繫好安全帶，他像受驚的兔子一樣坐在座位邊緣。我坐上駕駛座，開車離開，他領著我去繞著當地的街道打轉，那裡的最高限速是每小時三十英里。我彷彿重新上了一堂駕駛課：下一個路口右轉；在紅綠燈處直行；注意行人或是騎自行車的人。我已經開車四十多年了，我從來沒有發生過事故，我的駕照上也沒有任何違規記點。我覺得這種情況很荒謬，所以我告訴德斯我想上高速公路，他似乎嚇壞了，但我的態度很堅決：否則我要怎麼測試車子的動力？

他極不情願地讓我從交流道開到下一個交流道，期間一直緊張地坐立難安，焦慮地望著後視鏡。安全返回汽車展示中心後，他總算鬆了一口氣，而且顯得得意洋洋：「瞧，我告訴過妳這輛車的馬力足夠吧。」等我告訴他，我現在想要駕駛另一輛馬力更大的車款時，他有些不高興。他告訴我這輛車沒有庫存，但是當我堅持自己的立場時，他只得氣急敗壞地離開，最後設法替我找到我想要的那輛車；這輛車是其中一位推銷員所有，並沒有出售，但如果我堅持的話，還是可以試開。在完成第二次試開之後，我比以往任何時候都更堅定要購買我最初想要的那輛車。他感到很失望，不過他告訴我他會替我留意，如果他能找得到這輛車，會跟我聯繫。當我離開汽車銷售中心時，發現有幾輛馬力較弱的汽車在展示出售，看來這些顯然才是他急於要脫手的車款。

在這次惱人的遭遇之後，我有好一陣子沒有再動過買車的念頭。我開始求助於網路，花了幾個小時在英格蘭南部搜尋，最後，我在大約距離住處五十英里外的汽車展示店找到了我想要的車子。我打電話過去，心跳加速，詢問這輛車是否還在出售。車子還在，而且我可以在隔天早上試駕。隔天當我抵達時，現場只剩下銷售員獨自一人。他的同事病了，這意味著他不能和我一起前去試駕，因為他需要接電話。我幾乎難掩內心的喜悅，但是他很緊張，不確定他是否應該讓我獨自開車出去。我指出我已經開了五十英里遠到這裡來，最後在讓我簽署保險文件，並交出二十英鎊之後，他才願意放行，讓我開車試駕。我問他去高速公路的路，他告訴我太遠了，我不能去那裡；大約一英里外有一條主要幹道，開上這條路就足夠了。當我獨自開車離開時，心裡想著：去你的。我就要去找條高速公路，然後試駕一下這輛車。我可不要花上幾千英鎊的頭期款，以每小時四十五英里速度沿著壅塞的國有公路行駛。我很喜歡這輛車，一個小時後，當我回到銷售展示廳，宣布要買下這輛車，乘機轉移了任何關於我這段時間到底開車上哪去的問題。

一週之後，我買下了一輛新車，當我向瑪格麗特講述買車的趣聞時，我為自己對於真正想要的東西堅持不放棄而感到自豪。不過，還有一個問題，我幾乎不敢對她提起。在危急的情況解除之前，我有好幾個星期什麼都沒說。我的舊車有一個顯示胎壓的顯示器，保羅死後，我隨身帶著一個打氣筒，以便在胎壓過低時替輪胎打氣。但我的新車沒有胎壓指示器，而且我不知道怎麼用車庫裡的電動打氣機。保羅總是幫我替輪胎打氣的工作，在他之前，是我的前夫負責這件事，在前夫之前則是我的男朋友，而在他們之前則是我的父親。我在報紙上讀到幾起關於輪胎充氣不當造成的意外事故的文章，我知道自己必須面對這個問題，但這個問題似乎難以克服，最後我終於鼓起勇氣告訴瑪格麗特。

——妳大概會認為這真的很愚蠢，但我不知道如何替輪胎打氣。這件事總是保羅替我代勞，他為什麼不來幫我？

我竟開始哭了起來。瑪格麗特從不被我出現的任何情緒的波動而激怒。她總是表現得很冷靜。

——告訴我更多關於保羅為妳所做的事。

該從哪兒開始說起？要羅列的清單有一長串，但我找了幾件與我們正在談論的內容最貼切的事來說。

——他十分擅長家庭修繕工作。他可以修理任何壞掉的東西，汽車保養等大小事都是他一手包辦：包括清洗車子，在雨刷及噴水系統中加水，替輪胎充氣。

——所以，妳覺得和他在一起很有安全感？

我想到這一點並意識到，的確，當我想到保羅時，這些都是我回想的重點。我還記得瑪莉曾告訴我，有一次我們在保羅的船上，天氣開始變得惡劣，她覺得和保羅待在一起感到很心安，我也一直覺得如此，不僅僅是因為他知道如何在車庫前操作特定的機器。

——的確，我會感到很有安全感。

我感覺到只要有他在，就不會有什麼可怕的事情發生。我對珍妮佛說過的話突然出現在我的腦海中：**難怪我在晚上會向他伸出手指或腳趾碰觸他，這讓我覺得很有安全感。**

——但妳說過保羅會鼓勵妳去嘗試新的事物；他認為妳有能力辦到？

——是的，他相信我辦得到。他曾經告訴我，我可以做任何事情。

我對自己說，我必須在這件重要的事情上堅持下去。冒險去探索世界仍然讓人感到忐忑不安且害怕，但是保羅替我播下了自信的種子，瑪格麗特則負責澆灌這些種子。如果我讓她知道我害怕的事情，她就會幫助我相信自己可以克服得了。我準備好回答她的下一個問題。

——保羅難道是這世上唯一知道如何替汽車輪胎充氣的人嗎？

當然不是。既然現在這個愚蠢的問題已經攤開來說，我感覺好多了，我開始探索任何可能的實際解決方案。

下次我開車到超市時，我把車開到隔壁的修車廠，我看到了兩台輪胎充氣機。幸好有兩台，這樣一來萬一我花上很長一段時間，就不會讓其他人等得不耐煩。我把車停在其中一台機器旁邊，並閱讀說明，但當我打開汽油蓋充氣蓋口，為我的車胎尋找正確的充氣水平時，我面臨一個問題：打氣機顯示的是PSI數值，而我的加油口蓋板上的數值則是顯示bar。我在無計可施的情況下，只好放下自尊去請教別人。我朝一個滿身刺青的中年男子走去，他正在清洗站用吸塵器清理他的箱型貨車。他停下手邊的工作，馬上過來幫我。他自己也不確定如何將PSI轉換成bar數值，但我們一起想辦法解決。然後，他告訴我輪胎充氣時如何讀取每個輪胎的胎壓數值，並一直陪著我直到工作完成。他真是好心，既沒有表現出高高在上的模樣，口氣也不帶有冷嘲冷諷。我們聊起汽油的價格，聊著市政委員會打算修建當地休閒中心的計畫，空氣嘶嘶地進入輪胎，我依次蓋回每個小小的黑色閥門蓋。我衷心地感謝他的幫忙，儘管他永遠不會知道，我是多麼打從心底感激他。

＊

我的繪畫課進展順利。我可以看出我並沒有什麼特別的天賦，但我發現自己每週可以全神貫注兩個半小時。我喜歡添購一小管水彩顏料（茜草深紅、天藍色、虎克綠；這些對我來說都是全新的詞彙），看著沾了水的線條融合在一起，一幅畫就這麼從白紙上浮現。沒有要取得高分，沒有要贏得比賽，不去取悅任何人，除了我自己。這對我來說是一種放鬆、治療和嘗試各種不同方式的嶄新體驗，所以我決定去報名參加週末的繪畫課程。

該課程在曾經是一座擁有廣闊土地的宏偉莊園中舉行，靠近大海。此時正值仲夏，天氣燠熱。第一天課程結束時，我在傍晚進行了一次漫長的散步，走出修剪整齊的花園，來到一片長滿青草的丘陵地，青草迎著風向著英吉利海峽方向拂去。我一路上不斷和保羅交談，告訴他我在做什麼，並像往常一樣問他，他人在哪裡。我偶爾尋找羽毛的蹤影，但每次我以為我看到了羽毛，就發現自己受騙了；這地方有許多羊在這些綠色的山丘上吃草，我隨處見到的白色斑點實際上是牠們身上落下的一小團羊毛。就在我接近終點時，那座大房子就在我面前的斜坡底部，這時一堆白色羽毛突然出現在草地上，就在我經過的路上，就在我的眼前。我露出微笑，對保羅說，「哦，原來你在這兒呢。」

我忍不住想到，我現在為什麼還看到這些羽毛肯定是有原因的，而我的母親或是其他親密的朋友去世時我卻看不到；為什麼有些人看到知更鳥和倉鴞，而有些人則看不到。我不禁又回到了這個觀點，那就是對死者的依附程度，多少影響了這些情感連結的體驗是否會發生。透過與瑪格麗特的交談，我更加明白我對保羅的依附有多強烈，我是多麼依賴他帶給我安全感，滿足我的情感需求，尤其是當我的童年缺乏安全感和情感的相對回應。難怪我仍需要緊緊抓住這根情感的絲線，在天人永隔的艱難道路上給我安慰。我不禁回想起朱利安．巴恩斯撰寫那些充滿對妻子思念之情的文章——他在妻子死後夢到了她。我的小妹對兒子的思念之情更是不言而喻——這也難怪我們會在至親死後夢見他們，看見知更鳥，或是聞到燃燒木頭的氣味。在我的研究調查中，發現羽毛、倒下的樹木、喜鵲等的人，在親人去世時都有強烈的失落感。與情感強烈依附對象之間產生的斷裂令我們難以承受，特別是時間點不在我們的預期內，因此情感的絲線成為我們與逝者之間的連結，當這層依附關係不再強烈，時間撫平喪慟，這條情感的絲線也就沒有必要存在。所以，我的父親預見我母親的死亡，並能夠適當處理這份喪慟之情，因此他不必依靠羽毛、倉鴞或夢境帶給他安慰；我對母親和妹夫與我對保羅的依附情感截然不同，我與他們之間不需要依附一條情感的絲線作為連結。

＊

這段時間以來，一切都進展得很順利。我已經處理好了退休和搬到新家等重大生活事件，大部分時間我都覺得自己對於嶄新及不同的生活適應得很好。我永遠不會停止思念和想念保羅，我再也回不去那個在他去世前的我，而我正在學著去過沒有他的生活。與瑪格麗特的晤談對我很有助益：她支持我克服自我懷疑和恐懼，並幫助我釐清過去那一段與家人的複雜情感，與經歷失去保羅之間的關聯。我已經很久沒有想過要了結自己的生命，甚至不再特別感到抑鬱，所以決定停止和瑪格麗特之間的晤談；畢竟，如果我仍持續每週都去找她，要如何自立？我想我已經準備好終止這段諮商，並把這個決定告訴她。更重要的是，我安排了九月份的假期，那時機票較便宜，正好在她休完一個月的暑假之後，所以我將有六到七週的時間來適應沒有見到她的日子。

我把這一切告訴瑪格麗特，她的反應出乎我預料。她對於我的決定並不贊同，也不表示反對，但她指出，結束治療將會造成另一個巨大的失落。這一次我有機會好好去面對這個問題，去克服我對這件事的感覺，而不是面對另一個災難。我需要小心處理，而不去逃避面對——直接消失，或是取消諮商，也不去小看這件事。她的話聽起來很有道理，但我實在不覺得這會是另一個巨大的失落，也沒有改變飛往克里特島，和我住在那裡的老朋友會面的計畫。這將會是我唯一一次獨自搭機；我的另一個第一次。

8

Part

跌宕起伏

將治療的焦點放在「此時此刻」(here-and-now)，是區別「精神動力學心理治療」(psychodynamic psychotherapy)與友誼，以及其他更膚淺的治療和諮商形式的所在，後者傾向於關注「彼時此刻」(there-and-now)(即外部生活)，而非治療師和當事人之間的關係。

——歐文．亞隆(Irvin D. Yalom)，《凝視太陽：面對死亡恐懼》(*Staring at the Sun: Overcoming the Dread of Death*)

這個夏天，發生了一件意想不到的事情。一天，我在約翰．路易斯（John Lewis）連鎖百貨想找一個新水壺時，碰巧遇見一個跟我認識多年但很久沒見面的人，我發現他正大步走向收銀台，其中一隻胳膊夾著一個烤麵包機。他名叫查爾斯，我們是大學同窗，他是一名醫科學生，他和我的一個朋友交往過。這些年來，我偶爾會在婚禮和大學聚會上見到他，只是不知道怎麼會在這裡巧遇他。據我所知，他目前住在諾森伯蘭郡。我們聊了很久，我發現他剛剛在我工作了十八年的醫院附近取得了一個顧問職位，他離了婚，住在醫院宿舍裡，在這個地區認識的人不多。他問我是否願意找一天晚上出去小酌一杯，我欣然同意：我們有很多話題可以聊，他為人向來幽默風趣。我們前去鄉間一家小酒吧，在戶外桌旁坐上幾個小時，有說有笑，直到氣溫開始變冷。他提議我們吃晚飯，但酒吧沒有提供任何食物。他向我致歉，說他提議約會，卻沒想到要吃點東西，為此感到十分過意不去。我注意到他用了「約會」這個字眼，但我沒有表示任何意見。我們開車去另一家酒吧吃東西，然後他再開車送我回家。我檢視自己的反應。我很喜歡他，也覺得他很有吸引力，但我並不是真的把他視為一個交往的「對象」；他看上去更像是一個兄長，而不是一個可以當男朋友的人。

我去了克里特島，他傳了幾次簡訊給我。我的女性友人十分好奇，想知道關於他的一切，以及我覺得他這個人有什麼意圖。老實說，我毫無頭緒。返回英國後，查爾斯和我去了劇院，也去看了電影，然後他便去度假了兩個星期。在他離開的前一天晚上，他問我是否想和他一起去度假。我不能去，但他幾乎每天都傳簡訊給我，我感到很困惑。我已經很多年沒有「約會」，如果我們出去吃飯也算是約會的話。他並沒有真正說過任何讓我覺得他想要我當他女朋友的話。在他度假回來的路上，他又傳了簡訊給我，邀請我跟他一起去看電影，電影在他下飛機幾個小時後開演。他似乎很想見我，我發現自己會出門添購新的緊身牛仔褲和皮夾克。看完電影，我們喝了咖啡，然後他再開車送我到我停車的地方。這一次，他的意圖再清楚不過，他熱情地吻我，問我是否想跟他一起回到他在醫院的宿舍。我並不想要這麼做——我必須好好思考一下這究竟是怎麼回事——當我沿著高速公路開車回家時，我感到一種多年來從未有過的興奮。

我試著把這件事告訴瑪格麗特，但沒有說太多。大概我有些迷信，怕如果我認為這是一件大事，最後往往什麼事也沒發生；還有一點是她的「直截了當」，這讓我覺得她或許不贊成這件事，或者很難跟我談論一段有機會發展的感情。

伴隨著過去發生的模式一再出現，我的興奮感很快轉變成了困惑和焦慮。每回和查爾斯一起度過一個愉快的夜晚，他就會開始變得退縮。有時，我會有幾天時間沒有收到他的任何消息（他總說他在加班），他會還在週末時消失，有時甚至整整幾週音訊全無，但等到我下次見到他時，他還是那個活潑外向的他，表現得好像什麼事都沒發生過一樣。然而，我確實開始注意到，儘管我告訴他關於保羅發生的意外，以及這段獨自生活的經歷時，他的確表達出他的同情，但似乎並不是真的對這一切感興趣。他不停地談論自己：他的工作、他的孩子、他的朋友和他的許多輝煌成就；事實上，他具有「下水道」那篇文章中提到的許多特質。我經常覺得他似乎在上演一齣表演，（是為了我或是他的利益？）他會選擇合適的CD在車上播放、在後座放上一份財經政治報紙，有時候會稍微遲到——但不至於遲到太久，然後有一天，他告訴我，他需要一個女伴陪他去參加一個豪華的聚會，他問我是否願意跟他一道去。我答應陪同他一塊去，心裡也不免感到忐忑不安，但一想到可以跟他的一些同事見面，仍難掩興奮，也很高興他願意在社交場合公開我們之間的情誼。我買了一雙高跟繫帶涼鞋，搭配一件時髦的黑色連身裙，加上自信滿滿的臉龐。我的擔心都是多餘，他的同事很和善，我很自在地加入他們之間的談話，整個晚上一切都進行得很順利，之後，我們開車回到他的住處，他邀請我進去喝杯咖啡。不可避免地，我們之間發生了男女關係。我幾乎有七年沒有和男人一起過夜，諷刺的是，這天晚上也是我們之間的關係往後退的關鍵。第二天一早，他開車上班，我則搭乘火車回家，我意外地感到高興；也許我們之間終究可以展開另一段情感更密切的關係。

不過，我應該相信我最初的直覺。在這之後，查爾斯開始避不見面，突然間開始沒日沒夜地加班，我感到很受傷，也很困惑，詢問我們是否可以見面吃頓晚飯，談談究竟是怎麼回事。他發了簡訊給我（沒錯，發簡訊），說他很享受我們之間的友誼，但他覺得我想要從他身上得到的，比他能夠付出的還多。我很生氣——簡直氣炸了，他怎麼敢如此利用我，利用我的處境？覺得自己施予恩惠給他人？我感到憤怒、羞辱、惱火。

我試著讓自己冷靜下來，回想一下我過去經歷的其他關係：畢竟我擁有三十多年的心理諮商師資歷，也很清楚舊有的模式往往會重演。我意識到我落入了舊有的窠臼中，這可以追溯到我在十幾歲和二十多歲的時候，我受到跟我完全不適合的男人所吸引：他們細心、成功、帥氣、會努力吸引我的注意，但是對於我想從這段關係中得到什麼卻完全不知情。（確實，後來我才得知查爾斯一直有一個交往中的女朋友，住在相隔幾百英里外，但他卻絕口不提這件事。）瑪格麗特為了表示對我的支持，一直喋喋不休地試圖解決問題，我卻做了完全相反的事，破壞了它們。我以為我需要一個像查爾斯這樣的人，但事實上他絕對不是我真正需要的對象。

一位同事也是心理治療師的好友，跟我分析得很有道理：「他所做的與妳沒有交集，他是個自戀者，他看不到妳的存在；對妳一點都不瞭解。他只看到自己，他勾引妳，利用妳的脆弱。」

她說得沒錯。我在某篇文章中曾讀到，佛洛伊德遇上維吉尼亞．伍爾芙那次，他送給她一朵水仙花。我現在也想要送給查爾斯一朵，儘管他很可能不知道這朵花背後的象徵意義。想到這裡，這朵花也許適合送給我第一個認真交往的男朋友；以他的文學背景，即使他並不欣賞這個禮物，但他肯定能夠理解這朵花背後所傳遞的信息。

（多年以後，我對於查爾斯的自戀和我的脆弱之間的關聯進行了更多的反思。當然，喪偶者本來在情感上就很脆弱，他們渴求一段感情和支持，因此容易對於不適合自己的男人做出的關注作出錯誤的判斷。其中一個悲劇性例子是一位喪偶的作家海倫．貝利（Helen Bailey），她遭到一個操縱性很強的掠奪者謀殺，他利用了她的脆弱，圖利自己。）

今天我去瑪格麗特那裡，準備進行諮商治療時，心裡不自覺地感到緊張起來。她像往常一樣向我點頭致意，然後讓我在椅子上坐下。她一開始什麼也沒說，只等著我先開口說話，今天這種情況令我覺得有點嚇人。我試著跟她談起查爾斯的事，但我發現有些難以啟齒。遭到拒絕是一種恥辱，作為一個竟會犯下如此巨大而愚蠢判斷錯誤的人來說，我實在不願意以如此糟糕的形象示人，但每當我試圖提出這個話題，她就會把這件事與我打算結束治療的決定聯繫起來。

——探索一段嶄新的感情需要極大的勇氣和自信，而不是陷入困境、需要過多的關愛或陷入絕望。我不曉得妳是否對治療的結束感到絕望，妳是否認為妳可以結識生命中另一個男人一起走到生命的盡頭，而不再需要仰賴治療師？

我覺得這段話對我來說簡直是廢話，我告訴她。

——這與結束治療無關，我只是以為我找到了可以談感情的對象，現在我感到羞辱。

她就像一隻狗緊咬著骨頭不肯放下。

——妳在建立妳對自我的信心和信念方面做了很多努力，妳以前壓根不想要任何伴侶。我想妳把跟查爾斯的事帶到這裡來談，是因為妳對於要跟我終止治療感到絕望。

這番話只是讓我更加惱怒，我覺得她沒有在聽我說話——我想談談跟查爾斯之間發生的事情，她想談的是我打算結束治療這個決定。幾個星期以來，我變得越來越沉默，悶悶不樂地坐在扶手椅上，避免跟她目光接觸，拒絕說話。我所有的想法都是消極的。我恨透了她，她簡直沒有幫上忙，她一點都不理解我，她不想聽我關心的事。我希望她說些讓我感覺好過些的話，她一句話也沒有說，我對她很不滿。她開著一輛綠色的老爺車；綠色，我的老天？她穿著樣式過時的鞋子，我要怎麼跟一個穿著這樣鞋子的人談論兩性問題？這種情況一直不斷發生，我經常認真地幻想，要麼乾脆走出去，或是再也不要出現。

——我受夠了到這裡來，我再也不要去任何地方，而且已經有很長一段時間沒有出遠門了。我厭倦了一直談論保羅和我的母親，因為他們倆都死了，談論這些簡直令人沮喪。

她同樣也想到這一點。

——我認為妳與女性之間的關係是關鍵的所在。我認為妳很難接受其他女人提供給妳良心的建議，如果妳批評這段治療，走出這裡，妳大可以離開，完全不會覺得有任何失落感，也不會從這段關係中帶走任何好處。

我立刻反駁她這番話。

——我當然不是在批評妳的治療方式。妳以為我為什麼一直到這裡來？我只是覺得這個治療對我不再起任何作用。

她接下來說的話更使我瞠目結舌。

——我看不出來妳對心理治療感興趣，願意去思考我們在治療之間談論的內容，我也看不出妳有做任何努力。妳告訴我這都是我的錯，我對妳沒有提供任何幫助，我覺得妳這是在詆毀我。

她對我的批評刺痛我的心。事後，當我認真回想整個治療過程，我意識到我一直在期待她能夠「拯救」我，說一些具有魔力的話，讓一切可以在突然間變得更好。我也從中看出我和母親之間的關係：我覺得受到了她的批評，因為我的表現不夠好，沒有表現出符合她的期望，而我反過來感到憤怒、怨恨和慍怒。

下一次的會面，我鼓起勇氣告訴她：我認為妳上次對我非常挑剔，妳說妳幾乎看不出我在治療期間付出的努力，妳感覺遭到我的詆毀，我覺得妳實在有失格調。

我的心因為我竟敢如此粗魯而怦怦直跳。我預期她會大發雷霆，或者至少會報復我；相反地，她沉默了一會兒，然後才開口說話。

——妳把我當成了妳的母親。

＊

後來，我覺得這似乎是個很重要的轉捩點。當我感到很困難的時候，仍堅持前來治療。母親只有在我表現良好，在她認可我的所作所為的時候才會支持我，但瑪格麗特並沒有因為我的行為粗魯且沉默寡言，而停止在我身邊支持我。正如心理治療師瓦萊里・哈扎諾夫（Valery Hazanov）所說，在心理治療和其他方面，友善和禮貌是親密關係的殺手，即使是最不愉快的情緒也是心理治療的一部分：它不應該是冷淡不理會。瑪格麗特不像其他人那樣認可或讚美我的成就，但她接受我，不管我是怎樣的人。我們之間花了很長一段時間，但我開始以一種我從未信任過喬絲琳的方式，信任瑪格麗特，這意味著我可以在她面前展示我不那麼迷人的特質。

我還注意到瑪格麗特的一些事。她不再關注我在外面的生活，甚至是我的童年，反而把重點放在我和她之間在諮商室裡的互動。無論我提出什麼問題，她都會利用它引導我們進入「當下」的治療過程。她過去不曾這樣做，一開始，這似乎很奇怪和令人不舒服，我想抗拒她的做法，就像我們在結束治療時陷入的僵局一樣，然而我也從中看出這麼做產生的結果。

不久之後，我做了一個夢，我夢見我四個月大的寶寶病危，需要進行心臟手術。一位女外科醫生來了，手術將由她操刀。嬰兒臉色蒼白，幾乎沒有呼吸。在另一個場景中，嬰兒成了一個留著金色長髮的小女孩，她想跑去和其他女孩一起玩，卻跟不上她們的腳步。手術後，她恢復的情況良好。

瑪格麗特對這個夢境很感興趣。我告訴她，我十分確定自己就是那個金髮小女孩。她詢問我是否有更多的想法。

我發現自己在說：我想這可能是某種與治療有關的隱喻——我需要一條女人提供的生

命線，好讓我重新活過來。

我很高興，因為我覺得我似乎「頓悟」了在治療過程中一些我以前不瞭解的事。我也發現喬絲琳採取的方式截然不同。她關心的是我在外的生活，她從來沒有評論過我和她的關係，也沒有批評過我因為珍妮佛的離去而去見她。喬絲琳的治療沒有任何問題：她很支持我，只是感覺較為表面，就像我與網路上那些男人的關係一樣。與瑪格麗特之間的相處最大的不同是看見我的實在感受，而不僅僅是在談論感受。

然後我做了一個關於保羅的夢。我夢見他把我和我的孩子們關在一個黑暗的房子裡，而且他身上有槍，只有我可以打開前門。一個女人敲了敲門並強行進來，說：「這裡有什麼事情，我應該擔心嗎？」我試圖向她保證一切安好，我只是和家人在一起。她離開之後，我內心有一部分希望她會報警，但另一部分的我，則害怕保羅會因為我讓她進來而殺了我。我感到非常害怕，以至嚇醒了，我打開床頭燈，試著讀一本書分散自己的注意力，藉此保持清醒。

瑪格麗特讓我談談我在夢中對保羅的感覺。

——我不知道，這個夢境把我嚇壞了。我幾乎從來沒有夢到過保羅，這是我第一次做了有關於他的夢，卻像是場噩夢。

——我不曉得妳是否覺得被保羅囚禁起來，活在有他的回憶中？或是因為他的死，也許妳想要擺脫，卻不知道該怎麼做？

——可是為什麼我在夢裡那麼害怕呢？

——也許一想到放手令妳感到恐懼，但妳也許認為能在女人的幫助下找到逃離這一切的方法？

我回想起那些網路約會，這些對象因為我對保羅的死仍放不下，令他們卻步。這也難怪，約會會令我覺得對他不忠。

幾個月後，艾里爾．夏隆（Ariel Sharon）去世了。他在保羅去世前一個月陷入了昏迷，這一昏迷就是八年。我時常想起他的家人，一直守著他，盼望他能夠醒來。瑪格麗特把夏隆的家人對他的守護，比作我自己與保羅的關係。放不下他的死儘管是一種接近他的方式，但我卻因此放棄珍視自己的生命，去過自己的生活。

我的生日與保羅忌日在同一個月。一個朋友給我帶來了一束從她家花園裡採摘的雪花蓮。想當然耳，她不知道雪花蓮總是讓我想起殯儀館裡令人痛心的一幕，當時我無法將花園裡摘下的雪花蓮放到保羅僵硬的手中。瑪格麗特被這種連結打動。

——某個因為僵硬和冰冷而無法送出的禮物，讓妳覺得自己是多餘、不被愛的。這是妳生命中一個非常強烈的隱喻，它觸及了一些非常深刻的東西。

我知道，我現在明白了。它是如此令人感到悲傷。

＊

潔西似乎有點不對勁。牠的腳步越來越緩慢，最近有幾次，牠躺在田野中間或者路邊，或任何我們碰巧所在的地方，我不得不把牠拉起來。今天我帶牠下山散步，在回來的路上，牠躺在人行道上根本無法起身。每次我幫著牠站起來，牠都會再次趴躺在地，我無計可施，只得把牠扛回家。牠是一隻大型犬，人們紛紛盯著我瞧，一位開車經過的好心女士停下來，搖下車窗，問是否需要幫忙，不過那時我幾乎快到家了。等我們進了家門之後，潔西精神立刻為之一振，我決定暫時不打電話給獸醫，因為我擔心他可能會說出什麼噩耗。第二天，我帶著牠走了很短的一段路，直到路的盡頭，但牠幾乎踏不出去。等我們回到家，牠撲倒在門墊上，這次牠再也起不來了。我打電話給獸醫，他要我把牠帶去檢查，他很瞭解潔西的情況，他說如果牠無法自己走，他會來停車場把牠抱進獸醫院。

當我把車停在診所門口時，打開後行李箱，潔西躺在那裡，我坐在車子邊緣，陪牠一起等獸醫來。坐在那裡等著獸醫的時候，發生了一件意外。一輛車直接朝獸醫診所外面馬路中間一個分隔島上的燈柱衝撞過去，一聲巨響之後，緊接著是玻璃碎裂的聲音，所有的獸醫和護士全都跑出來一看究竟。（這難道是一個警示？就像七月七日的爆炸案？）獸醫把潔西帶進他的診間，聆聽牠的心跳。

他看著我。「我認為是時候了，」他說。「我們可以展開一個漫長而昂貴的療程，試著讓牠再堅持一段時間，但牠已經老了，已經活得夠長壽了。」我知道獸醫說的沒錯，但我怎麼能成為決定判處潔西死刑的人？

「不是這樣。**沒有人**能比妳把牠照顧得更無微不至，在牠遭受更多痛苦之前，妳已經盡最大的努力讓牠好走。」

我告訴他，我以前從未這樣做過，我這一生養過許多貓都是自然死亡，或者遭汽車撞死。他解釋說他會給牠一種鎮靜劑讓牠昏昏欲睡，然後再讓牠安樂死，會有一名護士進來協助他，事情就這樣。潔西看起來就像是在我的面前睡著了，就像救護車裡的保羅一樣。獸醫再次聆聽牠的心跳，告訴我：「牠走了。」我淚流滿面，開始親吻牠身上的毛髮，完全不知道自己在做什麼。獸醫很體貼，說他會讓我和潔西獨處一會兒，我擁抱牠並親吻牠，遠遠超過我在保羅死後擁抱或親吻他的次數，只是這一次沒有護理人員在看著我。過了一會兒，獸醫回來問我是否需要一位護士開車送我回家，我回答說我不會有事，他帶我從後門到停車場。（這不是很有趣？我以前根本沒有注意到獸醫院有後門，就像在殯儀館一樣，層層屏障遮擋住「太平間」不讓任何路過的人看見，後門的小路上靈車來來往往，醫院太平間：不讓人看見，沒有任何標示。人們試著讓死亡變得不可見，即使我們每天都在面對死亡。）

令人驚訝的是，我竟然感覺沒事了。想到潔西和保羅在一起，他現在會照顧牠，令我感到寬慰。當我走到車旁時，回想起獸醫讓潔西安樂死的那一刻，不知道保羅接到牠了沒。就在我出現這個想法的時候，一根小小的白色羽毛飄到了我面前。

我把潔西的床和剩下的狗糧給了爸爸，幾週後當牠的骨灰被送回時，我把骨灰灑在新森林的池塘裡，八年前保羅的骨灰就被灑在那裡。我注意到去年「保羅的骨灰」灑向的池塘裡的睡蓮已經開花了，對此感到很欣慰。

於是我對瑪格麗特說：我突然想到，在死亡之外，也能看到新的生命在成長。

＊

我決定把過去八年裡的所有照片都貼到相冊裡。自從保羅去世以來，我一直無法這麼做，但現在我發現已經可以面對，並且樂於和女兒一塊分享當中許許多多的回憶。成堆的相冊和照片在廚房的桌上早已擺放了好幾個星期。

瑪格麗特將此比作心理治療的一個新階段：我開始能夠整理過去的一些「混亂」，更積極正面地看待過去，感覺更有活力。有一天，我和一位前同事出去吃午飯，自從我們都退休後，就成了朋友。我們坐在花園中心的咖啡館裡，聊到她居住的地區。原來她以前認識珍妮佛；事實上，她們的孩子一起搭車上學。我提到珍妮佛曾經是我的治療師，而她已搬回她的家鄉。我的朋友並沒有被我這番話嚇住；事實上，她接下來透露的八卦才令人瞠目結舌，畢竟這位當事者是我們都認識的。

「沒錯，她的確返鄉去了——而且在村裡引起了不小的騷動。」

「真的嗎？」

「嗯，她後來和一個在網路上認識的男人同居。她跟他斷斷續續交往了一段時間。」——

我竟然不知道這件事！「後來她收拾了行囊，跟那個男人一起走了。」

什麼？她竟然為了網路上認識的男人拋下了我？她怎麼能這麼做？我當然沒有把這話說出來。所以，沒有垂死的親人，而是為了跟一個男人私奔，想必她找到了她的王子而不是青蛙。不料當她警告我不要在網路上約會時，她自己卻這麼做！我很慶幸當時被蒙在鼓裡，因為想到她竟是因為這樣一個微不足道的原因離開我，恐怕會感到更加沮喪。這讓我意識到我自己受到死亡籠罩的影響有多大：竟然認為她肯定是去照顧重病的親人；我滿腦子無時無刻只想到死亡。事實上，我對她的真實生活一無所知，這恰恰暴露了我自己的幻想和擔憂。不過，我確實也感到非常惱火：對於一個面對遭到遺棄和喪親而有自殺傾向的病患來說，她的行為似乎違反倫常。

那天晚上，我夢見我的心理治療師朋友（認為查爾斯有自戀傾向）生了重病，必須進行氣管切開術（透過從頸部開口的手術，將空氣從喉嚨輸送到肺部，以疏通阻塞的氣管），我正試圖和她談論這個手術，但是房間裡其他人似乎對這一切視而不見或麻木不仁。

瑪格麗特詢問我在夢裡有什麼感覺，我馬上回答我感到極度焦慮。最近她跟我不斷談論我是否該繼續接受治療，她將這次討論與我的夢境做了連結。

——是否繼續治療的決定十分冒險與困難，如同氣切手術一樣，心理治療則是心靈的生命線。看來妳很擔心我會出事；畢竟，妳在這段時間失去了很多，包括妳的前任治療師等等。

諮商治療的確是一項挑戰，沒有任何心理治療師會創造魔法，說出能讓一切釐清頭緒、讓一切變得更美好的神奇詞彙。我必須努力參與其中、發想、在治療期間去思考、做出承諾、完成工作並做出改變。這項工作很辛苦，但當我努力解決它時，我注意到我也正從過程本身學習到許多。儘管沒有如同臨床心理治療計畫那樣明顯的「目標」；相反地，每個星期持續與瑪格麗特晤談，在那個劃分心理治療時間的奇怪時空之間似乎也帶來了改變。這個過程仍感覺不自然，我有很多時候不免感到懷疑，我想知道這一切是否也能單純隨著時間過去而淡化，只是現在我仍得繼續走下去。心理諮商是一週當中我預先知道自己必須去做的一件事，也因此讓我得為此騰出時間。

一天晚上，我夢見我正在參觀一所為罹患自閉症和行為障礙的男孩開設的學校。這個地點位在其他國家，只是我不知道地點是在哪裡。我在一個教室裡，坐在我對面的一個男孩，拒絕配合我要求他做的事，所以我開始和他講道理，並責罵他。一位工作人員走過來說：「妳不必理會他——這個地方的神奇之處在於，那些提出挑戰的孩子完全受到忽視。」我注意到，所有的男孩都在安靜地工作，並製作出精彩的雕塑和繪畫作品。於是，我不去理會這個男孩，然而幾乎在同一時間，他不再固執己見，並完成了一幅令人驚歎的畫作，展示給我看。最後，我自己也開始跟著動手做；我畫了一個天使。天使剪下來後，其中一個孩子拿起它，在上面塗上白色顏料，然後列印出來，我的內心感到十分喜悅。

瑪格麗特度假去了，所以我得獨自思考這個夢境的意義。有幾個可能的線索：夢境發生在另一個國家，這是否可能與珍妮佛有關？和我製作的天使有什麼關聯？由於我已經完成不少畫作，我從中得到的訊息很簡單：創造力需要空間和信心放手去做。如果你不去試著控制或挑戰它，只是安靜地專注其上，它就會出現。

隔天，在我的繪畫課上，老師要我們完成一幅拼貼畫。她帶來了很多舊有的材料碎片和其他零碎小物，對於我們可以如何利用這些材料，她並沒有一定的限制。我在這堆材料裡翻找，發現了一大塊黑色棉布，上面印著紅色的骷髏頭和交叉的骨頭，棉布每段間隔都會重複這個圖案。我拿了這塊布，剪下一個棺木的形狀，我沒有明確的意圖要怎麼做——一切順其自然。然後我找到了一些讓人聯想起沼澤的綠色和黑色漩渦狀材料，然後我把棺木黏在上面，黑色天鵝絨上覆蓋著銀色的亮片，看起來就像棺木上面布滿著星空。成品有些黑暗，但我只完成紙張的一半，接下來，我被一些亮橙色和黑色材料所吸引，這些材料令我聯想起火。我把這些材料固定在棺木的一端，然後讓這把火直沖雲霄。我在棺木的左邊，貼上一個上面有一棵樹的黃色背景，樹上有五彩樹葉和孔雀羽毛。樹上方的天空是深藍色，上面疊加著金色的碩大星星。在火舌和明亮夜空的交接處，我貼上三根白色大羽毛。我對成品感到非常滿意，我突然意識到，如果不要試著去想該如何去完成，我們都能夠完成非比尋常的作品。我見到了光亮之處，也看到了黑暗；看來我的內在確實懷抱著一絲希望。

夏天即將來臨，艾蜜莉提醒我下個週末我們要去參加大型戶外團體游泳。這是在半年前的冬天我們做出的決定，當時我們在舒適的廚房裡用她的筆電觀看坎布里亞的照片，所以艾蜜莉幫我們倆報了名，並支付了報名費。現在看來，這場比賽似乎令人望之生畏。我們選擇在溫德米爾湖的開放水域，穿著潛水服和其他三萬人一起游泳一英里，為慈善事業籌集資金。我很自然地向瑪格麗特表達了我的焦慮（我會不會太老／游得太慢／跟不上大家？會不會抽筋？等等）但一切已經沒有回頭路了。無論如何，艾蜜莉倒是一頭熱。

我們搭乘火車前往湖區，一位迷人的波蘭計程車司機載我們到預訂的旅館。旅館的女主人告訴我們，當天稍早有一個五十多歲的男子在游泳時死亡，直升機將他送往醫院，但儘管他們盡了最大的努力，醫護人員還是無法救回他一命。

我們的游泳比賽將在隔天進行，聽到關於死者的消息後我輾轉難眠，他無疑是某個人的丈夫，第二天早上，擺在我們面前的全套英式早餐變得令人難以下嚥。我們步行三英里到達溫德米爾，從平靜的山谷中走出，進入陷入狂歡的湖邊；到處交通堵塞，人們衣不蔽體，身上掛著彩旗，大聲喊叫，隨處都可以見到速食。這顯然不是我們當初預期在平靜的公開水域游泳的活動，但是既然我們已經來到此地，於是便奮力擠到用來更衣的巨型帳篷前面。你有沒有試過在一個悶熱的帳篷裡，嘗試把你的身體擠進一件潛水衣裡，身旁擠滿幾百個跟妳一樣在換穿泳衣、汗流浹背的女人？這並不容易。我之前瀏覽過一個網站（我以前從來沒有穿過潛水衣），上面說如果你先在手臂和腿上綁上一個塑膠袋，會更容易穿進潛水衣。我身上綁了兩個合作社塑膠袋和一個維特羅斯連鎖超市的塑膠袋。就此一個特殊目的而言，合作社的塑膠袋證明比較耐用，因為維特羅斯連鎖超市的塑膠袋幾乎在套上潛水衣的同時裂開。

再次呼吸到新鮮空氣簡直是一種解脫，但遺憾的是，我們沒有想到去租一雙公開水域游泳者穿的橡膠鞋，因為光著腳從石頭小路走到起跑區簡直痛苦不堪。我們和「這一波」的其他二百九十八名游泳者一起待在「等待區」裡，他們全都戴著同樣的亮黃色泳帽。伴隨著震天價響的迪斯可音樂做完熱身操後，喇叭聲響起，我們便出發了。艾蜜莉是個游泳健將，游得比我快得多，但她知道我很緊張，所以她答應只要我願意就會一直陪著我。結果我很快發現，雖然穿著那件潛水服令人感到束縛，但我應該應付得來，於是我要她繼續往前游；我不會有事。

我開始像往常一樣游著蛙式，把臉埋進水裡，但深棕色的湖水令我感到十分不舒服。

我改把頭露出水面，結果脖子有點扭傷，很快我就上氣不接下氣。我開始恐慌，甚至連第一個巨型塑膠浮標都還沒有到達，我估計一英里的泳程，至少會有二十個塑膠浮標。沿途都有安全獨木舟，上面坐著法警，我正打算朝獨木舟方向游過去時，旋即又停了下來。這太荒謬了，我告訴自己，這不過是在游泳池畔多游個幾趟來回，妳知道妳能做到。妳每週都這麼做。為什麼現在只游了幾百碼就不打算繼續下去？妳就像平常那樣游泳，不去理會骯髒的湖水，假裝妳在游泳池裡。我向自己正面喊話，我經常鼓勵我的個案積極面對，現在輪到我自己這麼做。令我感到鬆了一口氣的是這番自我勉勵的話起了作用，我進入了正常的游泳節奏，緊閉雙眼，避開汙染的湖水，不久後，我抵達湖水盡頭的中途標示區。

泳程的後半部分出現了進一步的挑戰。我看見自己正在接近黃色泳帽浪頭的後方區域，很快地，我們就被後面快速游動的亮粉色泳帽群追上。這些亮粉色泳帽群，緊接在我們出發的半小時後才出發。這真是令人非常沮喪，我決定貼近一群中年的黃色泳帽群游泳，他們正在以和我差不多的速度游泳。一個戴著綠色護目鏡的年輕女子正在鼓勵他們往前游，她以仰泳的姿勢游泳，頭露出水面，並和他們聊天。我不知道她是法警還是普通的游泳選手，但我覺得她的出現讓人覺得安心。

當我們接近終點線時，我的其中一條腿開始抽筋；疼得要命，但我決心繼續游下去。

我採取仰泳、蛙式、再仰泳，試著放鬆，最後，謝天謝地，我游過了終點線，離開水面上岸。我既筋疲力盡又興奮不已。艾蜜莉已經等了二十分鐘，但她很高興（也鬆了一口氣），因為我辦到了。我們領取了獎牌和一個禮物袋，大口地吃著一整包燕麥棒，喝了幾杯熱巧克力。

隔週，我向瑪格麗特講述這段團體競泳的經歷時，這個話題成了我們晤談的豐富材料。在游泳過程中離世的中年男子的死訊令我感到恐懼，這個恐懼與保羅同樣也是在游泳後死亡有明顯的連結。我告訴瑪格麗特，在泳賽開始之前，我的心怦怦地跳，我根本不知道自己能不能游完全程。她也將我的心跳與其關聯做了連結。

——保羅的死因是心臟病，然而對妳來說，他的死因令妳感到恐懼。我想知道妳是否擔心自己因此死亡？

她說得對：從一開始，我就暗自擔心，在我這個年紀游泳是否明智。

然後是棕黑色的湖水。精神病學家和心理治療師歐文．亞隆（**Irvin Yalom**）曾寫道：「潛入深水通常象徵著潛入一個人的潛意識深處。」瑪格麗特也做了很多這樣的比喻。

——我想知道妳是否想在治療中進一步探索妳的內在，還是繼續「應付」下去？我不知道妳是不是害怕深入事物的底層，妳將會發現妳所恐懼的事物，也許光看事物的表面比起深入其中探究更容易，因為妳看不到妳要往哪裡去？

這與我們不斷討論是否——或何時——結束治療的背景下，一切似乎變得有跡可循。我們也一直在討論今年已經二十來歲的艾蜜莉是否應該搬出去，她暫時回來和我住在一起，因為她的工作就在家附近。瑪格麗特將此與我的團泳經歷做了連結。

——妳希望妳的女兒可以搬出去住，看來妳並不想阻止她這麼做，但同時妳也擔心沒有了她陪在身邊，妳是否能過得安好。

她接著問道：妳的女兒搬出去的話，有沒有人可以照顧妳？我會是這個人選嗎？

基於某種原因，我立刻想起了那個戴著綠色護目鏡的女孩，我告訴瑪格麗特，我在游泳快結束時發現她的陪伴可以帶給我安心感，然後我這才意識到我回答了她的問題。我笑了出來，她也報以微笑。

——她甚至戴著護目鏡，她說。（瑪格麗特戴眼鏡！）

幾週後，我的腳踝骨折，我的左腿打了石膏直到膝蓋處，因此必須拄著拐杖走路。骨折發生在我一個人獨處時，稍後，我不得不自己開車前去幾英里遠的醫院就醫，當我的腿上了石膏後，我租了一輛自駕車開車回家。我感到極度孤獨，前去治療骨折的前一天晚上，我發現自己很想念母親，在她去世七年多以來，我從未像這樣思念到哭泣。兩天後再見到瑪格麗特時，我把這件事告訴她。整個療程我都在哭泣，瑪格麗特認為我在生病時想念母親是很關鍵的一件事。

——當妳成為病人，而妳的母親本身是一位醫生，妳們可以互相提供對方所需。

我注意到我同時也是瑪格麗特的病患，事實上，她把此做了連結，然後我告訴她，我租車的主要原因是我今天可以開車來見她；到這裡來對我來說很重要。

她說：我認為這是一個真正的轉捩點，妳終於開始考慮自己的需求。

＊

回到經營家庭、管理孩子和動物的現實生活中，鄰居家的貓正在我們的房子裡肆虐。牠是賈斯珀，一隻骨瘦如柴的虎斑貓，已經在這裡遊蕩好幾天了。牠總是一臉困惑地站在廚房裡，不停地叫著，直到我端出牛奶給牠喝。鄰居聳了聳肩，說賈斯珀精神錯亂。我實在沒什麼可抱怨的，因為我們家的肥貓，一隻長得像一團巨大的白色絨毛球，每當牠想吃第二頓晚餐時，就會定期造訪賈斯珀的家。我容忍賈斯珀好幾天，甚至開始喜歡牠，直到我注意到前門的墊子上出現了黑色的污漬。然後一天早上，我從臥室的地板上拿起參加團泳時穿的潛水衣，發現潛水衣浸泡在發臭的黃色液體裡，液體流到我的手上和地毯上，我尖叫著，把潛水服扔進浴缸，給艾蜜莉發了簡訊說：

「賈斯珀尿在我的潛水衣上！」

她正在忙著工作。「那就把牠關在外面。」

「牠可以從貓門進屋裡去。」

「那就把貓門堵住。」

「那肥貓不就進不了家門。」

「找一個磁性貓門。」

我能感覺到她有些惱怒，但她說得對，這是個明智的解決辦法，所以我開車（腿上還打著石膏）前去寵物之家（Pets at Home），選了一個只有寵物戴了具有同樣磁性功能的項圈才能打開的貓門，然後決定自己裝設貓門：我把保羅的舊工具箱和他的電鑽放在晾衣櫃上，盒子裡有說明書。我暗自和保羅說話。

「我確信我能做到；你會幫我，不是嗎？」

第一步是把舊的貓門拆掉。我輕易取出三根長螺絲釘，但第四根螺絲釘頭「毀」了，我根本無法使用螺絲起子順利取出螺絲釘。我閱讀了鑽頭的說明書，這才發現它也可以兼作電動螺絲起子。電動螺絲起子肯定能比我的手勁發揮更大的功效？我試了一下，但它發揮不了作用：電動螺絲起子一樣無法取出這根螺絲釘。然後我注意到門的另一側有一個將螺絲釘固定住的小螺帽：如果我能把螺帽取下，我想我就可以用手動的方式鬆開螺絲釘。鑽頭有一個用於鬆開螺帽的配件，我嘗試了這個，但還是起不了作用；也許我選錯了零件的尺寸來安裝鑽頭——但是天知道要怎麼挑選合適的尺寸？這時，天空開始下起了雨，我蹲在後門外的濕地上，腿上打了石膏，坐困愁城。我開始恐慌，但還是得放下身段，去敲鄰居家的門，沒有人回應。我穿過馬路，敲了另一個鄰居的門，他搭建了自己的溫室，肯定擅長居家修繕之類的技巧，他也一樣不在家。我想起了第三個鄰居，他在一場傾盆大雨後自己修好了屋頂，但後來我想起來他和家人度假去了。我在無計可施的情況下：只得再試一次。我想到那天在團泳時我對自己的信心喊話，便對自己說：**來吧，卸下一個螺絲釘不是什麼天大的難事吧，工具箱裡肯定有哪個工具可以完成這個任務。**我向保羅求助：「我知道你能做到；現在請幫幫我。」我再度在工具箱裡翻找了一遍，然後在一個先前沒找過的收納隔板裡找到了一把小扳手，我用扳手試著轉動一下螺帽，螺帽轉動，然後鬆了開來，我鬆開螺絲釘，將舊的貓門拆卸下來。

我興奮不已地從紙箱裡取出新的貓門，但當我發現新的貓門對門上的洞來說太大時，原先的喜悅立刻消失無蹤。我參考了說明書，上頭告訴我需要一把線鋸。幸運的是，說明書中還提供了一張圖片，而我知道我沒有線鋸這樣東西——事實上，我隱約記得在清理老房子的棚屋時扔掉了一個，我又回到保羅的工具箱裡一陣翻找，找到了一把鋸齒狀鋸子。我想這把鋸子應該可以把現有的洞口邊緣鋸掉一些，我發現可以這麼做之後，總算鬆了一口氣，結果這個洞的一邊被我鋸得亂七八糟的，幸好它不是在門板的正中央，但新貓門的大小這下終於合適。我要做的最後一件事是用盒子裡提供的螺絲釘把貓門固定在門上，說明書上告訴我要用鉛筆在鑽孔的地方作記號。我弄斷了三支不同的鉛筆芯，然後得出結論：應該沒有任何一支鉛筆可以穿過貓門上的孔，接著腦海中閃過一個保羅用鑽頭在牆上做記號的畫面。我試了一下，問題因此迎刃而解。最後，我終於準備在門上鑽上四個洞。透過反覆試驗和錯誤嘗試，我發現水泥鑽頭在木頭上行不通，拿鐵鎚敲打（我並不打算這麼做）和鑽孔機（我打算這麼做）基本上是不同的，最後我成功鑽了孔，更換貓門，安裝上螺絲，完成了這項工作。

整個過程花了三個多小時。你或許會認為我在結束的時候會很興奮，為自己感到驕傲，但我能做的還是只有哭泣。「你為什麼不來幫幫我，保羅？」

使用他放在工具箱裡的工具讓我再次感到更貼近他。他是個做事有條不紊的人：他所有的鑽頭都按正確的順序排列，扳手、鎚子和螺絲起子都整齊地放在工具箱的不同位置。

這讓我找起工具來輕鬆多了，只是想起他不知過得如何仍讓我非常想念他。我再次想起了史蒂芬．格羅斯的論點，只要哀悼者還活在世上，悲傷總會伴隨左右。格羅斯認為結束這樣的概念——尤其是以悲傷作結——是虛幻的。生活中的悲傷不可能永遠消失。

然而，情感的絲線似乎也難以帶給我們安慰，完成安裝貓門這場噩夢的第二天，我決定買一個新的烤肉架來犒賞自己。雖然夏季快結束了，但天氣還是很暖和，有個朋友告訴我，這時候可以用最便宜的價格買到烤肉架。我去了一趟家樂屋（Homebase），找了一個便宜的烤肉架，兩個討人喜歡的年輕人同意組裝和運送烤肉架，我的腿還在打石膏，這一事實無疑有助於這次談判，因為這家店通常不負責送貨或組裝。我一瘸一拐地回到車上，想起了保羅：我還記得上一次買烤肉架是在十多年前和他一起去買的，我對他說他會想要一個新的烤肉架，只可惜這次他沒法陪伴。當我走近汽車後車箱，打開它，並放下拐杖時，我看到後擋風玻璃上有一根細小的白色羽毛，我知道這根羽毛並不是保羅把它放在那裡的，卻沒有因此減少它帶給我的連結感和寬慰。

我並沒有把貓門的事告訴瑪格麗特，我們之間相隔了一段長達五個星期的假期未見，不過我倒是記得在休假前不久，我告訴過她，我的兒子威爾在取得博士學位方面所面臨的危機。他取得三年的獎助金，這在經濟拮据的學術圈是很少見的，但他並沒有因此高興：

他覺得沒有得到指導教授的支持，不確定自己是否想繼續下去。瑪格麗特將這一點與我對繼續接受治療的擔憂做了連結：這一切值得嗎？我能得到我想要的嗎？我是否覺得得到足夠的支持？我現在想的是到目前為止我得到了什麼，我是否取得了進展。一開始接受心理治療是因為保羅的死讓我非常恐慌和沮喪。精神分析學家愛麗絲・米勒（Alice Miller）聲稱：「憂鬱症的反面既不是快樂也不是沒有痛苦，而是能夠體驗到自發、感受到自由的——活力。」我確實相信我在這方面取得了一些進展。我知道失去和分離對我來說一直就像一道過不去的門檻，早在保羅意外喪命之前就是如此。我想起了在我童年的大部分時間裡充滿的強烈焦慮、憂鬱和孤寂感，以及在保羅去世前，瀰漫在我心底深深的失落感與痛苦：我第一個認真交往的男朋友離開了我；以及其他幾段感情的結束，即使是我主動提出分手。保羅的死象徵我最後還是遭到了拋棄，緊隨其後的是母親的死和珍妮佛的離開。與瑪格麗特之間的晤談讓我看清了這一點，她的支持幫助我邁出了試探性的一步，並更加關注我自己的需求。我或許不會感到欣喜若狂，但我確實感覺更有活力，那麼，我為什麼仍跟她預約晤談的時間？即使過了這麼久，我還是覺得「五十分鐘」的時間安排十分僵硬、不自然，加上瑪格麗特在每次治療開始時的沉默讓人不安。我幾乎沒有期待過與她的晤談，即使我知道可以從她那裡學到東西，但我對她個人的依附情感十分淡薄。

假期結束後，我對瑪格麗特還是很不諒解。首先她選在九月放假，而不是通常的八月。假期裡，我寄了一張支票給她，結果她搞錯了，寄了一封道歉信給我，要求我替她掛失支票。當我進入她的治療室時，我不情願地將第二張支票遞給她。

——謝謝妳。我很抱歉把前一張支票搞丟了。

——我的確很生氣。事實上，我很受傷（我聽到自己的聲音都變啞了）。

——哦（她揚起眉毛）？

——沒錯，我想知道那是什麼意思。妳為什麼把支票弄丟？難道是因為妳受夠了我？妳想要擺脫我？

——妳太針對我了。

——是啊，為什麼不呢？上次晤談結束後，我發了一封很長的簡訊給妳，我知道妳不會回覆，向我解釋妳為什麼更改休假的日期。妳明知道八月的頭兩週我不在家。

——所以妳是因為我們倆的休假日期兜不攏而生氣？

——沒錯。我敢說妳以前從來沒有在九月休假。

——這就是為什麼我會在乎這件事。

——好，但這並沒有什麼差別吧。

——我已經預訂了渡輪。

——在五月？

——沒錯。越早訂，票價越便宜。

——難道妳覺得我沒資格休假嗎？

——不是那樣的，而是妳似乎在暗示我約診在八月的態度強硬，說我缺乏承諾，說那是我的錯，而實際上更改日期的人是妳。這就是為什麼我覺得妳受夠我了，想要擺脫我。

——妳似乎把這件事看成是在針對妳個人，弄丟妳的支票只是妳生氣的藉口。

——沒錯，但妳不是要告訴我還有其他理由吧？

——沒有，但重點是妳把它當成了個人恩怨。妳直接作出結論說我受夠妳了，我不喜歡妳。

——沒錯，我知道妳說的這些。我們以前也遇到過這種情況，我覺得妳對我刻薄又挑剔，就像我媽媽一樣。這些我都知道，但我不知道接下來該怎麼做。

瑪格麗特想了一會兒，然後對我說：妳開始出現自我認知，開展出自我意識。

在治療進行到一半的時候，我竟感覺好多了。我可以抨擊瑪格麗特，但她並沒有中計，而是用我說的話試圖理解我的慣常反應，而且我也知道，她對我的需求做出了回應：例如為我骨折的腳踝準備凳子，並改變我們治療的日期或時間，以配合我每個禮拜的時間安排。她為我提供安全和情感關懷，這是一種不一樣的母愛。我注意到這些事情，也很感激她為我做的，但我們之間的猜疑仍沒有消失。我還記得幾週前有一次，她誤把保羅稱為「艾倫」。我當時嚇壞了，她試圖掩蓋這件事，為自己竟犯下這樣的錯誤而道歉，但經過幾次治療後，她又犯了同樣的錯誤。她是**真心**在聽我說話嗎？我曾經讀過一篇有趣的研究，研究有自殺傾向的個案是如何交流情感的痛苦，以及專業人士是否能成功接收他們之間的交流。研究發現，當專業人員忘記個案的個人細節時，個案會感到被剝奪人格。相比之下，當他們個人的細節被記住時，會對患者產生巨大的影響，讓他們覺得自己被「傾聽」。這與我自己對瑪格麗特的健忘感受產生了強烈的共鳴；還有一次，在休假前不久，瑪格麗特又提早十五分鐘結束我們之間的晤談。她在我回家的路上，打電話向我道歉，並說我們可以下次再談，但這個話題後來再也沒有被提起，所以，她是**真心**想見我嗎？我知道我應該跟她提這些事，但我不想正面跟她提，感覺有些難以啟齒。

＊

時光飛逝，保羅今年的忌日正好是我和瑪格麗特晤談的日子。我已經停止服用抗憂鬱藥達一年多了，雖然歷經情緒起起伏伏，我仍持續過我的生活，讓自己忙著各式應酬，但這一天，我還是忍不住哭了。

我對瑪格麗特說：我受夠了像行屍走肉一樣活著。

瑪格麗特說：妳無法適應的是失去親人、成為寡婦。

——的確，我恨透了這點。保羅曾向我保證他永遠不會離開我。

——他知道妳很脆弱，但他向妳許下了一個他無法兌現的承諾。我認為這正好觸及了妳對於遭到遺棄的恐懼，一種非常早期的恐懼，可以追溯到妳在幼年時期的恐懼。

我們再度回到了這個不斷出現的主題。

9 Part 難以跨越的門檻

學術和執業者會議如同一場時裝秀：透過強調其益處，藉此展示治療模型，卻絕口不提及它的局限性。

——米蘭達．沃爾珀特（Miranda Wolpert）與托尼．羅斯曼涅爾（Tony Rousmaniere），〈談論治療中的失敗和其他問題〉（'Talking Failure in Therapy and Beyond'）

喪親之慟再添一樁。幾個月來，父親在身體上和精神上都變得更加遲緩，艾蜜莉和我決定去德文郡過省親節（Mothering Sunday）週末。父親現年九十一歲了，他走路的動作日漸緩慢，而且健忘，但是他吃得很好，每天還能走上一小段路。——事實上，他堅持帶我們去散步，他不走小路，而是穿過田野，穿過樹林，用鐮刀砍斷任何阻礙我們前進的植物。回到他的家，我們完成一大堆他的一位鄰居留給他的填字遊戲，這些填字遊戲散落在廚房的餐桌上。母親要是知道我們只是將這堆填字遊戲推到桌子的盡頭，以便在用餐時間為盤子騰出空間，恐怕又要大發雷霆一頓。星期天一到，我開始想念起母親，我發現我極思念她。我從後花園摘了一束水仙花，把花束帶到房子旁邊的教堂墓地。

在接下來幾個星期裡，妹妹安妮提到父親的身體每況愈下。我注意到父親不再打電話給我，而當我給他打電話時，他經常因為要走到玄關而喘不過氣，加上他想不出任何一件日常生活瑣事跟我天南地北地聊。我感覺到我認識的父親正逐漸衰老，但他仍然堅持獨立生活、散步、對政治時事發表強烈的意見，然後妹妹提到父親的病情突然惡化——因為他開始停止服用任何藥物，吃得很少，只能步行到隔壁的教堂。他很少去看醫生，醫生說他可能得了腸癌，但他拒絕接受進一步的檢查或治療。當我下次再去看他時，他外表的變化令我感到十分震驚。——我到家的時候，他在椅子上睡著了，他的身材瘦削，臉色蠟黃——但他一見到我來，仍強打起精神，我們週末玩了很多填字遊戲，還有看電視，儘管除了《老爸上戰場》（Dad's Army）這部影片之外，他一概打瞌睡。填字遊戲也開始變得沉悶，因為父親明顯認不出字來了。我幾乎看到答案就在他的舌尖上，我不動聲色，希望他能說出答案，但結果往往無法盡如人意，然而他往往會在突然間驚呼出「博羅金諾戰役！」（Borodino）或是「矛盾！」（Oxymoron）一詞，回答半小時前出現的線索。我看得出來，這對他來說非常令人沮喪，我覺得他好像逐漸在與這個世界遠離，如同令人難以捉摸的填字遊戲。

我把對父親的觀察告訴瑪格麗特，瑪格麗特的態度帶著一種關心和善意，她說她很遺憾發生這樣的事並問我感覺如何。我說我開始容易恍神。上次游泳時，我還以為弄丟了毛巾，於是讓我的朋友珍去失物招領處尋找，結果當她身後的旋轉門砰地一聲關上時，我才意識到毛巾綁在身上。我還告訴瑪格麗特，我害怕和父親單獨睡在他的房子裡，因為我害怕他會在夜裡過世，一想到此，我就感到害怕。

瑪格麗特說：我很高興妳有這個想法，因為這是一個自私的想法，妳在考慮妳自己的需求。

艾蜜莉一直很喜歡她的外公，她決定在暑假時去探望他，所以下次再見到父親，艾蜜莉會跟我一道前來。父親節到時，我們送他卡片，我買的是那種帶著感性的賀卡，通常我不會買這樣的卡片，但想藉由卡片表達我對他多年來的幫助和支持，以及身為他的女兒的驕傲。對於一個從不把情感掛在嘴邊的人來說，這些話似乎難以啟齒，但是我想藉由這張卡片把這番話代替我表達。艾蜜莉的卡片閃閃發亮，卡片正面是一個像史努比一樣的人物，上頭寫著：「每個人都認為他們有一個全天下最棒的外公……」卡片裡面則寫道「……但我是唯一一個答對的人！」爸爸被這句話逗樂了，這兩張卡片似乎打動了他。他說，也許是開玩笑，也許不是，「我想我要哭了。」並讓我們把卡片放在他床頭的梳妝檯上，讓他可以隨時看到卡片。

週末剩下的時間很難熬。爸爸開始出現穿衣困難的問題，幾乎沒有什麼胃口，艾蜜莉很苦惱，外公不但變得脾氣暴躁，又愛唱反調。我烤了半塊鬆餅給他當早餐，然後切成四小塊，但他只吃了一塊。安妮和我扶他在床上坐起來，他朝我們大喊大叫，還發出咒罵。爸爸從來就不是喜歡大驚小怪的人，看到他距離原來那個在我心目中的父親形象越來越遠，簡直令我不忍卒睹。他穿著睡衣拖著腳走進暖房，和我們一起吃午飯，但他病得很厲害。他堅持要到外面的花園裡去，但走了四、五步就不得不放棄。他經常重複說：「這太糟糕了，真是糟糕。」夜裡，隔著他和我們臥室之間的那堵薄薄的牆，我們斷斷續續地聽到這句話。當我們度完週末開車離開時，艾蜜莉哭了出來；她知道她就快要跟外公天人永隔了。

我把這個週末的情況如實地告訴了瑪格麗特，她再次向我表達了她的遺憾。我告訴她艾蜜莉很難過，她還指責我沒有感情，因為她一直在哭，而我絲毫不為所動。

瑪格麗特問我：我想知道妳的感受是什麼？

──我不知道。我覺得保羅的死已經讓我不再有任何感情，這真是太可怕了。

──在妳談起妳的父親時，我有時都要忍不住落淚啊。情緒不會守時，它們總是說來就來。

過了很久，我才會想起她對這件事的比喻有多貼切。

幾天後，安妮發簡訊給我說，她度過了一個可怕的夜晚，沒睡好覺，爸爸一直處在焦慮不安的狀態。我直接開車上路。那天深夜，當我到達德文郡時，爸爸正靠在床上，控制不住地打嗝，但見到我來還是很高興。我拿著一瓶啤酒，坐在他的床緣，握住他的手，他沒有鬆手，不時地輕輕捏著我的手指。我想起我以前從來沒有握過爸爸的手，那感覺很奇妙，就像一個我不想要打破的詛咒，當然，詛咒還是被打破了，不過是在一個多小時之後，當電話鈴響。是下班的護士，他們說他們已經拿到了我們需要治療爸爸打嗝的藥，問我們能不能去拜德福德（Bideford）取藥，那裡距離這裡有一個小時的車程，於是我再次開著車子出發，沿著幽暗、陰森森的鄉間道路行駛，結果迷了路，不得不向警察問路，最後，我來到阿斯達（Asda），一個城外購物中心的停車場，一輛國民保健署的汽車已經在那兒等了我一段時間。等我拿完藥回來，爸爸已經睡著，我和妹妹泡了杯茶，吃了半包巧克力布朗尼；我們倆都感到這個時候非常需要來點安慰人心的甜點。到了凌晨四點三十分，爸爸再度醒了過來，大喊大叫，一邊咒罵一邊打嗝。我們設法把藥藏在一勺優格中，他服用了下去，但似乎差別不大，一整天下來，他就這樣睡睡醒醒，而我們則在匆忙間清洗衣物、購物和打電話。爸爸清醒後，情緒往往過度激動，我們竭盡全力讓他覺得舒服，這讓我想起孩子們還小的時候，我豎起耳朵聆聽嬰兒監測器的聲音。

第二天，臨終關懷中心派了一個面容甜美的年輕護理人員來替爸爸清洗身體，並教我們如何幫他翻身，替他清理身體，給他換床單。膽小的我不敢直視父親的裸體，以及看到他的身上穿著巨大尿布的恥辱，但我打心底知道這是我必須要做的，並且想要為他做。後來，社區護士來了，並設置了注射器驅動器，這樣爸爸就可以持續有藥物供應，讓他的身體保持舒適，控制他的躁動。安妮和我知道這意味著他很快就會失去意識，所以現在是時候說再見了。我們分別坐在他的床邊，握著他的手，撫摸他那失去光澤、憔悴的前額，一邊哭著告訴他，他現在可以安心走了，我們會互相照應，他不需要再對抗病魔了。然後我們每個人和他單獨相處了一會，我對他說他是一個偉大的父親，感謝他在保羅死後前來陪伴我，還有他從來不會批評我。他現在已經無法言語，但他捏了捏我的手，發出了一點聲音，我確信他聽懂了。護士告訴我們，病患臨終前都還聽得到我們說的話。

在那之後，一切平靜多了。布蘭妮趕來了，鄰居們來來去去，爸爸一直陷入昏迷，我們時不時地幫他翻身，替他清洗身體，更換襯墊，用水潤濕他的嘴唇，一直跟他說話，輕拍著他，親吻他的額頭。第二天，他呼吸急促，我們知道他的肺部感染。布蘭妮和我再次趕往位於大西洋村（Atlantic Village）的那家阿斯達購物中心附近的拜德福德醫院，去取更多的嗎啡和藥品，以用來減少胸腔內的分泌物，然後我們帶著狗出去遛了很長一段時間，同時我們在等護士來替注射器加上針劑，但他們並沒有來。當我們散步回來的時候，我們發現安妮坐在床上，懷裡抱著爸爸，眼淚順著她的臉頰流了下來。此刻是下午六點三十一分，我的父親在六點三十分去世，一切都很平靜——他只是逐漸停止了呼吸。

我們盡可能讓爸爸感到舒服，然後用安妮的粉色蕾絲圍巾把他的嘴綁起來，雖然看起來不協調，但我們試過之後，發現蕾絲圍巾比起絲帶或是細繩的效果更好。我們在他的床邊點了幾支蠟燭，然後打開一瓶酒，為他乾杯。我們打電話給臨終關懷中心，他們保證下班後的護士會盡快來核實父親的死訊；在這件事完成之前，我們不能打電話給殯儀館。我們吃了些晚飯，看了一部《遠離塵囂》（Far from the Madding Crowd）ＤＶＤ，但是我們無心觀賞這部影片，因為斷了氣的父親正躺在隔壁房間。終於，護士在深夜打來電話，電話中說他們離這裡有一段距離，可能得等到第二天早上才能過來。安妮在電話中同意他們的安排，但我發現自己對她歇斯底里地叫喊道：

「不行！告訴他們今晚一定得來。」

安妮感到有些尷尬，她把手放在聽筒上。「為什麼要他們現在趕來？」她小聲問。「他們距離這裡幾英里遠，要花好幾個小時才能到這裡。」

「我不管，這是他們的工作。」

她把電話遞給我，憤怒說道：「那妳自己去告訴他們。」

電話另一端的護士不耐煩地反覆說著，他們至少得花上兩個小時車程才能趕到這裡，但我拒絕讓步。

「很抱歉，但我希望你們今晚就能趕來，如果我們等到明天早上，一切都會耽擱。」

我知道到了明天，爸爸的屍體就會開始腐敗，我們還得再等上幾個小時才能等到殯儀館的人前來處理。」護士們勉強同意前來，但安妮很生氣，她指責我不講道理，讓他們半夜開這麼遠的車。

「我才不在乎他們怎麼想，」我說。「看在上帝的份上，他們在值夜班，這本來就是他們的工作。」

等到他們最後在凌晨一點三十分到達時，一臉不悅，我們也感到身心俱疲。我們一塊進入父親的臥室，他的臉色已經變得蠟黃，失去血色；我覺得他的模樣十分駭人。護士離開後，我仍然有些歇斯底里，我的腦海無法擺脫保羅死後那幾天的模樣，所以我不想看到父親那樣的臉；事實上，我不想再見到他的屍體。

第二天早上，殯儀館的人在早餐時間來把父親接走，我們都躲在安妮的臥室裡，直到他們離開。

在接下來的日子裡，我發現自己並不是不帶任何感情，我感到傷心欲絕，就好像我的生命中出現了一個很大的空洞。我把父親的死訊告訴瑪格麗特時，她震驚於我們父女之間強烈的情感：父親藉由握著我的手，表達了他對我的感情，而我最終也表達了我對他的感激之情。我還告訴她，他在遺囑裡特別交代讓我做他的遺囑執行人。

——所以妳對他來說，占有特殊的地位和重要性。

——我不知道，但我確實感覺父親的死對我而言與母親不一樣。我覺得內心好像出現了一個很大的空洞。

——那是因為妳的父親將妳牢記在心裡，關心妳，而妳的母親卻沒有。

她擔心我會因為父親的葬禮而錯過下一次治療，於是跟我約了另外一個時間。她現在展現出對我的關心。

另外一個時段則是在保羅冥誕那天，這一天同樣也是倫敦爆炸案的十周年紀念日。我告訴瑪格麗特那天我想去新森林國家公園，前往保羅的骨灰撒落的地方，同時間我也忙著為父親的葬禮挑選合適的文章。我想妳的心裡應該感到「不堪重負」。她一下子就抓住了重點。

——所以，妳的內心感到被這些情感壓垮。

我告訴她的確是這樣沒錯，但也提到很難不找到一篇不去談論人死後究竟何去何從的文章，父親不相信人死後仍會繼續存在。

瑪格麗特說：我想這與保羅死後妳與白色羽毛之間的連結有極大的關聯。我認為妳希望人死後仍會繼續存在。

我很快就反駁她的看法。

——多年來我一直認為羽毛是因為我太過思念保羅的緣故，但我並不相信人死之後會有來生。

——我認為妳是相信的。當妳還是個孩子的時候，妳會想要並渴望與生命親近。我認為把這個孩子擺放在妳的心裡很重要，然後她把這個想法與治療的結束建立了連結。

——妳談論的無非是關於死亡、結束與依附他人，因為妳知道治療將會結束。現在還不是結束的時候，但治療不會永遠持續下去。

我知道這一點。問題是當生活中再次遭遇挫折時，我是否能夠應付，而這些挫折不可避免地總是會發生。

父親死後，我從沒見過知更鳥、倉鴞或彩虹，但在他葬禮的那天清晨，布蘭妮和我剛從我們孩提時代的床上醒來，儘管睡得並不安穩，但她告訴我，她在夜裡聞到了古龍水和菸草的味道。當天稍晚，我們在父親的葬禮結束後，在他的花園裡吃午飯時，我的兩個妹妹同時聞到了菸草的味道。父親在許多年前抽過菸斗，因此妹妹們相信這證明了父親和我們待在一塊，但我什麼都沒有感覺到，儘管我曾在父親的耳畔說，雖然他不相信人死後仍會繼續存在，如果可以的話，請他讓我知道他沒事。那天晚上，當我一個人回到家中陷入熟睡時，屋子裡所有的煙霧警報器突然間同時響起。噪音震耳欲聾，我跳下床，衝到廚房去找火源，但是什麼都沒有；空氣平靜而清新。片刻之後，警報器不再發出聲響，我回到床上，掙扎著重新繼續我的睡眠，突然間我聞到一股香味，由於這股味道太過短暫，因此難以辨認，但內心感到毫無疑問。

「你瞧，」第二天早上我打電話給布蘭妮時，她說，「爸媽在照看我們三個人。」

當我恢復正常生活後，我注意到有一根小小的白色羽毛固執地黏在前門的門墊上。我把羽毛留在門墊上，因為它讓我覺得，每當我進出這棟房子時，保羅知道我人在哪裡；我需要羽毛帶給我的安心感。我臥室裡有一張放了保羅照片的相框，是他的一個愛好航海的朋友所拍的。照片中保羅站在船尾，背對著鏡頭，凝視著大海。父親去世後，我在同一個相框裡多放了一張他的照片，與保羅的照片放在一起。我告訴瑪格麗特，我喜歡在我醒來的那一刻，同時看到我生命中最重要的兩個男人，我還告訴瑪格麗特，照片中保羅背對鏡頭，而我的父親則是正面對著鏡頭。

——沒錯，她說。看來，妳較能坦然面對妳父親的死亡。

✳

真是這樣嗎？在你的職業生涯中，有時難免會犯錯，但我並不是指在早期因為經驗不足和不確定之下所犯的錯誤，就像我跟凱芮之間的事，而是當你走在一條熟悉的道路上時，卻發現你認為你要去的地方和坐在你前面的人，方向截然不同的這種錯誤。這件事發生在一個名叫康納的十一歲男孩身上，他來這裡做自閉症評估。我像往常一樣，和我的語言治療師同事一起工作，多年來，我們一起評估過數百名孩童，我們有各式各樣對待孩子的妙計（說真的——這裡真是一個藏氣球的好地方），這些妙計無非是為了取得那些需要完成評估任務，卻不肯合作的孩子們的信任。康納一開始就是這類不肯合作的參與者。他把他的Game Boy遊戲機帶進了治療室，他決定玩他的遊戲機，而對我們測試箱裡的任何玩具皆不感興趣。當時孩子們為之瘋狂的是精靈寶可夢遊戲；幸運的是，我和我的同事從我們自己的兒子那裡，對這些角色有了一定的瞭解。康納似乎對此感到驚訝和印象深刻，我們很快就沉浸在關於皮卡丘對上摩魯蛾的最佳攻擊招式的對話中，在那之後，我們設法說服他同意在他完成每個評估任務後，可以使用他的遊戲機兩分鐘以作為獎勵。我們列了一張需要完成的任務清單，完成後他可以在上面打勾，這就像在做夢一樣。康納完全配合評估，最後我們得出的結論是他並不是自閉症患者。他確實具有自閉症譜系患者常見的一些特徵——他的眼神交流無法聚焦；他不聽大人的指揮，至少一開始是這樣；他對寶可夢的侷限興趣（circumscribed interest），（比起我們的兒子還多？）但這些還不足以被診斷為自閉症。的確，康納是一個好交際的男孩，一旦加入談話，便能夠享受一來一往交談的樂趣。我們確信他的父母會對這個結果感到高興，我們和團隊一起將我們的評估結果回饋給他們。

我們在諮詢室會面，打算在那裡告知評估結果。諮詢室裡家具不多，有幾把椅子，一張矮桌子和一整面鏡子，這面鏡子實際上是一面雙面鏡，康納的父母可以透過這面鏡子看到我們之前進行的部分評估。我坐在康納的父親旁邊，團隊裡的兒童精神病學家對我們的評估做了簡要的概述。她在說話的時候，我驚恐地看著康納的父親從脖子蔓延到耳尖，最後延伸到他的臉部全都漲紅了。他勃然大怒，在他的妻子的慫恿下，他握緊的拳頭猛擊在我們面前的桌子上，並依次向我們團隊裡的每一個成員砲轟。他們對於我們對康納與他配合評估的讚揚充耳不聞，對我們回饋給他們的評估結果視而不見，對我們樂觀看待康納未來的預測不屑一顧。他們想要得到的是孩子的自閉症診斷，但我們拒絕了他們的請求。接下來，對話出現了可怕的內容，康納的父親轉向成員當中的女性說：「我知道妳們的車停在哪裡，我會去找妳們算帳。」說完，他和妻子大步走出房間，然後砰地一聲關上門。

正如你能想見的那樣，在這個插曲之後，團隊不論內外進行了許多討論。是什麼原因讓家長們對他們未能得到自閉症診斷而如此大動肝火？他們是不是因此無法申請到補助？診斷結果是否能讓他們免除對康納行為的任何責任，儘管孩子偶爾的確會有不受控的時候？我們能否以不同的方式處理這種情況，是否有更好的方式？我們填寫事故報告表格，完成通報，但幾經思考後，對我來說最重要的一點是，我們對事情的看法和康納的父母南轅北轍。我們並未敏銳觀察到他們的憤怒來自何處，我們誤以為我們對於個案積極評估結果的熱情，會受到個案家庭的接受，包括康納的父母。

事實證明，瑪格麗特認為我能夠坦然面對父親的死是錯的。父親是在夏天去世，而他去世時正好碰上治療期間治療師休假去了。瑪格麗特似乎並沒有過度擔心，我知道我留了她的電話號碼，但她並不鼓勵我聯繫她，就像珍妮佛在母親去世時那樣。等瑪格麗特九月回來的時候，我已經情緒低落好幾週，而艾蜜莉也已經離家。黑暗的恐懼再度返回，而且揮之不去，我告訴瑪格麗特我感到非常絕望。

她說：比起活在當下的悲傷之中，然後等著將會發生何事，感到絕望似乎更容易些。

——比如說？

——我們還不知道。

我覺得這對我而言完全沒有幫助，她並沒有把我的絕望「聽進去」。保羅突然離世，在那之後不久，母親跟著撒手人寰，然後是我的妹夫，接著是潔西，還有珍妮佛的離開，以及我遭到查爾斯拒絕。人都會死——這是無法改變的事實，親人離世，遭到拒絕——這些事發生在我們大多數人的身上。而在這麼短的時間裡，我面臨了人生之中很大的失落，並且感覺遭到遺棄。如今我最親愛的父親也死了，女兒也搬離家中。我真心需要的，比起任何東西來說，不過是一個擁抱，相反地，迎接我的卻是得獨自度過一個漫長的週末。

保羅和我通常在星期五晚上不做飯。為了慶祝辛苦工作一週，我們通常會選擇外出吃頓大餐，如果實在太累，我們就打電話叫外賣，坐在電視機前吃，不管孩子們是否陪著我們一起，這已經變成一種固定的儀式。現在面對空蕩蕩的星期五夜晚再度來臨，在一旁冷嘲熱諷般的空氣，沒有任何安慰和陪伴，房子冷冷清清。當我處在一個熙熙攘攘的大家庭之中時，我常常渴望獨自一人，享受偶爾的清閒，現在這棟房子總是空著，我帶著一種不安與一種焦慮的恐懼走進這棟房子。沉默像是一種威脅；孤獨吸乾了我內在剩餘的一丁點樂觀，讓我充滿痛苦。事情怎麼變成這樣？為什麼這裡沒人用微笑和擁抱來歡迎我？當我是一個忙碌的妻子和母親時，我從來沒有想過我會落得這樣的下場，孤獨而沒有人愛，然而，在每次的短途旅行、在商店閒逛、每次走在路上寄完信之後，我的孤獨感一次又一次得到強化。每次回到家中，打開前門，寂靜就會重重地甩在我的臉上。

整個週末我都在莫名的恐懼中度過，瀏覽自殺網站。我很快發現，服藥過量這方法不夠可靠，除非你在頭上同時套上一個塑膠袋；火車來時跳下鐵軌更有效，我想我沒有勇氣這麼做。我想起了一個個案，當時我在一家大型精神病院工作，這家醫院曾經位於倫敦的邊緣地帶。那是我訓練的第二年，個案是一名三十歲出頭的年輕賽車手，他因為事業沒有達到他自己最初訂下的標準而感到沮喪。我與他進行了被廣泛稱為「支持性諮商」（supportive counselling）的晤談，我的導師是一位和藹可親的心理學家，他對工作的態度非常隨興，對於我經手的個案總是大加讚賞。某個星期一，我前去上班，卻被我的主管和醫院的負責人領進了病房。上週末，我的個案曾試圖在醫院的廁所上吊自殺，但被一名護士發現，並及時鬆開繩索。沒有人為此責怪我，儘管有一些關於他是否適合成為實習生個案的討論；當然，我感到很難過，但我只是被告知我不會再見到他，事情就這樣結束。現在回想起那段經歷，我想我也沒有勇氣上吊自殺，但我確實開始籌畫一個計畫，甚至在樓上藏了大量的藥物。我強烈地感覺到，在我再次被拋棄之前，我必須先了結自己的性命。

下一次我在與瑪格麗特的晤談中，全程從頭哭到尾，我告訴她我想死，我告訴她，我現在住的房子只剩下我自己，我已經四天沒跟人說話，我覺得這種極度的孤獨感令我難以忍受。瑪格麗特說我應該與我的醫生聯繫，去拿些抗憂鬱的藥。我知道我不會這麼做，我知道我最不想做的一件事就是打電話給任何人，特別是診所裡那些口氣充滿敵意的護士接起的電話。我們繞著這個話題打轉了很久，直到最後瑪格麗特說她會代表我打電話給我的醫生。我並不覺得她是自願這麼做；而是因為我拒絕合作，她在氣憤之下才去做這件事。

醫生十分認真看待我的自殺念頭，第二天，成人心理健康危機小組的精神科醫生到家裡探視我。他是一個俊俏的年輕人，身材高大，皮膚黝黑，溫文儒雅，他接過我遞給他的一杯咖啡，並針對我的生活、工作和過去幾年中發生的一切和我聊了很久。他熱情、關心他人、態度積極，他告訴我，我罹患了憂鬱症，並給我開了藥，但他也說，我現在的情緒感覺如此低落不是沒有原因，他向我保證在未來幾年，當我事後回憶起這段經歷時，會把這一切當成不過是「曇花一現」。他說他會再來探視我，同時他會派他的護士團隊來給我一些支持。他問我對接受認知行為治療的看法如何，我告訴他我一直都有接受心理治療，他似乎對此只是隱約感興趣，並說我們可以在他下次來訪時再回到治療的問題上。他每週四都來，這一天通常是我和瑪格麗特約定的治療日。

護士團隊的成員很出色，其中一位每天都會前來訪視，有時是在深夜，但我從來都不覺得自己能夠「適應」這樣繁忙的訪視行程，我希望他們想待多久就待多久。其中一個特別指派給我的護理人員叫吉姆，除了休假日，他大部分時間都會來看望我。他是個中年人，穿著隨性，留著小鬍子，我認為以身為一個護理師來說，他的頭髮算長了，他讓我想起了大學時代和我一起經常鬼混的嬉皮。我很喜歡他，他熱情友好，我請他喝茶，他總是欣然接受。他會特別注意我在屋中的擺設——我的書、我的黑膠唱片收藏、壁爐架上孩子們的照片——然後跟我聊一聊這些話題。

所以，我並不介意他這樣問（他總是這樣問）：那麼，妳還在瀏覽其他網站嗎？

一開始，我感到煩躁不安，並不想要跟他多說些什麼，但隨著日子一天天過去，抗憂鬱藥發揮作用，我開始放鬆下來，我們談論關於我們的孩子、國家醫療服務體系的狀況，以及其他很多事情。我很期待他的來訪，但我已經意識到他們不會一直像這樣來探視我，這開始讓我感到焦慮。

——我知道你們不會一直像這樣來探視我，但我擔心一旦你們不再來，會發生什麼事。如果我又想自殺怎麼辦？

——妳說得對。我們只是臨危受命，所以我們不會一直來探視妳，但是除非妳覺得不會有事，否則我們不會停止來看妳，我們會逐漸將時間的間隔拉長。既然妳已經在我們的名冊上，妳隨時可以很快找到我們。

這使得情況完全不同，他們的門仍會向我持續敞開。這支團隊展現了他們的友善和關心，他們給了我時間和空間，並遏止了我一直不斷感到的焦慮和煩亂。精神科醫生再度來訪，並建議我和團隊的心理師討論進行認知行為治療的事，他告訴我，儘管我已經知道，藥物和認知行為治療相結合，在治療憂鬱症方面有著良好的循證記錄，但是看心理醫生呢？我自己不也是執業醫師？這麼做難道不會很衝突。

這位精神科醫生正是那種機敏和極為講究效率的人，如同任何其他專業諮詢一樣。她問我，如果我接受認知行為治療，我的目標是什麼，我發現令我感到有點驚訝的是，我竟能夠清楚地表達出來。

——我想練就幫助自我復原的能力。我對父親去世的反應是真的嚇倒了我，我想要擬訂一些策略來幫助我面對生命中各種突如其來的意外，或是當我感覺自己情緒沮喪的時候。我想在生活中找到前進的道路，找到有意義的事情去做，而不是用負面、不夠好、不討人喜歡的消極想法來否定自己。

她的建議是認知行為治療很適合我，而且可以保護我。我說我會考慮看看，但我知道我必須先和瑪格麗特談談。

✳

我穿過瑪格麗特家凌亂的花園，走到側門時，感到既不情願又心煩意亂。自從父親去世後，我覺得她既沒有照顧她的花園，也沒有照顧好我。我坐在老位置上，盯著地板上磨損的波斯地毯，望著上頭深紅色和黑色的單調圖案：盯著什麼瞧都行，就是不看她的眼睛。我告訴她，自殺危機處理小組一開始是如何讓我感到害怕，還有我擔憂心理治療並不能阻止我想自殺的念頭。我告訴她有人建議我接受認知行為治療，我大聲問自己是否應該試試，她似乎感到十分惱怒。

——妳可以選擇是否繼續接受心理治療，但妳必須承諾得做到；還必須去思考眼不見，不代表心中就不掛念這個問題——（這大概是我對她在休假那段時間的反應）——為什麼妳不能在需要的時候，多利用家人和朋友的資源，為什麼妳「遺忘了」自己的需求。

——我當然對這一切感興趣。否則我為什麼還要來見妳？

——也許妳希望我幫妳釐清問題，但心理治療不是這樣的。

——但如果我這些年都沒有任何進展，我現在憑什麼獲得改善？

——那是在假設妳沒有任何進展的情況下。（但她並沒有說我取得了進展。）

——但如果我不想要改善這一切，我為什麼要到這裡來？

——也許這整件事就是一場激烈的對抗——妳想證明心理治療起不了作用，以此來證明我錯了。

她以前從沒說過這種話，這話真令人感到生氣。我們之間存在著明顯的競爭；我突然想起幾週前她說過的話，她說我必須承認，儘管我們是同行，但我還是可以從她那裡得到幫助，所以，我們之間的競爭並非只有來自我單方面。

下一堂的諮商，我感到很氣憤。我因為去看精神科醫生而錯過了一堂課，她向我收取連同這一次晤談的費用。

她說：這是我們當初協議好的，因為是我取消晤談，所以照樣會被收取費用。考慮到當時的情況和我現在所處的狀態，我認為她這麼做簡直不合情理。

我說：我不想再來了。我充滿敵意地沉默了很長的一段時間，直到最後她問我在想些什麼。

——妳的療程對我不管用，也沒有阻止我想要自殺的念頭。危機處理小組很善良，但妳不是。我的父親過世後，妳並沒有在妳休假時給我妳的電子郵件地址，我得因為自殺問題去看精神科醫師，妳還向我多收取這一堂缺席的晤談費用。

——妳沒有向我索取電子郵件地址，妳沒告訴我妳感到不適。在你父親去世這段期間，長達七週的休假難免會出現問題。

——其中三個星期我自己得負責，我趕去德文郡，因為我爸快死了；另外四個星期是妳的責任，妳沒有給我妳的聯繫方式。

——妳不是有我的電話號碼。

——我不喜歡講電話。

——這點我不知道。妳跟一般人不一樣，我不會讀心術。

——妳根本不關心我。

——妳沒有任何同理心。

——妳有任何證據嗎？

——在妳情緒低落的時候，我聯繫了妳的醫生。

——這是當然了！我想自殺欸！如果都已經到這個地步了，妳還不這麼做，未免怠忽職守，但這並不意味著妳對我有任何同情或是關心。

——問題是我們能不能一起從中吸取教訓。

——我不知道「從中吸取教訓」是什麼意思？我看不出有什麼必要如此白費力氣。

——可悲的是，這就是妳看待自己的方式，妳的需求不值得考慮。

——這點我知道，我們已經說了不只一遍，但事情還是在原地打轉。

她的回答是，我應該增加每週來的次數，躺在她的沙發上。這讓我很生氣，因為我現在是一個寡婦，還要撫養兩個孩子讀完碩士學位。難道她看不出我有多脆弱嗎？我需要的是她的善意？

下次再見到她時，我告訴她：我覺得妳不喜歡我，妳覺得我是個壞人。自從我的父親去世後，我覺得妳一直很冷漠、很挑剔，而我需要的是溫暖和安慰。

——妳描述的我，就連我自己都認不出來，我也認不出妳來，妳明顯表現出了堅強的一面。

——人們也這麼說，但我不這麼認為。我對於自己來找妳，卻把注意力放在消極面，度過一段艱難的時光感到失望，這讓我對自己感覺更糟。我想要讓自己變得更有韌性。

——我看得出來，但我們還有重要的工作要處理。

——不過，我想再繼續忍受這種消極的情緒下去——它真的會要了我的命。

＊

下一堂諮商課，我得再去一趟德文郡，和妹妹們一起整理爸媽留下的遺物。我發現一封母親寫給父親的信，信件的內容令人震驚，日期是一九六九年的新年前夕，當時我十七歲。在信中，她坦承經常對父親大加批評和蓄意謾罵，她並引用《聖經》中的一句話：「我不行所好之善、而行所不好之惡。」（羅馬書7：19）她對於父親對她的微辭也坦然接受，她知道她的話「貶低」了他，他幾乎達到了容忍的極限，她向他道歉，並承諾在一九七〇年——新的一年開始，做得更好。當然，母親沒有兌現她的話；她還是不斷公開批評父親，直到她去世，但父親從未對他的任何一個女兒說過這件事。這真是令人驚訝，因為每當我們前去德文郡探望兩老時，他也都親眼見到母親對我和妹妹出現類似的訝異。第一天到訪往往會有一段「甜蜜期」，接著便開始對我們做人身攻擊，以及發出嚴厲的批評（針對我們穿的衣服、行為和孩子），然後在我們準備離開後，向我們道歉以及反控我們的不是，並承諾（從未兌現）下次一切都會好轉。我告訴瑪格麗特，母親這種行為對我的傷害很大，它摧毀了我和我妹妹的自尊，它使我對批評如此敏感。

——她怎麼能這樣對待她的孩子？我永遠不會這樣對待我的孩子。

——但妳想要自殺的行為，也同樣會對妳的孩子造成同樣的傷害。

——但我不理解她的行為，她到底在幹什麼？

——她無法控制內心的強烈情緒，所以她才會對一切不滿。自殺的念頭也是一種強烈的情緒，同樣具有破壞性，只不過矛頭指向的是自己。

我們找到另一封更早之前媽媽寫給爸爸的信，日期是在一九五五年，當時我三歲，我的妹妹們分別為十八個月和四個月大。爸爸和一個朋友去滑雪，留下媽媽照顧我們，而我們當時正好全都生了病。她的口氣聽起來像是忍無可忍，她責備他當時離開她，並警告他別再這樣做。我發了高燒，還長了癤子，她說我躺了一整天，一動也不動，擔心我如果移動身體的話，癤子會令我發疼。

瑪格麗特做出如下的評論：妳還是沒有改掉妳的老毛病，默默忍受痛苦。

——我為什麼要這麼做？

——也許是因為沒有母親在身旁提供關懷，讓妳無法從她身上得到安慰？

這是真的。我以前覺得瑪格麗特會給我這樣的關心，但我現在不這麼認為了。我們還討論了我想在耶誕節後嘗試六堂認知行為治療的決定。我們協議在這段期間我不再見她了，然後再進行一次回顧。

她說：我擔心認知行為治療結束後，還有誰會「把妳記掛在心」。

不幸的是，我不再覺得她能夠提供我任何的幫助，我之前把她當成一個關愛孩子的母親，但不再覺得了。

＊

然而，究竟是怎麼回事？我有很長一段時間覺得瑪格麗特很支持我，但隨著時間流逝，覺得我們彼此越來越疏遠。

歐文．亞隆寫了一本有趣的書，講述了一個心理治療師與作家之間以交換筆記的方式，閱讀彼此所寫的治療日誌，書名為《日漸親近》（*Every Day Gets a Little Closer*）。在這本書中，他和他的個案各自寫下每次的治療記錄。幾個月後，他們彼此交換閱讀各自所寫的內容，最後付梓出版。在通常情況下，個案和治療師的描述會截然不同，令人難以置信的是這兩個人曾經共處在同一間諮商室。亞隆寫道：「即使我們倆對於能夠帶來幫助的事看法各異。我的解釋是否夠優雅？她卻從未聽進去！相反地，她記得並珍視的則是我那些隨意、個人的和支持的評論。」

難怪瑪格麗特對我父親在生病那段期間和去世後發生的事，與我的描述截然不同，我只能推測，因為我沒有她保有的記錄。我問過她這件事，但她拒絕告訴我她是否保留過這些記錄，更別說讓我看了。但從她在我們的晤談中所說的話來看，她似乎注意到了我們缺乏承諾；沒有適切地參與其中；針對失落或是遺棄方面未表達的憤怒，轉向了我自己；缺乏信任；開展緊密關係的困難；也許還有其他很多因素在內。在我看來，這些都不重要，是否表達出來也沒有幫助，因為在面對這麼多的失落和絕望時，我需要的是支持、善意和溫暖。我確實經常這麼說，但我覺得她無法聽進去。我試著告訴她我的感覺有多糟，她卻反過來提到我說要結束治療，或者讓我把注意力放在可以學到的教訓上，這點本身並沒有錯，只是不合時宜和錯誤。她似乎拘泥於她的治療實踐所依據的理論，而我只是需要有人在人性的層面上回應我，承認我的絕望和痛苦，讓我有安全感。正如史蒂芬．格羅斯所說：「最重要的是，病患應該感覺到她想說的、需要說的，已經說出來的，受到傾聽與思量。」

史考特．派克（Scott Peck）是一位精神科醫師和心理治療師。一九七〇年，他出版了一部暢銷書《少有人走的路》（*The Road Less Travelled*），他在書中描述了人類的困難和痛苦，如果好好地正視和面對，可以導致精神上的成長和更高層次的自我理解。他描述了一個特別不願妥協的女性個案，他每週必須面對她三次，期間患者一直不願合作，長達一年多的時間，卻沒有任何改善的跡象。她不願談論他想讓她談的事情，而且常常什麼也不說；與此同時，在治療之外，她還開始一段雜交的生活。

一天，她問派克醫生：「你是否覺得我是個爛人？」

派克醫生的訓練，建議他應該把問題轉回到個案身上，比如說：「我不知道妳為什麼這麼問？」或者「重要的不是我怎麼看妳，而是妳怎麼看待妳自己。」但他的直覺是，他的個案應該得到一個誠實的答案。他描述到儘管掙扎和缺乏進展，她仍持續來見他，不論晴雨，因此他對個案說：「我並不認為像妳這樣努力進行治療的人是個爛人，因此，答案是否定的，我不認為妳很糟糕，事實上，我非常欽佩妳。」

這是個案治療的轉捩點，也是她生活的轉捩點——掙扎的終點。派克醫生反思道：「我冒著很大的風險向她展示了我對她真切積極的感受——儘管我真心覺得我實在不應該這麼做——但顯然這麼做對治療有很大的幫助。」他還提供了其他的例子，對於冷漠和疏離的分析師傳統提出批評（順便說一下，這是佛洛伊德的追隨者而不是佛洛伊德本人提倡的），並因此得出結論：為了透過心理治療得到痊癒，個案必須從心理治療師那裡得到至少一部分受到（來自父母或長輩）剝奪的真摯情感。如果一個心理治療師不能真正地關愛個案，那麼真正的治療就不會發生，無論心理治療師受到多麼完善的訓練。

亞隆也提出了類似的觀點：「治療師冒的險不是讓病患參與共同的考古挖掘……治療師幫助病患不是透過篩選過去，而是透過深切關愛病患；透過信賴、感興趣，以及透過相信他們的共同活動，最終將帶來救贖和治癒。」

這正是我在情緒極度低落時最需要的治療師。瑪格麗特幾乎沒有對我說過任何正面的話，或者為我堅持一週接著一週前來接受治療的事給予肯定——事實上，我是年復一年地持續進行治療，在一切都還算順利的時候，這一點倒是沒有太大的差別，但現在關係可大了。許多研究指出，「治療師變數」（therapist variables）在影響治療結果方面影響甚鉅，比起採用的理論或技術的差異更為關鍵。瑪格麗特和我不再感覺「契合」。我們之間發生的這種不同調，導致事情嚴重惡化。

如果一個心理治療師和個案分別撰寫一份他們皆參與其中的治療描述，誰的描述最接近真實？在治療中，個案不像在醫療實踐中那般，僅僅是診斷之後的治療對象，而是積極參與治療的參與者，因此，個案對治療的信念是否可能與治療師的信念一致？遺憾的是，我們很少能夠讀到個案對治療的描述。通常情況下，案例研究包括心理治療師對診間所發生事情的看法，如果病患的聲音被聽到，一般都是透過心理治療師的提問。案例研究通常被視為是治療師針對個案所做的研究，或是他們理論依據的立場。心理治療師可能並不真正知道（如果他們沒有提問的話）他們個案的治療經歷，也不知道他們的病患認為最有可能的幫助會是什麼。治療師的解釋之所以具有如此權威，是因為他們比起一般未經訓練的人來說，擁有較深奧的知識，然而，對於一個治療過程中的各種可能的解釋，憑什麼採取的任何一種就該比另一種更權威或更可信，這點並非顯而易見：每一種解釋都只是理解同一批資料的不同方式。

精神分析學家羅伯特．莫利（Robert Morley）認為，患者講述的故事和治療師在案例陳述中講述的故事一樣有效，對於理解治療過程具有同樣的啟發性。他們取用在分析病患時（包括佛洛伊德和榮格的病人在內），少數描述患者觀點的細節，以及來自分析師和心理治療師在接受訓練的過程中提供的材料來說明這一點。他們都是經驗豐富的臨床醫生，因此他們的說法不該像單純受試者那般受到忽視。

顯而易見的是，患者的描述與治療師通常撰寫的描述截然不同，即使患者本身同為訓練有素的治療師。患者和治療師之間經常會出現「不同論調」，也就是說在治療中每個人追求的目標不同，甚至有時是相反的看法，這經常導致患者感覺受到治療師誤解，因此導致治療的困難和失敗。有時這些不同論調是因為治療師對支持他們工作的理論，比對病人的情感現實更感興趣。佛洛伊德自己也曾聲稱他對理論比對治療病人更感興趣，並承認他與病人一起進行治療時經常感到無趣。積極的病患描述，通常來自那些從心理分析師帶給他們溫暖、一致感和受關注的關係中受益的個案，這說明了這種關係很可能是所有心理治療中必不可少的治療元素；同樣重要的是，個案的敘述應該像治療師的敘述一樣，因其真實性而受到尊重，因為他們對於神祕的治療過程的運作，提供了另一種截然不同，卻同樣重要的洞察力。

回想我們與康納的父母所進行的評估說明，如果在開始評估之前，我們能夠先瞭解一下他們的想法，以及他們希望從兒子的評估中得到什麼，這對我們來說將會很有幫助，無論我們所做的評估對他們來說是如何積極正面。換句話說，我們應該在魯莽地說出我們認為他們會高興聽到的事情之前，先搞清楚他們的想法。要是我們這麼做了，就可以從他們也想要聽到的，我們從孩子身上觀察到的，與自閉症相關的特徵開始談起，討論康納的困難行為，以及在開始談論他的優點之前，提供他們能夠面對這些問題的些許支持。如果我們能夠追求與他們的理念更加一致，評估說明可能會進行得更順利。這一切都歸結於傾聽，真正地傾聽個案。

10

Part

迎向改變

〔負面想法〕是憂鬱症的常見特徵。然而，它們並非事實或在現實中可以仰賴的訊息。

——馬克．威廉斯等著（Mark Williams et al.），《是情緒糟，不是你很糟》（*The Mindful Way through Depression*）

我在尋找認知行為治療師時，因為他們多半都是臨床心理師，所以我便透過在當地工作的關係與他們取得聯繫。我並不想要利用網路尋找治療師：因為我知道我會找到各式各樣的「治療師」，每位治療師的資格良莠不齊，所以我只查看那些由監管認知行為治療師的專業機構所認可的治療師。我聯繫的第一個人在他的網站上有許多好評，他在電話裡給人的印象既友善又專業，但他目前約診都滿了，後面還有一個候補名單。我感到十分失望：他一定是個優秀的治療師，但我排不上候補名單，只得回頭繼續尋找。許多治療師都符合資格，我就像是在大海撈針，不知道該從哪裡著手。我找到一個看起來和我年齡相仿的女治療師，打算打電話給她——或許，我認為我應該「聯繫」與我來到相同人生階段的治療師比較合適？她很友善，也很專業，但即將退休，所以這對我來說並不是好事。我喜歡另一位住在我家附近的治療師的外表（這意味著專業不在我的考慮之中），她有一張圓臉蛋，和藹的面孔，鏡頭前總是面露笑容。現在回想起來，我竟然把自己的選擇建立在如此脆弱的標準之上，似乎很不可思議，但在我最近和瑪格麗特的經歷之後，「溫暖」的人格特質顯然對我來說很重要。蘇的約診名單有限，但她很樂意見我做個初步諮詢後再接手，幸好——她聽起來似乎很和善。

蘇住在城外幾英里的一座現代化的莊園裡。我因為出發得太早，不得不先把車開往她住處外的一個停車處打發時間，我感到有些緊張。她家外面的短車道上停著幾輛車，但她告訴我可以把車停在那輛藍色飛亞特車後面，所以我就照做了。還沒停好車就從窗戶看到她，她向我揮手，逕自從前門走出來迎接我，並與我握手寒暄。我對此感到驚訝，暗自把她與我最初與珍妮佛、喬絲琳和瑪格麗特初見面的情景做了比較，她們都只是向我點頭致意，然後就回到她們的諮詢室，但我喜歡這樣，感覺正常多了。她問我這一路上的情況，這點也沒問題。

蘇的諮詢室也很不一樣，它位於房子前廳的一個小房間裡，俯瞰著一片公共花園，沒有沙發，只有兩把現代扶手椅和一張矮桌，桌上放著一瓶水，還有一盒普通面紙。除此之外，這裡就像一間辦公室，有一張相當大的桌子、嵌入式櫃子、一台電腦和一台印表機。整個房間被漆成白色，家具呈灰色調：舒適但實用。蘇本人就像她的照片中的那樣開朗友好，她的年齡接近中年，戴著眼鏡，留著一頭紅褐色的短髮，臉上經常帶著微笑。她邀請我坐在其中一把扶手椅上，她則坐在另一把扶手椅上。她首先告訴我一些關於她自己的事情：她的資歷，她曾在哪裡任職和現職，以及我來找她的話，預期可以得到什麼結果。這番開場白就像是一番誠摯的自我介紹：其他治療師從來沒有告訴過我任何關於他們自己的事情，也沒有詳細說明他們採取的工作方式，也許這就是為什麼我經常感到不知道身在何處，也不知道我們要往哪裡去的感覺。接著，她詢問我為什麼來找她，以及我目前面臨的困難是什麼。當然，我告訴她關於保羅的事，同時也告訴她最近剛遭遇父喪和最後一個孩子離家引起的憂鬱症發作，我告訴她這一切遭遇令我感到情緒低落和焦慮，以及我十分害怕自殺的念頭再度找上我。她問了我很多關於我的童年以及我與父母和妹妹之間的互動，我對此感到驚訝——我原以為認知行為治療只關注當下，過去不在討論之列，但看來我誤解了。

在整個過程中，我感覺蘇是真心對我說的話感興趣，而且用心在傾聽，態度積極而且真心誠意。我吸引了她的全部注意力，她沒有做任何筆記，但在最後，她總結了她從我的話中得到的訊息，透露出她的確仔細聆聽我故事中的每一個細節，給我留下了深刻的印象。她開口說的話如下：

——妳對自己有一些非常消極的念頭。例如，妳說妳覺得自己很失敗，人們不喜歡妳。當妳提到妳的父母和學校對妳有很高的期望，而妳的母親經常批評妳，這說明妳之所以會出現這類消極的念頭其來有自。根據妳的說法來看，妳的父親在妳的童年時期是個很遙遠的人物，而妳的母親忙於工作，也許這是妳因此沒有得到情感上支持的原因？妳還說妳的母親是一個非常焦慮的人，妳的母親和妹妹都患有憂鬱症，所以妳很可能有憂鬱和焦慮的遺傳傾向。生命中若出現重大事件發生時，比如妳的丈夫和父親相繼去世，這類事件往往會啟動妳內在根深柢固對自我的認知，導致妳不斷沉溺在消極的思維中，進一步加深妳的憂鬱和焦慮感。

然後她問我對這件事的看法。**她詢問我的看法！**我對此完全沒有心理準備——以前從來沒有治療師問過我的意見！我們正在進行一場互動緊密的對話，這令我感到有些突兀……不過是一種正向的方式。蘇接著向我解釋我對她的心理治療應有的期望。

——我們必須彼此合作。當妳陷入憂鬱的時候，妳的思維會傾向消極和扭曲，所以我們可以一起找出這些消極的想法，並思考這些消極的想法是否真有其事——或是否能找出證據否定它們的存在。我們的目標是挑戰這些想法，並以更實際、更平衡的想法取代這些消極的想法。妳對自己那些根深柢固的想法已經存在了很長一段時間，很難被推翻。實際上，它們並不會被根除，但我們可以試著對它們做點改變。

她又一次問我的看法。我非常喜歡彼此合作這個想法；這麼做至少能夠將任何不同論調出現的機率降到最低。我喜歡她試圖給我一個貼近現實的觀點，讓我知道我們可以達到什麼地步，或是達不到什麼目標。我想知道她認為這項工作會需要多長時間？

——我想應該不需要超過十次，最多十二次晤談。我認為在六次治療後進行一次回顧會很有幫助，讓我們都能有機會去思考當前的進展。如果妳在未來需要或想要更多的「補充課程」，可以隨時回來找我。

只需要十到十二個療程，大門永遠向妳敞開？這似乎好得令人難以置信。她的方式不像心理治療那種開放式的馬拉松，而是我們可以朝向眼前看得到的終點努力。我很高興我們找到一個對我們都合適的固定時間。當我驅車離開時，我感覺大大地鬆了一口氣。

✳

蘇和我每週見面一個小時，不是一般五十分鐘的「治療時間」，而是整整六十分鐘。她要求我在晤談之間撰寫「想法摘要」，我可以在這些摘要中，記錄下任何出現在我腦海中那些沒有幫助的想法，以及那些支持或質疑這些想法的事。我覺得這麼做對我有些幫助，但最後，我們很少討論這些，而是把注意力放在我在每次晤談中帶出的主題。我發現我有很多話要說，蘇始終保持開放、高度興趣和積極傾聽的態度，而我則以開誠布公、自在的方式回應。蘇教導我如何面對這些對我沒有任何助益的思維，我們一起努力學習更平衡的思維方式，她並教導我為發現到的困難情況或人，建立管理策略。比如一個先前發生的例子，一些住在倫敦大宅邸裡的朋友邀請我去參加一個聚會，我壓根不想去。蘇問我為什麼不去？

——因為我一想到這件事就感到非常焦慮。

——妳在擔心什麼？

——我不知道該穿什麼，我覺得自己又胖又老又沒有吸引力。

——還有嗎？

——還有，如果沒人跟我說話，我該怎麼辦？如果現場要跳舞呢？那我該怎麼辦呢？我找不到人跟我跳舞……加上我也不想有人因為可憐我而跟我跳舞。

——我們已經討論過妳對自己根深柢固的想法，妳覺得自己不夠好，妳覺得自己外在和社交方面沒有吸引力。如果妳走進一個派對裡，堅定地相信這一切，那麼妳又落入對自己看法的窠臼裡。我們想一下，妳有什麼證據指出妳沒有吸引力？

——很多例子啊，幾週前，我的一個朋友介紹一個約會對象給我，對方後來告訴她，他希望我可以再年輕一些；還有一個叫做查爾斯的傢伙以為我對他大感興趣，結果跑得比誰都遠；此外我去年跟一個朋友的弟弟約會，單身的他顯然對我不感興趣，後來聽說他跟一個比我年輕二十歲的人訂婚。

——妳現在覺得這些人怎麼樣？

——他們都是混蛋。

——這不用我多說吧。那麼，讓我們想想有什麼證據能證明妳很有吸引力？

我默不作聲。

——來吧，肯定會有的。

——嗯，我確實也曾聽過有人說我長得還不錯，或是我人很好，但他們可能只是出於禮貌。

——還有什麼？試著想出其他一些例子。

——呃，週六我和一個以前住在我家附近的人喝了咖啡。我有二十五年沒見到他，他說我看起來還是老樣子。我經常游泳和散步，所以我可能比起很多同齡的女性更健康、更苗條。孩子們有時會說他們的朋友認為我很酷，很時髦。

蘇補充說：聚會上的其他人也都是中年人了，如果有人不想和妳攀談，這會是妳的錯還是他們的錯？派對上的其他人可能比妳「優秀」嗎？最糟的情況會是什麼？

我們對此談了一會兒，然後反思那些無益的思維方式，它們的確影響我對派對以及我對自己毫無吸引力的觀點。這就像是一種「斷章取義」，使視野變得狹隘，只專注於情況的其中一個消極面向，而忽略其他方面，比如妳會把焦點放在有人說「我看起來很老」，卻忽略其他人說「我長得還不錯」；我們往往會試圖去對他人做「心智解讀」，使我們直接跳到結論，自認為我們知道他人心裡是怎麼想，比如人們說我好看是基於禮貌（他們可能真心認為我長得好看），或者只是出於憐憫而邀請我跳舞（他們很可能出於友誼，甚至覺得妳很有吸引力）。通常，這些結論反映了我們對自己的看法（我一點都不吸引人，一個可憐的寡婦），因為我們對自己的評價很差，所以我們會認為別人也肯定是如此看待我們；接著就是一連串的「災難」發生，我們會去想像派對會有多糟，然後把它誇大到超出我們所能控制的地步。最後，有一個是我做得最多的慣性思考：「非黑即白的思維」。這個例子典型出現在學生身上，如果他們的成績沒有全部得到優等，他們就會把自己視為失敗者，或者認為：「如果我不是做得最出色的那個人，那麼我一點價值也沒有。」在這種「極端」的思維中，你只看到極端，而不是中間的灰色地帶。因此，如果派對上沒有人不斷和我交談、跳舞或互動，我肯定會變成一朵壁花。

蘇和我一起努力克服我的焦慮，並試圖提出一個更平衡的觀點。我對某些人來說比起其他人更有吸引力——每個人都是如此；如果彼此聊不來，可能是因為我們沒有什麼共同點——而且，無論如何，這也不是我的錯，對方也有錯等等。

我前去參加了派對，沒有敗陣下來，儘管我並不是很樂在其中，但這更可能是因為我心存恐懼前來參加派對，以及派對中震耳欲聾的音樂，而不是因為焦慮。之後，蘇認為我可以選擇是否去做某件事情。

——重點在於區分**不能去做**（因為焦慮或過度消極的想法，需要受到挑戰）和**選擇不去做**之間的不同。

另一種無益的思維方式，也是我傾向出現的另一種思維，「應該」和「必須」。妳用了「應該」或「必須」對自己提出不合理的要求。我的母親過去是這方面的大師，所以我輕易就學會了這種思維也就不足為奇。蘇透露我實際上可以自己去做選擇，這對我而言似乎是一種解脫，所以我離開後，便開始實地去執行：我不必因為我認為我應該去和唱詩班某個討厭的女人喝咖啡，而去做這件事，只因為我認為我應該這麼做——我可以禮貌地拒絕，而且不該為此感到內疚；我也不必整個週末都待在家裡，以防其中一個孩子決定回家——我可以選擇做其他的事情，並享受其中。

這種與蘇合作的方式立即帶來了回報，並幫助我應付各種情況：我順利通過了一個志工的面試，這個面試使我因為焦慮而無法入睡；我設法對女兒想退出我們計畫好的健走，以持平的態度面對；我會反思一段令人不滿意的友誼對我來說是否真的重要；萬一生日搞砸了，我會設法看這件事的另外一面，而以前的我則會把它視為是一個全然的災難。蘇對我取得的任何進展都感到高度關心，並替我感到高興，這讓我深深地感受到她對我的支持。我們一起開懷大笑！儘管我們談論的內容通常很嚴肅，但仍能夠從中找出幽默以對之處，我真心覺得她喜歡我，這使得事情完全不同。曾經，很久以前，我也覺得珍妮佛喜歡我，但她離開了我。現在，蘇喜歡我，她宛如一扇敞開的門，這正是我需要的。

✳

跟蘇的晤談進行了六週之後，我得依約去見瑪格麗特，我感到有些卻步。我下定決心不再接受心理治療，卻不敢告訴她。但我認為我應該和她面對面交談，而不是寫封信給她就算了，那是懦弱的行為。

那天，當我開車前去她家的時候，我的心怦怦直跳。我注意到那輛綠色的車子不在那裡，冬雨淋濕了荒廢的花園，花園看起來和以前一樣雜亂無章。我站在她的診療室外頭等候時，我注意到一根細小、髒兮兮的羽毛黏在門上方的空吊籃上。**謝謝保羅，你在這裡握著我的手**。這一幕足以讓我的心跳稍微緩和一些。瑪格麗特打開門，像往常一樣簡短地跟我點了點頭打招呼，然後就安靜地坐回她的椅子上。現在我已經習慣了另一種有別於她的問候方式，竟覺得她的問候方式令人害怕，但我鼓起勇氣，直截了當地說出我的想法。

——我是來告訴妳，我決定不再繼續接受心理治療。一開始我確實覺得心理治療對我很有幫助，但這些時候我發現這種方式很消極，我不想再到這裡來了。

我告訴她一些關於認知行為治療的事，以及我發現它對我帶來的幫助。

——認知行為治療帶給我前進的力量，而心理治療卻讓我對自己感到非常消極，如同陷入泥沼。

瑪格麗特最初的反應充滿了敵意：

——妳似乎在貶低心理治療，而對認知行為治療大表讚揚。認知行為治療不可能在六次治療中取得這麼大的成效，這都是妳在心理治療打下的基礎，才讓妳以為認知行為治療較為有效。

——我努力試著對這一切保持持平的態度。

認知行為治療教會我：避免非黑即白的思考。

我繼續說道：我確實發現心理治療是有幫助的，但不是最近，特別是在去年的那段時間——我差點自殺。

瑪格麗特的態度明顯帶著防禦。

——我舉起手，本想阻止她繼續往下說！我一開始確實很支持妳，因為妳第一次來找我的時候很痛苦。我傾向於採取分析的方式工作，是因為我認為這麼做對妳有幫助。

——沒錯，我心想，可是妳不知變通。

——我已經說過不只一次，我不認為這種治療方式對我有幫助，但我覺得妳完全沒聽進去。

——我建議妳要經常到我這裡來，躺在沙發上，但妳不想這麼做。如果妳沒有興趣或有任何探索的動機，那麼這一切治療就沒有意義了。

我當時並沒有說出來，但事後我再次回想我們彼此不同的論調：她似乎沒有「聽進」我想要什麼或是我的需求；或者，就算她聽進我說的話，她也沒有提供任何實質幫助來幫我。相反地，她似乎在自己所學的理論背景和訓練驅使之下，形成了在我看來相當僵化的工作方式。她解決我疑慮的辦法是給我更多同樣的東西，我不覺得我們之間能夠像一般人那樣相處，我當然也不覺得她對我表現出任何史考特．派克認為一個成功治療的結果，關鍵在於付出真誠的關懷，事實上，我感到很自責，因為我並未表現出像她希望的那般有耐心。我告訴她更多的是關於我的生活和我正在展開的新事物，比如從事志工和重新學習彈鋼琴。我說我感覺好多了，人們說我看起來開朗多了。明天是保羅的忌日，我不再為此感到驚慌失措——我可以用一種更持平的方式來思考。

對此，她回應道：無論如何，我不認為妳接受的心理治療完全是在浪費時間，我認為妳已經可以去反思在妳生活中的很多事情。

如果這是讚美，感覺就好像是在不情願的情況下說出口的，儘管我必須小心不要落入心智解讀的思維當中。

然後「時間」到了：五十分鐘療程結束的那一刻，無論談論到哪裡，都必須停止。當我離開時，瑪格麗特身體僵硬地站在房間中央，說她感謝我來告別，並祝我一切順利。

就這樣。這麼多年過去了，連個握手或微笑都沒有。

當我開車離開時，我確實打從心底感到十分悲傷；畢竟我們之間歷經很長一段時間的治療，但同時我也感覺這沒有什麼不好，對於繼續生活下去，我仍保持積極的態度。我想起她提到心理治療為認知行為治療奠定了基礎，她說的或許沒錯，但認知行為治療似乎很快就觸及了問題的核心，提供我應付各種情況、承擔風險和行為應變的策略，這些對我來說都非常有用，因為我可以立即得到回報，我不相信單靠心理治療我能夠做到這些。這兩種方法可能都試圖觸及同一個問題的核心，只不過方法、時間表和找到前進的方式截然不同，毫無疑問，我覺得蘇的方式比起瑪格麗特更容易讓人親近。

心理治療師瓦萊里・哈扎諾夫提到「深度」療法（如精神動力取向心理治療）和「行

為」療法（如認知行為治療）的支持者，陷入了「令人厭煩」和「荒謬」的論戰。在他看來，病患不同層次的痛苦，可以透過許多不同的方式，甚至有時可同時使用不同的方法來達成。正如史考特・派克和歐文・亞隆一樣，瓦萊里・哈扎諾夫也強調治療師和患者之間連結的重要性：「概念化、理論、干預……只有當病患記得某個人對她說過或做過的事情才是真實、具有意義。」也許，多年前，這對凱芮來說才是重要的——不是她所獲得的獎勵，甚至不是她減掉的體重，而是與一個關心她的人彼此的連結。

＊

我又回到蘇那裡做了四次認知行為治療。我們以幾乎相同的方式繼續，談論我所面對的困難，重新調整我對這些困難的想法，坦承過去施加在我身上的影響，儘管我對自己根深柢固的想法不會輕易改變，但我的確感覺好過多了。

最後一次晤談，蘇問我為什麼我認為情況已經獲得改善。

我回答說：我還是感到很脆弱，但我注意到自己不再陷入過去那種充滿消極負面的想法。在過去，如果人們問我怎麼樣，我會說我很好，但內在卻不是真心這麼認為；現在我可以說我感覺很好，而且是真心這麼認為，這是我認為有改變的地方。

——妳能再舉些實際的例子嗎？

——可以。我已經一個人獨居超過六個多月，目前為止一切都很好。事實上，在某些方面我還挺喜歡獨居，因為擁有充分的選擇權，所以，我之前認為的那些可怕的想法，已經證明不會有任何大礙，我可以自己找樂子，而且已經安排在夏天做很多美好的事情。

——所以，結果不是如妳預期那般是場災難，這一點非常重要。還有什麼是妳能想到的嗎？

——是的，當我不得不把肥貓（我家的貓）送去安樂死時，我很害怕，因為自從保羅去世後，牠就一直陪伴在我身邊，我很愛牠。我驚訝地意識到，如果有人在獸醫那裡陪我，可能會更好，所以，我問了簡——她是我新交的朋友，就住在我家附近。當然，過程仍非常難熬，但有人陪著我度過這一切感覺很好，之後我們一起回家，喝了一大杯酒。我和簡的友誼也帶給我啟發，她似乎認為我這個人值得瞭解，這件事挑戰了我對自己的許多負面想法。我們經常一起游泳和散步，這是一種相互平衡互惠的關係——我擁有電腦的強項，她沒有，但是她的廚藝比我好得多，我冒險地深入瞭解她，因而獲得了回報。

蘇表示同意。

——我認為妳在挑戰消極想法和承擔風險方面做得更好了。妳能做的越多，就越能建立一個堅實的基礎來抵禦未來的打擊。

我回想起在我的訪談中，參與者所寫的最能幫助他們面對喪親之痛的事。家人和朋友的支持和善意，幫助他們重建生活，並積極參與活動。有些人甚至撰寫文章，談論尋找內在的力量或復原力。我能夠強烈地感受到這一切，我認為對我來說，心理治療提供了一種幫助我獲得內在力量的方式。

蘇和我同意六個月後再見面，看看我的進展如何，但她重申，如果有不穩定的情況，我可以隨時聯繫她安排補充課程。我覺得這點令我感到非常安心。她和我一起走到我的車旁，握著我的手，說她希望我有一個美好的夏天，並在我開車離開時揮手告別，她熱情地向我道別，態度沒有任何生硬地自然。

✳

七月的某天，就在保羅冥誕前夕，我正在整理花園。花園空間不大，所以我準備了一些吊籃和盆子，想在夏天替房子增添一些色彩，我在前窗臺上放了滿是粉色和紅色天竺葵的花槽。雖然喝醉的學生偶爾會在週六晚上撞倒這些花，但我認為在窗臺上種些花草總是好的，能替馬路點綴一些色彩。當我穿過前門，小心翼翼地把門拴上時，我想到了保羅，想到了他死後發生的這一切，他卻都不會知道。儘管如此，這個想法並不會令我感到沮喪，只是令我有些感觸，因為他錯過了這麼多。我的內心其實強烈希望和他說說話，告訴他這一切。我舉起澆水壺時，注意到在粉紅色花朵的花瓣之間有一根白色的羽毛，我想不透它是怎麼跑到這朵花上頭的？我家的窗戶有一個突出的屋頂，所以這根羽毛不可能剛好從一隻飛過的鳥兒身上落下來，但這並不重要。我的臉上不禁露出微笑，我心想：那麼，*你的確知道在哪裡可以找到我，也許你該知道爸媽相繼去世了，所有的孩子都畢業了，你也有孫子了。這麼一想令我感到安慰許多，儘管現在我不再去見蘇，但我知道我還是可以仰賴你。*

到目前為止，我還不需要跟蘇預約補充課程。距離上次見她幾乎又過了一年，我也已經有一年時間不再服藥。生活當然不總是輕鬆有趣，但我應付得還不錯。我似乎能夠以更平靜的心情來應付各種情況，情緒不再如保羅去世後最初幾年震盪起伏很大，這點可以從我跟店員之間兩次不同的反應看出來。

幾年前，約莫在耶誕節前後那段期間，當時我人在德本漢姆（Debenhams）——對喪親者來說，耶誕節是一年之中最難熬的時節。我強打起精神去買香水，因為香水用完了。一想到得出門購物，我就極不情願。我的香水多半是保羅替我挑選的，他很會挑選香水，我們通常是在前去瑟堡（Cherbourg）搭乘的半島和東方蒸氣航運公司渡輪（P&O Ferries）的免稅店裡購買。我們挑選時總是有說有笑，在空氣中到處噴灑各種香水，直到我們找到同時都喜歡的香味。我挑選了一瓶保羅去世時我身上擦的香水，把它拿到了收銀台。銷售員是個五十多歲的女人，身材瘦小，臉上塗了厚厚的一層化妝品，畫了濃濃的眉毛。當她在收銀機打出金額時，我不禁說到這香水真不便宜。

「可不是嗎？」她說。「妳可以叫妳丈夫耶誕節買給妳當禮物啊？」

我不能怪她這麼說，但令我尷尬的是，當我解釋說如果他能買給我，他肯定會這麼做，只是不幸他已經過世，說完這番話，我的淚水潰堤，我當下看到她的臉即使是在厚厚一層粉底之下，仍因為尷尬而漲紅了臉。她再三向我道歉，並表示如果我新年再來，她可以免費替我化妝。

幾週前，我在博姿（Boots）藥妝店購買一條新的電熱毯。舊的電熱毯其實還能用，只是得花很長的時間預熱，我想還是換一條電熱毯。我在一個展示架上發現了兩條毯子，一個是雙向控制，另一個是單向控制，儘管這兩條毯子在外觀各方面看起來都一樣，但價格上卻有很大的差異。我找到銷售員向她詢問。

「因為，」她說，「單向控制裝置意味著只有一個開關可以控制溫度。有了雙向控制，妳可以控制電毯的溫度，妳丈夫睡的那一頭也可以控制溫度，所以，如果妳想讓自己暖和一點，而他又覺得太熱，那他就可以把他那一邊的開關關掉！」

這次我不再反應過度，我的臉上帶著笑容對她說，我要購買雙向控制開關的電毯，當然，這麼做絕對不是為了迎合丈夫的喜好，而是想到如果家裡人太多，安妮和我有時會睡在同一張床，她養的狗經常會擠在我們之間，能夠調整暖氣的開關確實是很不錯的選擇。

「我認為妳做了一個明智的選擇，」銷售員說。「我敢說妳的丈夫肯定會很高興。」

＊

在購買電熱毯後不久，我的老朋友瑪莉邀請我在復活節假期到巴賽隆納與她和托尼一起度假，我陷入了猶豫。上次前去巴賽隆納是和保羅以及孩子們一道去，我不確定我是否能夠獨自面對這一趟旅程。這將是我能否應付生活上帶來的挑戰的真正考驗——但我準備好了嗎？當我開始思考這次旅行時，我不禁想起一個個案的例子，他自己也同樣面臨著嚴峻的考驗。

艾德里安即將年滿十八歲，他是我們年紀最長的個案之一，因為所有的孩子最終都轉往成人服務機構。他和他的父母雷格和喬伊絲一起前來，雙親都已經六十多歲，非常擔心隨著他們逐漸變老，越來越沒法照顧艾德里安。艾德里安是自閉症譜系患者，儘管有輕微的學習障礙，不過仍能夠繼續接受教育，而且有機會找到一份工作，未來有大好前程在等著他。他的父母帶他來找我們是因為艾德里安無法通過駕訓考試。

雷格對我說，「技術上來說，艾德里安是個守規矩的駕駛，但他已經三次沒通過考試，他似乎搞不清楚道路駕駛和他一個人開車上路有什麼不同。」

「沒錯，」喬伊絲附和道。「我根本不敢坐他開的車，因為他把車開到一個環形路口或交叉路口後，就逕直往前開，從沒有想過應該讓路給其他車輛。」

關於自閉症譜系患者在日常生活中遭遇到的困難，有理論提出他們缺乏「心智解讀訓練」，或者說他們缺乏設身處地為他人著想的能力，無法從他人的角度看待問題，或者無法對他人的意圖做出明確的判斷，這似乎是艾德里安駕駛困難的根源。我問他是否喜歡開車出門。

「喜歡啊，我喜歡開車，」他說。「我是個守規矩的駕駛。」

我注意到他正盯著房間角落裡的一盒玩具汽車。「沒錯，你的爸爸也是這樣跟我說，」我說。「你在開車方面是否遇到什麼問題？」

「呃，」他說，「有時人們會對著我大聲喊叫。」

「你知道為什麼嗎？」

艾德里安看起來有點困惑。「不是很清楚，」他說。他一直看著那箱玩具汽車。

「你想不想玩那些玩具車？」我問。這有點像在下賭注，因為他可能會認為這個提議很幼稚，但實際上他抓住了這個機會。

「好啊，拜託妳。」他說，眼睛頓時亮了起來，然後逕自朝玩具車的方向走過去，開始在地板上玩起了小汽車。

雷格和喬伊絲還進一步提到了艾德里安非常渴望擁有自己的車，而他的父母也希望他有獨立的交通工具，部分原因是他們認為這將帶來更好的工作機會。我們都同意替艾德里安多上幾次課，試圖提高他對其他道路使用者的認知，艾德里安也很高興來參加課程。

我們每週見面。艾德里安是一個迷人的年輕人，儘管他的穿著稍嫌老氣，他留著一頭修剪整齊的短髮，戴著眼鏡，穿著寬鬆的棕色褲子，褲子前面布滿皺褶，他身上穿著風工房（**Fair Isle**）的套頭衫和背心，毛衣大概是喬伊絲為他織的。他非常有禮貌，也總是樂於與我交談，即使這意味著他得跪在地板上一個小時，推著玩具車到處走。我認為治療他的關鍵在於抓住他對玩具汽車的興趣，但首先我需要確定他在駕駛方面遭遇到的困難是什麼。我買了一本《駕駛指南》測試他對路標的知識，他對這類資訊表現出驚人的記憶力，在每一個例子中都給出了正確的答案。只有在對他人的行為需要做出判斷的情況下，他的困難才顯露出來。

「那麼，當你來到一個環狀交叉路口時，你應該怎麼做，艾德里安？」

「左轉時，從左邊車道進入，右轉時，從右車道進入，直走時，選擇合適的車道。」聽起來像是直接從《駕駛指南》中背誦下來。

「但是，如果有其他人想和你同時繞過環狀交叉路口時呢？」

「如果是左轉，他們會在左側車道切入，如果是右轉，他們會在右側車道切入……」

「好的，現在我們用這些小汽車來代替。」我提議道。我交給他一輛玩具車，自己也拿了一輛，並把我帶來當作午餐的蘋果權充一個臨時的環形路口。

「假設你來到環形交叉路口，你在這裡，想要右轉。」

艾德里安正確地選擇了右邊的車道，卻沒有注意到我的車從右邊駛來，如果那是一個真正的環形路口，他的車就會撞上我的車。他看上去很吃驚，卻又有點迷惑。

「好的，艾德里安，我想這是我們必須注意的地方。」我說。「這樣行嗎？」

「沒問題，」他說。「我想通過駕駛考試。」

我自己的兒子小時候也很熱衷於玩這類玩具汽車，我們買了一些紙板做成「道路」，完成一張複雜的道路系統，他就這麼「開著」他的玩具汽車，一玩就是幾個鐘頭。我設法將這個道路系統應用在我的個案身上，讓這個道路系統成為我跟艾德里安講解的道具。我們用樂高的得寶積木搭建一個他熟悉的環境：他的「家」、他的「學校」、「銀行」、「車站」等等，然後我會交給他從其中一處地點「開車」到另一處地點的任務。

「好的，艾德里安，你現在從家裡要開車去學校，你會走哪條路？」

他向我描述一條路線，告訴我他會怎麼走，然後我拿起我的玩具車在不同地點跟他交會，目的是建立他對其他道路使用者的認知，建立一套「規則」，讓他根據這套規則預測其他駕駛的行車方向——使他對「讓路」這一概念具體化。我們把這些規則寫在卡片上，一遍又一遍地練習，因此，舉例來說，在環形路口為了切入正確的車道，艾德里安學會了「稍微減速，在環形交叉路口沒有其他車輛向你駛來時，再切入車道。」

我們為每一個駕駛時可能遭遇到的情況，制定了規則，艾德里安毫不費力地記住了這些規則，接著，我們轉而設計隨機可能碰到的危險，並使用摩比人（Playmobil）玩偶扮演任意穿越馬路的行人和交通導護；期間，不斷地練習在這些場景中駕駛小汽車。

下一步是將艾德里安所學到的知識應用到現實生活中，歸納這一步驟往往是自閉症患者經常遇到的困難，但我們建立了一套規則卡，雷格很高興帶著這些規則卡陪艾德里安實際路駕，每次遇到涉及其他道路使用者可能會出現的情況，便拿出相關的規則卡演練。當我們決定讓艾德里安參加第四次的駕訓考試後，我們都替他感到緊張。那天早上我的心裡七上八下——這比我自己的孩子參加駕訓考試時還要緊張。我們已經安排在考完試後見面，這樣我就可以跟他道別（如果他通過了考試），或者決定下一步該怎麼做（如果他不幸失敗）。等到他們一家三口踏進我的診間，笑得合不攏嘴時，我立刻知道艾德里安通過了考試。

「我通過了考試，」艾德里安大聲宣布，把他的證書遞給我看。通常心理治療師並不常擁抱個案，但這次我實在忍不住，給了他一個大大的擁抱。

＊

艾德里安是我在職涯中最成功的個案之一，但是我自己能否獨自成功地完成這一趟西班牙之旅，並且能夠應付過程中的情緒起伏？我決定找珍妮跟我一道去，她是我認識了三十多年的兒童心理學家，她和我曾在倫敦東部的同一家醫院工作，我們各自擁有三個年齡相仿的孩子。她從來沒有去過巴賽隆納，所以很期待前往，看來她似乎是個不錯的旅伴人選。我有幾個月沒見到她了，我們在蓋特威克機場（Gatwick airport）碰面後很快就打開話匣子，兩人也都害怕坐飛機，上了飛機後，我們開始小酌，兩個小時的飛行航程中，話題從沒間斷。談話的大部分內容都跟我們各自的孩子有關，這讓我不免思考，儘管發生了這麼多事情，以及我自己斷斷續續的憂鬱症發作，我的孩子們仍表現出非凡的適應力，成為善於交際、有愛心、有成就的人，這點著實令我感到寬慰。

抵達巴賽隆納後，我們在托尼的姐姐位於巴賽隆納市中心的公寓裡度過了頭兩天，在城市的街道上漫步。我忍不住把這次到這裡度假的心情和「昔日」做比較，在這種情況下，今昔肯定大不相同，如今我也有了不同的轉變。這次我們沒有去動物園，而是前往參觀聖家堂（Sagrada Familia），之前的行程我們只是匆匆一瞥這個地方的外觀，因為教堂對孩子沒有什麼吸引力。我喜歡高第（Gaudí）充滿自然形式的建築風格：由不同的石材混合而成的巨大柱子，像巨大森林裡的樹木朝向天際延伸，暖色與冷色系色彩交織的彩繪玻璃窗透出的光線，反映出晝夜的節奏。更令人印象深刻的是巴特尤公寓（Casa Batlló），其扭曲的煙囪，彩色瓷磚的波浪形曲線和波浪狀的窗框，使整棟建築看起來宛如一個活生生的生物。我很快意識到，我正在以一種不同的方式享受這座城市。在巴賽隆納大教堂的臺階上，我們的錢包安穩地待在我們的身上。

從巴賽隆納前往蒙瑟拉特島（Montserrat）則要困難得多，我清楚地記得「之前」孩子們興奮地和我乘坐亮黃色纜車到修道院時的恐懼，修道院坐落在陡峭的峭壁上，高聳入雲。這一次，纜車依舊是亮黃色車廂，我的恐懼也同樣真實，但已沒有保羅來安撫我。來到山頂，旅伴們匆匆參觀修道院，因為他們其實對尋找午餐更感興趣。我很想排隊參觀黑色聖母瑪莉亞（Black Virgin），因為保羅和我以前也這麼做過，但其他人不感興趣，所以這次的西班牙之旅純粹就是一趟品嘗當地美食的行程。我很想念保羅，感到泫然欲泣，不知所措。

結束了蒙瑟拉特島的行程，我們去瑪莉和托尼位於偏遠鄉村的家。他們買了一塊地，自己設計建造房子，直到這一刻，我才看到蓋好的成品。房子的設計令人驚歎：十分超現代，輕盈，有著巨大的窗戶和瓷磚露臺可以俯瞰四周的山脈。我們在那裡待了好幾天，吃喝玩樂，散步聊天，直到深夜。有一次特別令人難忘的步行，我們跟隨高第的腳步進入層巒的山峰，去看那些給他的建築帶來靈感的粉紅色岩層。你可以在怪異、充滿圓點的岩石礦脈中，看出巴特尤公寓的曲線和裂縫從中取得的靈感，我一想到高第本人早在一百多年前走過這裡，並將我們眼前所見到的景物轉化為那些非凡的建築，就感到欣喜不已。

我們在小教堂一旁的偏僻咖啡館停下來歇歇腳，瑪莉告訴我們，這個教堂很有名，「妳可以在這裡向聖安東尼奧（St. Antonio）祈禱，請祂許妳一個丈夫。」她大力慫恿我和珍妮進去教堂，但當我坐在那張鋪著鉤織餐墊的陳舊餐桌前，品嘗著一杯拿鐵，我意識到我壓根不想祈求聖安東尼奧尋覓一個丈夫給我，或許，我會替保羅點一支蠟燭，但沒有必要為了祈求另一個丈夫而祈禱。瑪莉在失去佩皮之後，找到了托尼，但這不是唯一的辦法，儘管沒有保羅的陪伴，我在西班牙仍度過了一段美好的時光，我從不同的旅遊體驗中獲得了樂趣，這給了我強烈的震撼。我出現過幾回非常想念他的時刻，但都熬過去了。我的朋友、我的姐妹、我的孩子們，以及世界上許多美好的地方和經歷都能夠填補我生命中的空缺，值得為此活下去。如果說回到西班牙是一場考驗，我想我通過了，我可以像我的個案艾德里安一樣，感激地微笑。我的生命中仍留著期許，希望自己能支撐那些在我的帶領之下的父母互助團體，使他們能夠在支離破碎的生活中找到前進的道路。

在西班牙的最後一個晚上，瑪莉和托尼開車帶我們前往山上的一個小村莊。這是一段漫長的車程，車子蜿蜒而上，一路上山路彎彎曲曲，但從山頂俯瞰的美景，讓我們為了這趟長途旅程而焦慮的每一刻都變得值得。這是一個古老的村莊：房屋清一色由粗糙的石頭環繞著山坡而建；這片土地儘管乾涸，卻點綴著一塊塊豐富的植被。一簇簇紫色的鳶尾花被明亮的黃色纈草包圍著，花朵開滿山頂，不論從哪一個方向都可以看到令人驚歎的景色。我們前去散步，然後來到一個存在了幾世紀的建築物裡的酒吧。涼爽、陰暗的室內環境讓我們從炎熱的陽光中得到短暫的休息，我們來到一個露臺，它突出於一片空地之上，山坡在我們腳下陡峭地傾斜著。我們可以看到數英里遠的地方：一邊是大海，另一邊則是灰色和粉色的岩石山脈，前往這裡的山路彎成一條細絲線，在我們面前伸展開來，我們坐在粗糙的木凳上欣賞風景。

「保羅肯定會喜歡這裡，」我對瑪莉說。「真希望他在這裡和我們一道欣賞。妳也這麼認為吧？」

「我不這麼認為，」她斬釘截鐵地回答。「妳會這麼想沒有錯，但日子還是得繼續下去。」瑪莉一如既往，是個徹底的現實主義，儘管我確實領會她暗示我需要向前看。

但我放下了這件事，不過事實上我心裡想著，我很高興能夠坐在這裡，想到保羅很可能也在這裡，就忍不住感到興奮。痛苦已經離我而去，感覺就好像保羅的某些本質已經內化在我的體內，帶給我面對日常生活中可能遇到的任何挑戰的力量。我不曉得那些待在治療室的晤談是否幫助我建立了這種復原力？我知道保羅死後我改變了很多，但或許沒有那些治療我還是可以走出悲傷，而我永遠不會知道這種變化有多少是由於治療、家人、朋友，或者只是時間的流逝幫助我辦到：我們無法進行對照實驗得知。

侍者端來了一瓶紅酒和四個玻璃杯。「這瓶酒由我來買單，」我說，他把帳單放在一個白色的小碟子裡遞給我。

我們喝著酒，聊著我們各自的家庭，計畫著未來的假期，度過了一段愜意的時光。離開時，我拿起帳單，走到櫃檯付帳。我的眼睛花了一點時間適應從明亮的室外陽光來到昏暗的室內，起初，我以為他們在捉弄我，但當我拿起帳單遞給酒保時，我認出在帳單底下的茶托上，躺著一根完美的白色羽毛，我盯著這根羽毛，一想到保羅終究還是和我們待在一塊，不免令我會心一笑。當我抬頭望向吧檯酒保時，我的嘴角掠過一絲微笑，他正用加泰羅尼亞語跟我聊天，完全沒有意識到羽毛的存在，也不會知道我微笑的原因。付完帳，離開吧檯時，我俯身從茶托裡把羽毛拾起，放進我的口袋裡。我想酒保不會注意到這一點，就算他注意到了，我也不在乎，因為我有一種強烈的渴望想把它帶回英國。幾個月後，我在那天穿的外套口袋裡發現這根羽毛，這個發現使我再次展開笑容，並將堅定我的信念：無論我到哪裡，保羅都會陪伴在我的身邊。

✳

我沒有對瑪莉說起我在山頂酒吧裡的遭遇，當我在其他地方發現羽毛時也不會多說，但它們總會不經意地在我所到之處出現。有時，我會回想這些見證羽毛的經歷帶給我的變化，我不再像保羅死後的頭幾天那樣，在絕望中緊抓著它們不放；這些日子以來，羽毛帶給我的是欣喜，我把它們看作是對我做出的改變的一種肯定。這些羽毛將永遠成為我與保羅之間的連結，同時我也清楚看到，它們也同樣成為我與他分離之後的聯繫：如同一個年幼的孩子選擇的安慰物，幫助他或她度過與照顧者分離後的時光，直到自己又獲得獨立的道理一樣，隨著時間的流逝，和保羅分隔得越來越遙遠，這些羽毛幫助我建立起自己的復原力。我可能不會再像以往那般經常注意到它們的存在，但每當我看到，總會拾起，輕輕地將它放進我的口袋撫摸著。沒有人知道這件事，沒有人做見證，但這麼做仍給我帶來無比的安慰。

後記

承受失落

當一扇幸福之門關閉時，另一扇門就會打開，但我們經常盯著那扇關閉的門太久，而忽視了另一扇為我們打開的門。

——海倫·凱勒（Helen Keller），《熱愛此生》（*To Love this Life*）

幾週前，我預定了一次靜修，時間只有一個週末，因為我想從繁忙的生活中走出去透透氣，花點時間好好靜一靜。我以前從來沒有做過這樣的事情，我心中不免感到好奇，但同時也擔心我不知道讓自己陷入什麼樣的境地。這是一個讓我在經歷喪慟的過程中，獲得一些不同體驗的難得機會。

靜修在蘇芮丘（Surrey hills）深處一座搖搖欲墜的老房子裡舉行。我們聚集在起居間裡，那裡有一扇巨大的鑲鉛凸窗，可以俯瞰遠處廣闊的花園和林地。厚實的牆壁，鑲有木板，漆成蒼白的綠色，地板上有一塊很大的波斯地毯，老師在地毯中間擺放一個精緻的花瓶，裡面插滿鮮花：白百合花、菊花、夾竹桃、淡紫色的雛菊。十二把椅子圍繞著花朵整齊地排成一個圓圈，牆上擺滿了歷史、哲學和宗教方面的書籍，還有許多照片，主要是鄉村和海景的照片，點綴著佛教掛件，以及令人難解的奇怪符號和符文剪紙。

週五晚上，我們這一小群閉關者走進了這個寧靜的場景，除了一個陪同妻子前來的男人外，其他都是女性。我們做了簡單的自我介紹，聽老師講了一些基本規則——然後直到週日下午都得一直保持靜默。一開始，一切令人感到陌生和尷尬，我覺得自己脫離了熟悉的舒適區，當我在樓梯上遇到一個同伴，或者發現自己和別人單獨在一個房間裡時，我不知道該如何自處。在靜默中用餐尤其具有挑戰性：如果鹽巴和胡椒不在伸手可及的範圍，就不知道怎麼取用；第一天早上我不知道怎麼使用烤麵包機，最後就只能單吃麵包和蜂蜜果腹。但隨著時間過去，事情開始發生變化，起初感到陌生和尷尬的事開始令我感到解脫：因為你不用為食物或該怎麼做而做決定，也不用在吃飯時社交或與人交談，這是一種解脫，沒有談話的干擾，食物實際上嘗起來的滋味更好。我們一小群人在周圍的鄉間景致中靜靜地散步，當我們沉浸在不斷變化的光影和景致中，沒有任何談話來轉移我們的注意力，這種寂靜讓人感受到一種怪異的陪伴感。

第二天晚上結束時，我決定穿過狹長的通道，和其他人共用一間浴室沐浴。浴室十分寬敞，有一扇上下滑窗，鋪著深色的油氈地板，浴室旁邊和洗臉槽下面鋪著一條條渦狀圖案的地毯。中間的燈是由一個拉動的開關所控制，拉動的鏈條控制著燈光。浴缸對面生銹的金屬托盤上放著一塊淡黃色的香皂。我認出了香皂的形狀和氣味，然後將它翻過來，看到了紅黑相間的英國帝王皂（Cussons Imperial Leather）標籤。浴缸邊緣擺放著一塊長方形的清潔海綿，一邊是軟綿綿的海綿，另一邊則是海綿刷，旁邊還有一包難以辨認的圓柱狀清潔容器，上面有穿孔的金屬，放在潮濕的浴室裡幾週後就會生銹；兩側的紙板如果受潮就會變軟，裡面裝著灰色的粉末——這一切景象將我帶回了童年。

這一刻，我似乎明白了某些事，這些事我早已知道，卻在此刻才發自內心頓悟。在這幾個小時的沉默之中，我自然是想著保羅，然而突然清楚地意識到，我的悲傷不是從他的死開始，而是從我三歲時被母親遺棄在醫院的最早記憶開始。這是我的故事，我的現實遭遇，也是我從悲傷中得到的第一個重要課題：每個遭受重大喪親之慟的人都有自己的悲傷旅程，這個旅程是由他們自己的個人歷史所塑造。每個人皆帶著各自的歷史。對我來說，失去、遭到拒絕和遺棄是同一回事：保羅的死是一個重大的失落，但它同時也代表了最終的拒絕和遺棄。他承諾過他永遠不會離開我，卻以令我最措手不及的方式離去。待在這間陳舊的浴室裡，足以讓我意識到早年影響的重要性，無時無刻不在的悲傷與幼年時期的記憶連結在一起，那些無盡的治療幫助我認清了這一點。

這一個體悟加深了我對發生在我身上的遭遇的理解，但僅僅依靠這樣的理解，是否足以幫助我面對未來再次遭遇到的喪慟？

靜修的最後一個早晨，我們花時間在花園裡散步。當時正是一月份，所以沒有太多植物冒出來，但我很快注意到路邊有一叢雪花蓮，此刻，寂靜讓我細細品味著生活中的每一種味道、每一種氣味、每一種聲音和每一種景象。我蹲下來仔細觀察其中一朵小花：形狀完美的白色花瓣，翠綠的葉子和花莖，還有藏在花朵裡面的黃色雄蕊。我以前從沒注意到雪花蓮的花瓣內藏有一個心形圖案。回想起我試圖把一束雪花蓮塞進保羅冰冷、僵硬手中的情景，讓我再度意識到自己當時面對的震驚。那些雪花蓮被摘起後，奄奄一息，就像保羅一樣，再也不能復活，但是花園裡這朵美麗的雪花蓮充滿了生命力，我也是，而在我的內心深處有一顆心在跳動著。我意識到這是我悲傷旅程的第二個重要課題：**我，而且只有我，掌握著未來幸福關鍵的鑰匙**。我想瑪格麗特是想告訴我這一點，她不停地說著要我關注自己的需求，但她一直沒能找到能讓我產生共鳴的話語，讓我正確地理解。蘇給了我建立復原力的工具，而我自己——現在依舊如此——仍以羽毛作為安慰的來源，但最重要的是，我的那些個案教會了我，只有我自己才能夠找到前進的道路。他們一次又一次地幫助我反思發生在我身上的遭遇，並教會我以另一種嶄新的眼光來看待生命中的一切。他們內在的掙扎與我的掙扎相同，他們的失落與我的失落也相同，他們的勇敢幫助我找到繼續前進所需的內在力量。

靜修的最後一個下午，我們一起喝茶，分享週末的經歷。在開車回家的路上，我回想起自己的其他經歷。突然意識到，我在這個週末發生的轉變可以說與我的悲傷旅程相似，這是我學到的第三個重要課題：**悲傷的風景會改變**。一開始，悲傷處在一個陌生、充滿敵意的地方，但隨著新的經歷的開展和學到嶄新的體悟，悲傷的風景逐漸發生改變：起初看起來令人窒息的事物最後卻帶來了解脫；當一扇門關上了，另一扇門便會因此開啟；看似壓抑的沉默最終帶來啟發，最後，如果幸運的話，我們將會得到一種受到接納的感覺。這個週末的經歷和長久以來的掙扎都告訴我，我可以一直陪著自己：我永遠不會離開或拋棄的是我自己，永遠不會。

我結婚了
我嫁給了自己
我說了我願意
是啊，花了多年後才有了答案
多年難以言喻的痛苦
在雨中哭泣，把自己鎖在房間裡……
我和我自己在一起感覺很好

就像是我，我和我自己一起感覺很好
就這樣
從一天到另一天
我結婚了
和我自己在一起
即使死亡也無法將我分開。

——蘇珊娜．泰農（Susana Thénon），
〈婚禮之歌〉（Nuptial Song）

附錄

從未有過的生活

經過這段漫長的分離，他們再也無法想像曾經共有的親密，或想像有個人在你身邊為伴，在任何時候可以與你交握著彼此的手。

——阿爾貝．卡繆（Albert Camus），《瘟疫》（*The Plague*）

游泳池全都關閉了，所以我改去晨跑。之前我不太喜歡跑步，但我現在開始喜歡跑步。在結霜的早晨跑步是最棒的，綠草清脆，裹著一層白霜，河面上波光粼粼。今天早上，當我慢跑到公園角落，經過那棵「我們的樹」時，一根白色的羽毛從我身邊飄過，我本能地伸出手去抓它。我放慢腳步，仔細看著這根羽毛：

小小一根羽毛，毛茸茸的，潔白清新，標誌著你的存在。這就像是你會做的事啊，我想，你出現在多年前我們曾經牽手親吻的地方，真切地向我展示你就待在我身邊。但那是過去，今非昔比，我不再去細想一段早已逝去的愛情，儘管如此，我還是忍不住想知道，如果你活了下來，我們會過著怎麼樣的生活。我會在早上七點繞著這個公園跑步嗎？你是否會陪著我一起跑步？

我們曾討論過孩子們離開家後要搬到多塞特，這似乎是一個遙遠的夢想，但我們確實在韋茅斯郊區開過幾次車，幻想著我們看到那些出售的房子。你想靠近大海，這樣你就可以出海航行；我想靠近大海，這樣我就可以在海邊散步，然後，我們會一起做這些事情，你會堅持帶一隻狗和我們一起去，說不定你還多了幾個孫子：我們在Facebook上看著他們的照片，儘管彼此沒有正式見過面。生命中能再添上新的生力軍是件很美好的事，如今生活在這個日子異常艱困的時期，我們彼此或許只能透過Zoom或Houseparty視訊聊天。向來務實的你將會負責包辦一切購物採買，我們或許會在晚上一起在花園裡小酌一杯，你在早上會替我端一杯茶到我的床邊——這個儀式從來沒有改變過，直到今天我仍然懷念著。我們可以一起做著各自喜歡的事。當然，我無法想像還有什麼比起擁有你更幸福的事，只不過現在我突然間不再確定。

少了你的未來，一切將難以想像。它原本畫面模糊，只有單色調，就像失焦的黑白照片，突然間，一切變得清晰和完美——畫面色彩鮮豔，描繪著海邊的田園風光和一個快樂的大家庭，但那是以前，如今又改變了光景。我討厭出海，我很高興不必再忍受出海航行，你從來就不熱衷於散步；現在我自己去散步，而且走上一大段路。我總是喜歡貓而不是狗，現在我的身邊有貓跟狗圍繞，我對自己身邊的一切，以及釐清事情的頭緒有了更多的瞭解。我可以自己選擇和誰交往，我仍然想念你的陪伴，當然還有最想念你的擁抱。我仍把你的戒指戴在手上：它帶給我力量，伴隨你而來的包袱已經消失在天空中。

在這個新冠肺炎在全球蔓延的時日，對那些生活發生從未有過劇變的人們，我思考了許多：我能感受他們眼前要經歷的痛苦，與得面對眼前破碎的夢想。但我知道，若從此刻當下再回首過往發生，過不一樣的生活仍是可行的，結果可能一樣美好，甚至更好。

二〇二〇年四月，新冠肺炎封城兩週

注釋與參考書目

前言

所有關於我的個案的故事都是確有其事，只不過為了保護他們的隱私，名字皆為化名，其他身份細節也經過修改。與我接觸的治療師身份細節也經過刪改，但我與她們之間的對話，憑藉我的記憶以及我對於我們之間所發生之事單方面認知的限制下，並未經過任何更動。

Chapter 1: 海嘯

Mark Williams, John Teasdale, Zindel Segal and Jon Kabat-Zinn. *The Mindful Way Through Depression*. Guilford Press. 2007.

Chapter 2: 災難過後

John Bowlby. *Attachment and Loss Volume 3: Loss*. Penguin. 1980.

C.S. Lewis. *A Grief Observed*. Faber. 1961.

Thomas Holmes and Richard Rahe. *'The Social Readjustment Rating Scale'*. Journal of Psychosomatic Research, 11:2, 213–218. 1967.

——眾所周知的霍姆斯和拉赫壓力量表（Holmes & Rahe Stress Scale）是一種為了辨別出生活中導致主要壓力來源的各項事件所開發的問卷。

Chapter 3: 引爆手榴彈

Cathy Rentzenbrink. *A Manual for Heartache*. Picador. 2017.

Stephen Grosz. *The Examined Life*. Chatto & Windus. 2013.

Wayne Fisher, Cathleen Piazza and Henry Roane. *Handbook of Applied Behavior Analysis*. Guilford Press. 2013.

Elisabeth Kubler-Ross and David Kessler. *On Grief and Grieving*. Simon & Schuster. 2005.

——這是一本十分容易理解的指南，根據庫伯勒—羅絲（Kubler-Ross）最初提出人在臨終時所面對的五個階段理論，指導你如何面對悲傷的五個階段。

Chapter 4: 約會困境

John Bowlby. *Attachment and Loss Volume 3: Loss*. Penguin. 1980.

Vanessa Moore and Helen McConachie. '*Communication between blind and severely visually impaired children and their parents*'. British Journal of Developmental Psychology, 12:4, 491–502. 1994.

Vanessa Moore and Helen McConachie, "Show me what you mean": helping young visually impaired children to communicate'. *Health Visitor*, 68, 105–107. 1995.

Roald Dahl. *The Twits*. Jonathan Cape, 1980.

Chapter 5: 情感的絲線

King's College London, Doctorate in Clinical Psychology, kcl.ac.uk

Vanessa Moore. 'The relationship between children's drawings and preferences for alternative depictions of a familiar object'. *Journal of Experimental Child Psychology*, 42, 187–198. 1986.

Vanessa Moore. 'The influence of experience on children's drawings of a familiar and unfamiliar object'. *British Journal of Developmental Psychology*, 5, 221–229. 1987.

Sam Hayward. *Black to White*. New Generation Publishing. 2015.
Gloria Hunniford. *Next to You: Caron's Courage Remembered by her Mother*. Penguin Books. 2006.
Julian Barnes. *Nothing to be Frightened Of*. Vintage. 2008.
Julian Barnes. *Levels of Life*. Jonathan Cape. 2013.
Jonathan Cott. *Dinner with Lenny*. Oxford University Press. 2013.
Vanessa Moore. 'A Survey of Reactions to the Death of a Loved One'. Unpublished study, available from the author.
Eben Alexander. *Proof of Heaven*. Piatkus. 2012.
Stephen Grosz. *The Examined Life*. Chatto & Windus. 2013.
Sigmund Freud. *The Interpretation of Dreams*. Standard Edition 4–5. 1900.
Rudolf Steiner. *Life Between Death and Rebirth*. Anthroposophic Press. 1968.
Neville Symington. *The Analytic Experience*. Free Association Books. 1986.
Donald Winnicott. *The Child, the Family and the Outside World*. Penguin Books. 1964.
C.S. Lewis. *A Grief Observed*. Faber. 1961.

Chapter 6: 重新出發

Anthony Roth and Peter Fonagy. *What Works for Whom? A Critical Review of Psychotherapy Research*. Guilford Press. 2006.
Stephen Grosz. *The Examined Life*. Chatto & Windus. 2013.

Chapter 7: 依附與分離

John James and Russell Friedman. *The Grief Recovery Handbook*. William Morrow Paperbacks. 2009.

Chapter 8: 跌宕起伏

Irvin Yalom. *Staring at the Sun: Overcoming the Dread of Death*. Piatkus. 2011.

Helen Bailey. *When Bad Things Happen in Good Bikinis*. Blink. 2015.

——海倫・貝利（Helen Bailey）根據她的部落格「悲傷星球」（Planet Grief）所撰寫的回憶錄，主要記述她的丈夫在多年前一場溺斃的意外。當我在閱讀她的這部著作時，海倫意外失蹤。她在回憶錄中曾撰述她在網路的悲傷論壇中結識了一位迷人的白髮鰥夫，而後兩人居住一塊。結果這名男子最後成為殺害她和她所飼養的狗的兇手，並把她和狗的屍體掩埋在他家車庫底下的化糞池。

Valery Hazanov. *The Fear of Doing Nothing: Notes of a Young Therapist*. Sphinx. 2019.

Irvin Yalom. *Love's Executioner and Other Tales of Psychotherapy*. Penguin Books. 2013.

Alice Miller. *The Drama of the Gifted Child*. Basic Books. 1997.

Christine Dunkley et al. 'Hearing the suicidal patient's emotional pain' *Crisis*, 39, 267–274. 2018.

Chapter 9: 難以跨越的門檻

Miranda Wolpert and Tony Rousmaniere. 'Talking failure in therapy and beyond'. *The Psychologist*, 30, 40–43. 2017.

Irvin Yalom and Ginny Elkin. *Every Day Gets a Little Closer: A Twice-Told The*rapy. Basic Books. 1974.

Stephen Grosz. *The Examined Life*. Chatto & Windus. 2013.

M. Scott Peck. *The Road Less Travelled*. Arrow Books. 2006 edition.

Irvin Yalom. *Love's Executioner and Other Tales of Psychotherapy*. Penguin Books. 2013.

Robert Morley. *The Analysand's Tale*. Karnac Books. 2007.

Chapter 10: 迎向改變

Mark Williams, John Teasdale, Zindel Segal and Jon Kabat-Zinn. *The Mindful Way Through Depression*. Guilford Press. 2007.

Valery Hazanov. *The Fear of Doing Nothing: Notes of a Young Therapist*. Sphinx. 2019.

後記：承受失落

Helen Keller. *To Love this Life: Quotations by Helen Keller*. AFB Press. 2000.

Susana Thénon. 'Nuptial Song'. *The Oxford Book of Latin American Poetry: A Bilingual Anthology*, edited by Cecilia Vicuña & Ernesto Livon-Grosman. Oxford University Press. 2009.

附錄：從未有過的生活

Albert Camus. *The Plague*. Penguin Modern Classics. 2002（first published 1947）.

MIND（www.mind.org.uk）是英格蘭和威爾斯的一個心理衛生慈善機構。他們的網站提供了有關心理衛生問題及其治療的豐富資訊。

SANE Australia（*www.sane.org*）是一個為飽受精神疾病影響的澳大利亞民眾服務的全國性慈善機構。該機構擁有關於不同類型的精神疾病治療以及如何獲得治療的概況介紹和指南。Beyond Blue（*www.beyondblue.org.au*）則是一個關於心理衛生問題以及如何取得幫助的資訊來源。

美國心理衛生組織（Mental Health America）（*www.mhanational.org*）和全國精神疾病聯盟（National Alliance on Mental Illness）（*www.nami.org*）皆有關於不同類型的精神健康治療以及如何取得這些治療的資訊。全國精神疾病聯盟是美國心理衛生機構最大的基層組織。

致謝

我要感謝海倫・柯納・布萊恩特（Helen Corner-Bryant）和基石文學代理公司（Cornerstones Literary Agency），他們對我的作品進行了第一次獨立的評估後，讓我相信我可以做到；感謝我的經紀人夏洛特・羅伯遜（Charlotte Robertson），她用她的積極和對我作品的熱情，把我從絕望中拉了出來；感謝我的編輯瓊安娜・科佩斯蒂克（Joanna Copestick）和她在凱爾書店的優秀員工。在Zoom上管理整個編輯過程並不容易，但儘管有新冠肺炎的挑戰，瓊安娜一步步指導我，以堅定的冷靜和幽默感，將我的手稿變成一本書。

我要感謝倫敦大學學院、精神病學研究所（Institute of Psychiatry）、唐諾・溫尼考特中心（Donald Winnicott Centre）、南安普敦大學醫院國民保健署信託基金和索倫特國民保健署信託基金（University Hospital Southampton NHS Foundation Trust and Solent NHS Trust）的優秀同事和前同事，他們指導我作為一名心理學家的專業發展，並與我一起處理本書中描述的許多案例。

我非常感謝所有同意接受採訪和調查的人，願意向我陳述他們對死亡以及人死後是否有來生的看法。我要特別感謝朱利安・巴恩斯，感謝他如此慷慨，肯花時間思考這件事。

另外，我要感謝書中描述的四位治療師，他們承受了我大部分的悲傷和沮喪的衝擊，但卻以不同的方式幫助我，讓我慢慢地向前走，在此過程中，他們教會了我很多關於治療的過程所需具備的知識；我也深深感激那些有幸與我一起工作的個案，他們以各種不同的方式幫助我繼續前進，即使他們完全不知道在不知不覺中對我給予的幫助。

許多很棒的朋友在我身邊支持著我，對我的寫作表現出堅定不移的興趣，幫助我度過了我生命中最黑暗的時期——你知道我說的人是誰，我永遠心懷感激。在寫作計畫的最初階段，有三個人特別鼓勵我，並幫助我將一切付諸實行：我的老朋友黛比・泰勒（Debbie Taylor），當我們在克里特島的美麗花園裡看到一根白色羽毛時，她播下了想法的第一顆種子，此後她握著我的手，以許多不同的方式鼓舞我；珍妮・沃爾特斯（Jenny Walters）和米蘭達・帕西（Miranda Passey），她們對初稿的精闢評論大力幫助我把這本書塑造成最終的樣子，多年來，她們的存在和友誼是無價的。

我的好朋友瑪莉亞・特拉薩斯・岡薩雷斯（瑪莉）（Maria Terrazas Gonzalez）值得特別一提，因為她也友愛保羅，她總是理解我，我把這本書的書名歸功於她。謝謝妳，瑪莉。儘管我們之間相隔千里，但她總是願意在我需要她時，向我伸出援手。

最後，如果沒有家人的愛和支持，我不可能做到這一點，感謝我的兩個妹妹布蘭妮和瑪麗安（安妮），她們在生活的一切跌宕起伏中一直陪伴著我，讓我笑到落淚，我的前夫艾帝安慷慨地奉獻了他的友誼，和他對治療過程中變幻莫測的許多深刻見解；還有我的女兒艾蜜莉，她閱讀並評論了每一篇草稿，在我處於最低谷的時候，她對這本書的熱情不減，使我持續不輟地完成寫作——謝謝妳，小艾，謝謝妳付出的時間，也給了我繼續走下去的信心。

最後，感謝我三個出色的孩子一直陪在我身邊，給我支持，關懷我，他們是我的驕傲、快樂和靈感的泉源，我要將這本書獻給他們。

國家圖書館出版品預行編目 (CIP) 資料

一千個日子與一杯茶 : 一個臨床心理學家克服悲傷的故事 / 凡妮莎 . 摩爾 (Vanessa Moore) 著 ; 盧相如譯 . -- 初版 . -- 新北市 : 遠足文化事業股份有限公司菓子文化出版 : 遠足文化事業股份有限公司發行 , 2022.11
面 ; 公分
譯自 : One thousand days and one cup of tea : a clinical psychologist's experience of grief
ISBN 978-626-96396-1-8 (平裝)

1.CST: 心理治療 2.CST: 心理諮商 3.CST: 悲傷

178.8 111016215

菓 子
Götz Books

・Leben

一千個日子與一杯茶：
一個臨床心理學家克服悲傷的故事
ONE THOUSAND DAYS & ONE CUP OF TEA:
A Clinical Psychologist's Experience of Grief

作　　者　凡妮莎・摩爾 Vanessa Moore
譯　　者　盧相如
主　　編　邱靖絨
排　　版　菩薩蠻電腦科技排版公司
封面設計　謝佳穎
總　　編　邱靖絨
社　　長　郭重興
發行人兼出版總監　曾大福
出　　版　遠足文化事業股份有限公司　菓子文化
發　　行　遠足文化事業股份有限公司
地　　址　231 新北市新店區民權路 108 之 2 號 9 樓
電　　話　02-22181417
傳　　真　02-22181009
Email　service@bookrep.com.tw
郵撥帳號　19504465 遠足文化事業股份有限公司
客服專線　0800221029

印　　刷　沈氏藝術印刷股份有限公司
定　　價　480 元
初　　版　2022 年 11 月
法律顧問　華陽國際專利商標事務所　蘇文生律師

ONE THOUSAND DAYS & ONE CUP OF TEA: A Clinical Psychologist's Experience of Grief by Vanessa Moore. This edition arranged with Octopus Publishing Group Limited through BIG APPLE AGENCY, INC., LABUAN, MALAYSIA.

First published in Great Britain in 2021 by Kyle Books, an imprint of
Octopus Publishing Group Limited, Carmelite House,
50 Victoria Embankment, London EC4Y 0DZ
www.kylebooks.co.uk